# 中国近代西方政治学文献丛刊（第五辑）

# 国家论

## 国家的理论与实际

主　编：杨雪冬

执行主编：张远航　许　超

CCTP
中央编译出版社
Central Compilation & Translation Press

**图书在版编目（CIP）数据**

国家的理论与实际 / 杨雪冬主编 . -- 北京 : 中央编译出版社 , 2024.1
（中国近代西方政治学文献丛刊 . 第五辑 : 国家论）
ISBN 978-7-5117-4378-7

Ⅰ . ①国… Ⅱ . ①杨… Ⅲ . ①国家理论 Ⅳ . ① D03

中国国家版本馆 CIP 数据核字 (2023) 第 208994 号

**国家的理论与实际**

**选题策划** 张远航
**责任编辑** 张　科
**责任印制** 李　颖
**出版发行** 中央编译出版社
**网　　址** www.cctpcm.com
**地　　址** 北京市海淀区北四环西路 69 号（100080）
**电　　话** （010）55627391（总编室）　（010）55627362（编辑室）
（010）55627320（发行部）　（010）55627377（新技术部）
**经　　销** 全国新华书店
**印　　刷** 廊坊市印艺阁数字科技有限公司
**开　　本** 787 毫米 ×1092 毫米 1/16
**字　　数** 183 千字
**印　　张** 24.5
**版　　次** 2024 年 1 月第 1 版
**印　　次** 2024 年 1 月第 1 次印刷
**定　　价** 2800.00 元（全 4 册）

**新浪微博：**@ 中央编译出版社　　**微　　信：**中央编译出版社（ID：cctphome）
**淘宝店铺：**中央编译出版社直销店（http://shop108367160.taobao.com）（010）55627331

**本社常年法律顾问：北京市吴栾赵阎律师事务所律师　闫军　梁勤**

# 《中国近代西方政治学文献丛刊》
# 编委会

# 編者序

## 著作譯介與中國政治學的形成與發展

政治學作爲一門知識體系，是社會分工導致的學科分工的結果。但與其他學科相比，由于其研究對象——政治本身所具有的公共性和權威性，使得圍繞政治產生的思考和學問具有悠久的歷史，在不同文明的政治實踐中，都積累了關于政治的深刻洞見和豐富論述。特別是廣土衆民的中華文明，自古以來就有豐富的政治傳統與政治思想傳統，形成了影響深遠的文化遺產和思想資源。在這個意義上，作爲一門研究政治實踐的學問的政治學，在中華傳統學術體系中源遠流長，且占據重要地位，并以『政道』『治道』『吏術』或『經濟之學』等面目而存在。然而作爲一門學科或知識體系的政治學，却是中國近代知識轉型的產物，是現代政治學自西徂東的結果。中國的現代政治學是外來的，而非本土自生的，這已經成爲學術界的基本共識。諸多學者都强調『中國政治學是在引進西方政治學基礎上發展起來的』，是『「援西入中」的產物』。① 而這種

① 林尚立：《爲中國政治學尋求學術支撑》，《天津社會科學》，1997年第4期；孫青：《「西政」與「中學」：西方政治學『影像』在中國的形成》，《中國社會科學》，2005年第3期。

『援西入中』或『引進』的最爲基礎的一項工作就是，翻譯和介紹西方政治學的基礎文獻和前沿研究。當然這種譯介并非一蹴而就，而是持續不斷的，幾乎貫穿中國政治學近百年歷程的始終，伴隨着中國政治學的發展命運而浮沉與共。下文將以近代以來中國對西方政治學的譯介爲分析對象，討論政治學著作譯介的階段分期、特徵及影響，并着力勘定民國時期譯介工作在其中的地位，來辨明這一階段譯介工作對中國政治學的知識轉型和體系建構的意義。

## 一、政治學著作譯介進程與分期

翻譯在中國現代知識體系的形成中發揮着不可忽視的作用，有着明確的目標指向，即開啓民智，富國强民。在明末引介西方自然科學著作中發揮紐帶作用的徐光啓曾説『欲求超勝，必須會通；會通之前，先須翻譯』①。在大規模、有組織譯介西方社會科學著作中發揮重要作用的康有爲、梁啓超更是提出『今日中國欲爲自强第一策，當以譯書爲第一義矣』②。

雖然西學東漸肇始于明末清初，但對于政治學而言，西方政治學的翻譯與傳播却遲至甲午戰争之後。在

① 陳子龍等選輯：《皇明經世文编》，卷之四百九十三。
② 梁啓超：《讀日本書目志書後》，《飲冰室合集》第1册，中華書局，1989年，第52頁。

此之前，無論是明末清初來華的傳教士，還是洋務運動中『師夷長技』知識分子，他們翻譯西方學術著作的重點主要集中于『格致諸學』（即物理學、化學、地質學等自然科學）。因此，西方政治學在19世紀末之前被翻譯成中文在中國傳播的作品極其有限，即使偶有涉及也不過是爲了認知夷情洋務的政治需要。這種態度和選擇很大程度上源于甲午之前中國人對西學『政』與『藝』的不同認知。[①] 在士大夫們看來，包括政治學在内的『西政』作爲政教之事，涉及國本，并非值得學習或譯介的知識。而真正應該學習的是『西藝』，因爲在這一層面『中不如西，學西可也』[②]。這種對西方知識體系的片面認知隨着甲午戰敗而獲得極大的變化。如康有爲指出『近自甲午敗後，講求漸深，略知泰西之强，不在炮械軍兵而在學校，于是言學校者漸多矣。實未知泰西之强，其在政體之善也』[③]。即使持保守立場的張之洞也不得不承認『大抵救時之計，謀國之方，政尤急于藝』[④]。效法西方的重點開始逐漸從工藝制造等科技器物轉移到政治、法律等社會科學層面。基于這種認識，西方政治學的相關著作由此開始被大量翻譯和介紹到中國來，影響和推動了中國政治學的形成與發展。

從譯介西方政治學著作的角度來看，中國政治學百年來經歷了以下四個時期：

---

① 李欣然：《『政』在體、用之間——『西政』對晚清『中體西用』典範的衝擊》，《清華大學學報》，2022年第5期。
② 《左宗棠全集·書信三》，岳麓書社，2009年，第108頁。
③ 康有爲：《日本變政考》，《康有爲全集》第4集，中國人民大學出版社，2009年，第115頁。
④ 張之洞：《勸學篇·設學》，《張之洞全集》第十二册，武漢出版社，2008年，第9705頁。

## （一）醞釀期（1895—1919）

甲午戰敗極大地刺激了中國知識界，促使他們重新認識日本，并通過日本這個鏡像，進一步認識西方發展的社會政治根源。梁啓超就曾在1899年發表文章稱『日本自維新三十年來，廣求知識于寰宇，其所譯所著之有用之書，不下數千種，而尤詳于政治學、資生學（經濟）、智學（哲學）、群學（社會學）等，皆開民智，强國基之急務也』。[1]借助日文譯本，西方政治學著作開始更爲系統地引入中國。康有爲編選了《日本書目志》，其中『政治門』所列著作有424部，梁啓超編選了《西學書目表》，其中政治類著作也占有很大的比例。基于這種對西學分類和用途的認知，西方政治學的相關著作開始被大量譯介到中國來，并引發中國知識界的思想革命。據統計，1901至1904年，中國翻印出版了西方政治教科書66種。這些翻譯而來的政治學著作既包括孟德斯鳩的《法意》、盧梭的《社約論》、密爾的《群己權界論》、伯倫知理的《國家學》等政治思想家的經典著作，又包含威爾遜（Thomas Woodrow Wilson）《政治泛論》、布萊斯（James Bryce）《美國民政考》等英美政治學的前沿研究。不過這一時期對西方政治學的翻譯主要通過對日文政治學翻譯成果的轉譯來完成的。經由高田早苗等日本政治理論家對西方政治學的譯述，留日的中國學生得以初窺現代政治學的研究議題和學科體系。當然這一時期政治學翻譯更爲重要的影響在于推動思想解放，傳播現代觀念。如當時譯書編譯社出版的

① 梁啓超：《論學日本文之益》，《梁啓超全集》第一集，中國人民大學出版社，2018年，第704頁。

政法書籍就曾被認爲是『促進吾國青年之民權思想，厥功甚偉』。[①]從『戊戌變法』到『五四運動』，西方政治學的相關著作主要是作爲啓蒙讀物被譯介和傳播的，政治學的主要功能也被定位在致用層面，即如何實現救亡圖存、國富民强。

因此，這一時期政治學翻譯雖然爲數不少且影響深遠，但從學科或知識體系角度來看，仍然祇能説是『醞釀』，譯介者們既缺乏對現代政治學的基本認知，更没有形成對政治學在現代知識體系中明晰的定位。這種現象在一定程度上也造成了翻譯過程中的盲目性，形成所謂『梁啓超式輸入』，即『無組織，無選擇，本末不具，派别不明，唯以多爲貴而社會亦歡迎之』[②]。一方面，這與當時知識界缺乏對于政治學在知識分類和學科體系中的清晰認知有關。這種認識的含混集中體現在對『政治學』專業概念的不同界定。雖然早在1822年馬禮遜（Robert Morrison）就已經將西文『politics』譯爲中文『國政之事』，但直到晚清，『politics』或『political science』都没有被嚴格對應翻譯爲『政治學』，反而被譯爲『國政』『政事』等十餘種名詞。當時從日語轉借而來的漢語詞匯『政治學』也没有被嚴格限定指稱對象，與『西政』或傳統的經世濟民之學混同。如梁啓超就曾直言中國『政治學』等人文社會科學，自『二三百年以前，皆無以遠遜于歐西』[③]。即使是留

① 馮自由：《革命逸史》第三集，中華書局，1981年，144頁。
② 梁啓超：《清代學術概論》，《梁啓超全集》第十集，中國人民大學出版社，2018年，第287頁。
③ 梁啓超：《格致學沿革考略》，《梁啓超全集》第三集，中國人民大學出版社，2018年，第543頁。

英多年的嚴復也認爲『查政治一學，最爲吾國士大夫所習聞』[1]。誠然這些定義中已經包含了對西方政治學的某些認識，但却與學科或知識體系意義上的現代政治學差之甚遠。另一方面，對國外政治學翻譯的復雜性和含混性，也與西方政治學源流本身的多元性密切相關。現代政治學淵源主要指向1880年美國哥倫比亞大學成立的政治學研究院，因爲其在學科體系中將政治學從法學和歷史學中分立出來。[2]但在晚清時期，政治學還存在德國國家學等不同的學術傳統。作爲中國政治學主要效法對象的日本，在學科體制和知識體系分類上更是存在德、美、法等多重淵源。[3]這種多元復合的政治學淵源在一定程度上也造成了政治學知識資源的譯介混亂。

因此，這一時期的翻譯工作對于中國政治學而言仍處于『醞釀期』，在知識分類、學科定位等方面存在盲目性和含混性。但毋庸置疑的是，這些翻譯著作爲當時的中國學術界提供了重要的政治學知識，豐富國人的政治學視野，也推動了政治學學科體系和知識體系在中國的誕生和興起。

① 嚴復：《政治講義》，《嚴復集：第5册》中華書局，1986年，第1242頁。
② A Somit，J Tanenhaus，*The development of American political science*，Boston：Allyn and Bacon，1967，p.21.
③ 『對于日本來説，模仿的對象不單單是英國、德國、法國，美國的政治學也在其中。此後，在日本大學的政治學發展方面，與東京大學同時發揮先導作用的早稻田大學在政治學特别是在同美國政治學極其密切的關聯方面所表現出的特徵是衆所周知的』。參見内田滿：《早稻田與現代美國政治學》，唐亦農譯，復旦大學出版社，2003年，第1頁。

## （二）奠基期（1919—1949）

清末民初，中國社會雖然經歷了辛亥革命等一系列政治變革，但對于政治學而言，在學科建制和知識體系等方面却没有發生明顯改觀。這種情况直到『五四運動』前後才獲得實質性變化。這種變化一方面源于政治學學科建制的穩定成熟。政治學學科體系的建設發展，亟須課程教材和專業研究著作。因此，美英等國高校的政治學講義、教材被翻譯成中文運用于課堂教學當中。一系列政治專業研究前沿著作也譯介進來。另一方面，與在海外取得政治學學位的專業人才陸續回國任教密切相關。這些留學歸國人才在美國等地的知名大學接受了完整的政治學專業訓練，極大地推動了政治學專業著作的譯介工作。他們不僅通過書評等方式評介西方政治學的前沿研究，還親自參與或指導翻譯西方知名政治學者的最新著作。① 相比于晚清時期翻譯作品的良莠不齊，這些留學專業人才不僅熟悉西方政治學學術淵源和發展現狀，而且具有專業能力評價和辨别政治學著作的水平和貢獻。

這一時期的政治學翻譯呈現出專業化、系統性和多元性等特點。所謂『專業化』，既體現在譯介書目選擇上，又體現在翻譯水平之中。相比于清末民初時期對著作翻譯的雜亂無章，這一階段的翻譯對于所譯書籍的

① 以1931年清華大學政治學會創刊的《政治學報》第1卷第1期爲例，一半以上是關于西方政治學著作的書評，其中參與書評撰寫的包括錢端升、張奚若、浦薛鳳、王化成等民國知名政治學者。在民國時期，清華大學政治學系畢業論文甚至用翻譯西方政治學著作來代替。

學科邊界和知識屬性有着更爲清晰的認知，有針對性地選擇體現學科專業研究的著作加以譯介引進。在翻譯水平上，這一時期的學者也放弃了之前通過日文轉譯的方式來翻譯政治學著作，而是通過直譯的方式翻譯美英等國的原文著作，這不僅極大地提升了翻譯的準確性，也促進了學術概念和理論學説的規範性。所謂『系統性』，體現在翻譯著作的編譯逐漸成系統和序列。這種系統性表現在對于特定學者系列著作的持續翻譯，也凸顯于政治學相關叢書的系列出版。如商務印書館出版了由錢端升編選的《社會科學名著選讀叢書》《政法叢書》等。所謂『多元性』，既體現在各有淵源的學術傳統，又體現在不同的研究範式上。隨着政治學專業發展的逐漸成熟，基于不同的學術背景和價值立場，民國政治學形成了自由主義、國家主義和馬克思主義等諸多政治學研究範式，這種範式或立場的分化也直接推動了著作翻譯過程中的多元性特徵。

## （三）沉潛期（1949—1980）

政治學在新中國建立後被批評爲『資産階級僞科學』，并在1952年全國高校院系調整中被取消，但部分專業研究仍然存續，相關學者被分散到新建的政法學院或師範學院的政治教育系科當中。雖然政治學專業被取消了，但政治學類的譯介却以其他形式持續進行。

首先，政治學著作作爲世界名著的一個門類以叢書形式被譯介過來。1955年，人民日報就曾刊登文章《翻譯出版更多的外國優秀作品》，呼吁翻譯重要的外國學術著作，其中提出要盡快翻譯弗朗西斯·培根、斯賓諾莎、洛克、孟德斯鳩等人的作品。[1]在中宣部和文化部的統籌下，人民出版社還曾在1956年編制《外國名著選譯十二年規劃總目録（1956—1968）》，其中政治學書目有220種。這份目録也影響到了1958年恢復獨立建制的商務印書館的工作計劃，該館復館後以翻譯外國哲學社會科學的學術著作爲主要出版任務，由總編輯陳翰伯領導組織完善、重編『選譯目録』。雖然受各種因素影響，但在陳總編輯主持館務期間共翻譯了名著395種，其中政治學93種。[2]上述著作極大地豐富了改革開放以前政治學研究的學術視野。在這93種政治學類圖書中，包含了許多政治學的經典著作，如亞裏士多德的《政治學》《阿奎那政治著作選》、洛克的《政府論》、哈林頓的《大洋國》和盧梭的《社會契約論》等。這些著作不僅由名家翻譯，而且大多附有吴恩裕等知名政治學研究專家撰寫的導言。

除了翻譯學術專著，部分政治學譯介工作還以研究資料形式進行。如1956年，由中國政治法律學會和中國科學院法學研究所合作創辦的《政法譯叢》（1959年改名爲《政法研究資料選譯》），該雜志除了編譯蘇聯和其他社會主義國家關于國家和法律理論、制度的資料，還包含『資産階級國家可供我國研究批判的政法方面

① 《翻譯出版更多的外國優秀著作》，《人民日報》，1955年8月30日，第3版。

② 關于中華人民共和國成立後外國名著選譯工作的變遷，參見劉訓練：《『漢譯世界學術名著』的前生今世：紀念『藍皮書』誕生60周年》，《經典與解釋》輯刊（總第45輯），華夏出版社，2016年；汪家熔：《憶商務印書館的陳翰伯時期》，宋應離、袁喜生、劉小敏編：《20世紀中國著名編輯出版家研究資料匯輯》（第9輯），河南大學出版社，2005年，第701-702頁。

的資料、各國提出的關于政法方面的新問題的資料』等。① 1958年，由上海社會科學院創刊的《現代外國哲學社會科學文摘》也包含相當多的政治學文獻譯介，這其中既包括對政治學前沿文章及論文摘要、學派、學者及著作評介等，如海葉克（今譯哈耶克）的《自由、理性與傳統》（1959年第4期）、《莫根索：〈政治的困境〉》（1959年第9期）、羅蘭·羅伯遜的《評〈現代社會理論〉〈政府的審計：政治通訊和控制的模式〉〈社會生活中的交換和權力〉〈發展中的地區的政治學〉〈政治分析的結構〉》（1966年第2期），還包括對外國學術動態和學術活動的介紹性文章，如舒裏茨的《德國的政治和政治理論》（1959年第5期），羅伯托·戴爾的《美國的行爲主義政治學派》（1963年第4期），彼特拉斯的《美國政治科學的各種流派》（1965年第10期）、《第四次世界政治科學大會概況》，奧德迦特的《政治學研究：美國政治科學的現狀》（1960年第4期）、《加拿大政治科學協會召開年後》（1960年第7期）等。

這一時期政治學著作譯介工作總體來看處于沉潛狀態，即并非依托于建制性政治學學科及專業學者進行翻譯，而是以哲學社會科學或政法等門類的一部分被納入譯介任務當中來。相比于其他時期，這一階段具有以下幾個明顯的特徵。其一，這一時期的翻譯并非指向學術研究目的，而主要是實用化功能，服務于現實政治特別是政治鬥爭的需要；這其中既包含推動意識形態研究，同時也應對國際戰略需要的外國政治研究。特別是後者在1963年中國共產黨外事小組和中宣部向中央提出《關于加强研究外國工作的報告》後，研究隊伍

① 《『政法譯叢』自一九五九年起改刊》，《法學研究》，1959年1期。

迅速壯大。① 諸多政治學著作是以供批判或了解國外政治現狀參考的方式被翻譯。其二，這一時期翻譯的主要對象是以蘇聯及其他社會主義國家的著作，甚至很多西方著作都是通過俄文轉譯或者介紹而來。在1960年中蘇分歧公開化之前，俄文著作占絶大多數。其三，這一時期的翻譯具有鮮明的意識形態立場，除了吸收借鑒蘇聯及社會主義國家的研究成果外，對于西方政治學主要采取批判立場，這也使得本階段與前後階段通過翻譯來『取經』的學習態度呈現出明顯的不同。但這些翻譯仍然在一定程度上推動了國内政治學理論及政治思想史研究，爲改革開放後政治學恢復重建提供了重要的知識研究儲備。

（四） 融通期（1980年至今）

受益于改革開放進程和學科恢復重建，這一階段的政治學著作譯介工作得以同國際政治學界進行充分且開放地對話、交流，并積極翻譯和引介域外政治學的前沿成果。

鄧小平1979年提出的『補課説』被視爲政治學恢復重建的指導性方針，他指出『我并不認爲政治方面已經没有問題需要研究，政治學、法學、社會學，以及世界政治的研究，我們過去多年忽視了，現代也需要趕快補課』在這一句話之後，鄧小平接着强調『我們絶大多數思想理論工作者都應該鑽到一門到幾門專業，凡是能學外國語的都要學外國語，要學到能毫無困難地閲讀外國的重要社會科學著作。我們已經承認自然科

① 趙寶煦：《關于加强外國問題研究的一點史料》，《國際政治研究》，2004年第3期。

學比外國落後了，現在也應該承認社會科學的研究工作（就可比的方面説）比外國落後了』[1]。在聽取胡喬木匯報漢譯名著叢書工作時，鄧小平又强調『這個工作很重要，需要用幾十年的時間。除了組織國內人力進行翻譯，還可以在英國、日本、西歐分别成立編輯部，組織外籍華人和華僑中的學者進行這一工作，訂立合同，稿費從優』[2]。

對于政治學而言，恢復重建後的『落後』的壓力和『補課』的任務，爲系統翻譯西方政治學成果提供了契機。一方面，一批政治學研究的經典專著作爲社會科學譯叢的一部分被翻譯過來。如《當代學術思潮譯叢》《二十世紀文庫》《東方編譯所譯叢》等叢書中都有非常多重要的政治學譯著。這些國外政治學的重要作品不僅推動了政治學研究的深入發展，更促進了改革開放時期的思想解放潮流。

另一方面，以國外政治學爲借鑒，推動政治學學科體系、學術體系建設成爲翻譯更爲明確的目標。因此，諸多以政治學爲主題的專業譯叢也大量涌現，如浙江人民出版社出版的《政治學叢書》、社科文獻出版社出版的《政治理論譯叢》、中國人民大學出版社出版的《當代西方政治學前沿譯叢》、中央編譯出版社出版的《全球化譯叢》等。隨着對外交流的通暢，越來越多的國外最新著作被第一時間譯介進來，基本實現了國內國際學術研究的同步融通，極大地推動了中國政治學的學科發展、議題更新豐富，以及話語體系的構建。這

① 《鄧小平文選》第二卷，人民出版社，1994年，第180－181頁。
② 中共中央文獻研究室編：《鄧小平年譜一九七五—一九九七》，中央文獻出版社，2004年，第966頁。

些叢書追踪和反映了西方政治學的前沿成果和核心問題，爲中國政治學提供了基本概念和研究議題，如『現代化』『政治發展』『市民社會』『治理』和『全球化』等都是經由譯介成爲中國政治學研究討論的熱點話題，甚至轉化爲政治文件話語，影響着中國政治實踐發展。

這一時期的政治學著作譯介的特點體現在兩方面，其一是數量衆多且學術水平高。『西方政治學近現代之前的大多數經典著作已經被翻譯成中文，「二戰」以後的重要研究文獻和成果中，也有大約40%的文獻被翻譯成中文。』[①] 這不僅豐富了學術界對政治學前沿的熟悉和研究，而且推動了中國政治學學科體系、知識體系和話語體系的發展完善。其二是推動了政治學與政治實踐的良性互動。大量政治學經典著作和前沿議題的引入，使得中國政治學釋放出了前所未有的學術能量，不僅使政治學得以積極研究和回應中國政治發展，同時也讓政治學者能够有能力參與到政治實踐進程之中，將舶來的概念、議題與理論轉化爲中國政治話語，從而與中國經驗相結合，甚至提煉爲政治學一般理論。這不僅使得政治學迎來了發展的黄金時代，也極大地提升了中國政治發展的話語權和國際影響。

① 陳岳、孫龍、田野：《西方政治學在中國：近年來學術翻譯的發展與評析》，《政治學研究》2013年第2期。

錶1　中國政治學著作譯介工作的階段分期

| 階段 | 時間 | 作品來源國 | 主要特點 |
|---|---|---|---|
| 醞釀期 | 1895—1919 | 日本 | 1.通過日文譯著轉譯；2.以救亡圖存爲目標；3.學科專業性較弱。 |
| 奠基期 | 1919—1949 | 美國、英國 | 1.學科意識明確；2.翻譯與研究互動；3.作品較爲多元。 |
| 沉潛期 | 1949—1980 | 蘇聯 | 1.數量有限；2.意識形態鮮明；3.流傳範圍有限。 |
| 融通期 | 1980年至今 | 西方國家 | 1.學術性强、學科細化；2.數量衆多，類型豐富；3.回應理論和實踐的多種需求。 |

總體來看，譯介工作的發展也在一定程度上反映了中國政治學知識體系、學科體系和話語體系的發展，并深刻影響着後者，成爲後者發展變化的重要資源。西方政治學的翻譯和傳播衝擊了傳統政治制度和知識系統，但同時也助力中國政治學的知識化和體系化，推動了中國傳統政治知識體系的自我更新和現代轉型，構成中國政治學認識外部世界、融入世界現代知識體系的重要手段。

其中，20世紀上半葉中國政治學著作譯介的奠基期尤爲值得注意。在這一階段，中國政治學通過對西方政治學的譯介、反思乃至重構，逐漸明確自身的學科定位和知識屬性，在借鑒西方學術方法的同時，又呈現出與中國政治發展相呼應的實踐特質，從實質上奠定中國政治學的核心關懷和精神氣質。

## 二、作爲理論實踐的著作譯介

從現實影響來看，奠基期政治學的譯介工作不僅推動了中國政治學的形成和發展，更影響着當時中國政治的實踐和探索。中國政治學對外來著作的翻譯與傳播，長期擔負着雙重使命：首先是爲中國的現代化特别是國家建構供給政治學的理論支持，其次是爲作爲學科的政治學提供概念、議題和話語等學術資源。這注定了中國政治學的翻譯是以實踐發展需要和知識體系建構爲雙重前提，這也是中國政治學研究百年來一以貫之的發展風格。

中國政治學的興起，源于救亡圖存的實踐需要。相比于其他社會科學，思考政治學譯介的意義，尤其不能忽略其實踐特質。西書特别是西方政治學工作在翻譯過程中被寄予追求富强的厚望，翻譯往往是『不以學問爲目的而以爲手段』。[1]雖然在現代學科體系逐步確立和完善後，政治學的教師職業化和學術專業化日趨規範，但仍然不能忽視政治學譯介的實踐影響。在著作譯介奠基期的諸多國外政治學翻譯和介紹實際上正是爲現實政治提供實踐方向和理論支撑的。

一方面，著作譯介的主題選擇寄托着譯者對政治典範或國家理想的期待。譯者力圖通過對政治學著作的翻譯，引導和推動國家政治發展。相比于晚清時期『體用之争』對于西學的態度分歧，這一時期中國知識分

① 梁啓超：《清代學術概論》，《梁啓超全集》第十集，中國人民大學出版社，2018年，第288頁。

子對于西方政治學的譯介具有更高的熱情和緊迫感。陳獨秀在新文化運動期間宣稱『吾人倘以新輸入之歐化爲是，則不得不以舊有之孔教爲非。倘以舊有之孔教爲是，則不得不以新輸入之歐化爲非。新舊之間，絶無調和兩存之餘地，吾人祇得任取其一』①。這種鮮明的價值立場反映了民國學人對于西學的基本態度，力圖通過對西學特别是西方政治學的引進和傳播，衝決傳統的桎梏，實現富强國家、啓蒙民衆的現代化使命。因此，基于這種强烈的致用態度。這一時期很多政治學著作的譯者更多的是政治實踐的熱衷者或參與者。如孫中山在護法運動失敗後就曾指示孫科與廖仲愷等人翻譯了一批美國政治學者論述進步主義與民權運動的書籍和文章，如《全民政治論》《公意與民治》《瑞士之直接民權》等，并將這些文章在《建設》雜志發表，以期『鼓吹建設之思潮，展明建設之原理，冀廣傳吾黨建設之主義，成爲國民之常識』②。

除了對于政體憲制的整體結構思考，國家建設的諸層面也通過對西方政治學的譯介而受到關注。在中央層面，建設現代政府是當時政治發展的重要目標，《現代政府原理》《美國政府與政治》《歐洲政府》等一批討論現代政府與行政的政治學著作被翻譯過來，爲推進政府職能改革提供知識資源。在地方政治層面，爲提升現代城市治理，市政學也通過譯介迅速在中國發展起來，曾任美國政治學會會長孟洛的《市政原理與方法》《美國市政府》《市政府與市行政》等書被集中譯介成中文，推動中國城市建設和地方治理的創新。上

① 陳獨秀：《答佩劍青年》，《陳獨秀文集》第一卷，人民出版社，2013年，第220頁。
② 孫文：《發刊辭》，《建設》，1919年第1卷第1期。

述政治學的譯介大多圍繞現代國家建設的時代命題而展開的，從現代國家的不同要件和層次，爲國家政治現代化發展供給知識資源。

另一方面，著作譯介本身實際上爲現實政治辯論提供了理論資源，譯介作品的選題就一定程度上反映了民國知識界對中國現代化道路的認識分歧和選擇分化。不同于晚清時期西學東漸過程中對西方的整體模糊認知，『西方』在民國知識分子眼中逐漸從整體分化爲不同區域和取向的復合體。特別是在『問題與主義』論戰中，西方政治學的各種學説和觀念也被簡化爲不同乃至相同衝突的『主義』。雖然『五四運動』之後的中國知識界在何種意義上學習西方存在認識差异，有學者將這種現象稱爲『西方的分裂』，但是這種『分裂』背後『争論各方的主要思想武器均是西來的』。①

不同派别學者通過譯介不同價值立場的政治著作，爲其政治争論提供知識資源和理論基礎。翻譯和宣傳域外政治學著作和觀念構成民國政治學者參與現實政治、影響政治局勢的重要方式。王向民曾總結民國政治學爲『自由主義政治學、國家主義政治學和馬克思主義政治學「多元一體」鼎足而立的研究格局』。② 這一基于意識形態立場的劃分雖然存在争議，但仍然揭示出政治學研究背後的多元價值立場。在翻譯域外政治學過程中，這一區分仍然存在。如秉持自由主義立場的政治學家錢端升選注了布萊斯的《近代平民政治》、王

① 羅志田：《西方的分裂：國際風雲與『五四』前後中國思想的演變》，《中國社會科學》，1999年第3期。
② 王向民：《民國政治與民國政治學》，復旦大學博士論文，2005年，第221頁。

造時翻譯了拉斯基《民主政治在危機中》、羅家倫翻譯了《平民政治的基本原理》等。秉持國家主義立場的政治學者樓彤孫翻譯了《國家主義》、程中行翻譯了《國家主義之歷史觀》。秉持社會主義立場的學者除了編譯馬克思主義經典作家的原著外，還曾大量翻譯馬克思主義的研究性著作，通過這些著作宣傳和推廣馬克思主義。如朱應祺、朱應會兩人合譯并出版了一系列馬克思主義的重要著作，如《馬克思的階級鬥爭理論》(1930)、《馬克思的唯物歷史理論》(1930)，還曾根據德國著名馬克思主義理論家庫諾的《馬克思的歷史、社會和國家學説》第二卷編譯了七本小册子，包括《馬克思民族社會及國家概念》等。這些著作在當時産生了比較大的社會影響，引發大家對馬克思政治經濟理論産生興趣，推動了學術界運用唯物史觀進行政治社會分析，對促進馬克思主義大衆化産生了重要的影響。

總體來看，民國時期的政治活動家與政治學者都曾嘗試以翻譯經典著作和前沿研究的方式推進學術話語和知識資源的自我更新，保持思想的吸引力；同時又直面中國政治現實問題，回應實踐需求，通過譯介域外政治學來解決實踐問題。基于不同的價值立場，不同學者或政治家提出了不同層面或方向的政治議題和實踐方案。盡管不同知識分子對現代國家有不同的理解和訴求，但核心關懷仍有一定的共識，即推動中國走向現代化，建設現代國家是解決中國問題的根本途徑。因此，政治學譯介也呈現出鮮明的時代性和實踐性特質，以翻譯來尋求解決現實問題的知識資源。相比于傳統社會，近代國外政治學知識的傳播和推廣速度明顯加快，這不僅源于印刷、通訊及交通條件等現代技術保障，更與『五四』以後知識分子的啓蒙使命和平民教育觀念密不可分。因應政治現實需要譯介而來的政治學作品，往往會推進社會思潮形成，甚至轉化爲政治行爲或政治運動。

應該看到，閱讀或理解現代政治學知識的仍然是少數人，且大多數停留在表面，因此，絕大多數政治學譯介并沒能使得知識資源轉化爲現實政治的理論支撑，造成理論與實踐的脱節，引發所謂『文化販運主義』的批判。[①]蔣廷黻也曾批判當時中國政治學『學市政的或知道紐約、巴黎的市政，但北平、漢口、成都的市政之十之八九是不知道的。學「政制」的都學過英美德法的政制；好一點的連蘇俄、意大利、日本的政制也學過，但中國的政制呢？大多數没有學過；就是學過，也就是馬馬虎虎，知其然而不知其所以然。』[②]蔣廷黻的批判展現出民國政治學一味譯介却輕視本土知識供給的發展困境。雖然域外文獻的譯介在推動中國政治現代化的觀念轉型和實踐發展中發揮了無可否認的重要作用，但如果不能推進自主知識體系建構，爲中國政治發展提供知識供給，同樣無法解決理論生産與實踐要求的不對稱問題，并將最終演化爲中國政治學的學科發展危機。

① 吕振羽：《創造民族新文化與文化遺産的繼承問題》，鐘離蒙、楊風麟：《中國現代哲學史資料匯編》第3集第2册。
② 蔣廷黻：《中國社會科學的前途》，《獨立評論》第29號，1932年12月4日。

## 三、作爲學術建構路徑的著作譯介

中國知識體系的現代轉型是伴隨西學東漸過程而完成的。西方政治學傳入中國并逐漸被納入教育體制肇始于戊戌變法及相關學制新政改革。既往對中國政治學史研究往往將中國政治學的學科形成標志追溯到京師大學堂1899年設立的仕學院、政治專門講堂或1903年開設的第一門政治學課程。①從科系淵源來講，這種追溯有其合理性，但從當時規劃的具體内容來看，1903年政治學科的課程表中仍然包含大清會典要義、國家財政學、教育學、警察監獄學、東西各國法制比較等課程。②這種課程設置的模糊與籠統，既源于對日本學制的簡單復制，更在于此時的政治學缺乏作爲現代知識體系和學科體系的自覺性和專業性。因此有學者又從課程設置和學科體系來分析中國現代政治學的學科形成和知識轉型，并以『從「國家學」到「政治學」』來形容這一階段的學科變遷和知識競争關系。③從整體趨勢來看，包含政治科學在内的分類社會科學的確取代了

① 參見趙寶煦：《中國政治學百年歷程》，《東南學術》，2000年第2期；俞可平：《中國政治學百年回眸》，《紫光閣》，2001年第2期；金安平、李碩：《中國現代政治學的發端與拓展：北京大學政治學（1899—1929）》，北京大學出版社，2019年。

② 參見『光緒二十九年/民國元年北大學科設置及課程安排』，金安平、李碩：《中國現代政治學的發端與拓展：北京大學政治學（1899—1929）》，北京大學出版社，2019年，第82–83頁。

③ 王勁崙：《夭折的本土化：晚清法學與政治學學科關系變遷中的知識競争與權力選擇》，《政治與法律》，2023年第5期；王昆《從『國家學』到『政治學』：清末西方政治學的引入與學術體系轉型》，《江漢論壇》，2015年第12期；孫宏雲：《學派興替與本土轉向：抗戰前中國政治學的發展軌迹》，《中國學術》總第三十輯，商務印書館，2011年。

德日傳統的國家學知識體系和法政學科關系。

但就具體過程而言，中國政治學的知識轉型和學科體系建構却并非一蹴而就，而是曲折反復的。這種曲折性從1929年燕京大學教授郭閔疇在清華的演講中可見一斑，『從前清華没有法學的課程，現在已次第的添增了……這可以説是政治學系的性質改變了，從前清華燕大所采的是美國式的，在美國學校裏的政治系是没有法學課程的。現代我們所采的是大陸式的，法學的課程歸并在政治系。……采用英美式在中國是不適用的』。[1] 從這裏看出，遲至1930年前後，中國學者對于政治學的學科認知和課程設置仍然處于變動不居的狀態，這背後不僅源于知識轉型過程中的不同學制淵源和知識競争關系，更與中國政治學學術資源匱乏、課程資源不豐富有莫大的關系。

對歐美政治學專業研究和學科體系的譯介，成爲了解現代大學學科設置，現代政治學的知識體系、學科體系以及研究重點的重要方式，也成爲通過比較認識中國政治學發展方向和重點的重要參照。一方面，借助譯介進來的知識和信息，中國政治學的學科體系、課程體系逐漸完備起來。通過對民國初年中國大專院校的比較不難發現，諸多高校的政治學課程存在大量法學、經濟學甚至教育學等内容。以民國時期清華大學政治系爲例，吴之椿教授在擔任系主任後進行了一系列課程改革，增加政治學專業以外的必修課。『本校政治系自經聘請吴之椿現實主持後，改革甚多。從前該系必修課僅有政治概論及比較政治二門，分量似嫌過少，現

① 《國立淸華大學校刊》第68期，1929年5月15日。

在則舉凡論理學，社會學，中國近百年史，西洋近百年史，經濟學，財政學等科目均劃爲必修，蓋以政治之爲物本身原是空空洞洞的，其構成，其演進，全靠經濟、歷史、社會等諸原動力之推動。』①這些改革固然與學者對政治學的學科屬性和知識體系認識密切相關，也與當時中國政治學知識體系、課程體系的資源匱乏密不可分。所以吴之椿明確提出『政治學的將來的發展也許是要間接的……政治學是社會科學之一，它若是要達到一種相當可靠的程度，也必須借重于别的社會科學的努力』。②這些認知也在一定程度上反映出當時政治學發展基礎薄弱，既缺乏師資開出理論性課程體系，也難以形成精細分工的專業培養模式。不過，在繼任系主任浦薛鳳看來却并非如此，他認爲政治學『課程不在繁多，弄得五花八門巧立名目，而在聚精會神對于基本科目，經嚴密之訓練，得精細之認識』。因此，浦薛鳳將政治學系基礎課程分爲公法、制度和思想三類，并以『灌輸學生以政治科學的基礎知識』爲課程編制目標。③這種課程設置明顯存在模仿美國大學政治學系的痕迹。而之所以能够明確政治學的學科性質，開設專業性的基礎課程，不僅源于留美專業人才在20世紀30年代成爲北京大學、清華大學等高校政治系的教員主體，更在于著作譯介的逐漸深入，將政治學研究的經典研究和前沿問題帶入中國政治學課堂教學和科學研究。以『政治學概論』課程爲例，清華大學、北京大

① 《國立清華大學校刊》第1期，1928年10月29日。
② 吴之椿：《政治學與自然科學》，《清華周刊》，第586/587期合刊，1934年7月1日。
③ 《國立清華大學校刊》第400號，『各系系統講演録・政治學系』，1932年5月4日；王化成：《清華政治學系之概况》，《清華周刊》向導專號，1934年6月1日；浦薛鳳：《政治學系概况》，《清華周刊》向導專號，1936年6月27日。

學、燕京大學、武漢大學、南開大學等高校都采用美國學者高納的《政治科學與政府》爲課程教材，1933年和1934年國内分別出版了顧敦鍒和孫寒冰的兩版中文譯本。有些大學雖然采用本校教師自編講義或教材，但其基本框架和核心内容仍然是譯介自高納這本書，如北大政治學系高一涵編著的《政治學綱要》、燕京大學顧敦鍒編的《政治學概論選讀》都曾編譯或借鑒高納這本書的内容。通過對政治學著作的譯介除了填補課程教材的空白，也推動了課程體系的完善。留學于美國的梁鋆立曾評論説：『試閲巴黎大學法科的課程表，哪裏有什麽「政治學」、「比較政府」的名稱呢？（有的衹是Droit Public 和Droit Constitutionnel Compare）。至于「政黨論」、「帝國主義研究」和「現代國際政治」諸科目，大半是美國大學Graduate school所開的課程，衹可算是美國貨了。』[1] 這裏雖然對移植美國課程體系提出了質疑，但毋庸置疑的是，課程體系的豐富，在很大程度上順應了當時知識體系競争、學術專業分化的内在訴求，確保了現代專業化學科體系特别是課程體系的建立。

另一方面，學術著作的翻譯和介紹也在影響和塑造着民國政治學的學術體系，爲政治學學科發展供給概念、議題和方法。雖然舶來的現代詞匯主要集中于清末西學東漸時期，但將這些詞匯消化、整合并確定爲邊界清晰的學術概念則發生于民國時期。在這一階段，學術概念趨于定型，并被頻繁地運用于學術研究和討論，使之參與到現代知識體系的建構，甚至影響着中國意識形態塑造。對于政治學而言同樣如此。例如處于民國政治學核心地位的『建國』議題，實際上正是美國政治學國家理論影響下的本土産物，源于美國國家建

① 梁鋆立：《對于商務印書館大學叢書目録中法律及政治部分之商榷》，《圖書評論》第2卷第2期，1932年10月1日。

設的實踐探索和經驗總結。[1] 圍繞『建國』議題而來的『民主與獨裁』争論、『專家治國』論、『代議制改造』論等無一不是域外政治學概念、議題被譯介到中國後引發的政治學術熱點。與此相關，政治學的研究方法，如觀察實驗、心理分析、調查統計乃至唯物辯證法等都被譯介和吸收到中國政治學的研究方法體系當中，不僅推動了中國社會政治問題的研究深入，更對當代中國政治學研究産生了深遠的影響。

强調譯介對于中國政治學發展的重要意義并不意味着其足以完成知識體系的系統建構過程，僅有學科體系移植或研究議題的搬運，并不能够給讓現代政治學在中國真正落地生根，形成富有解釋力和吸引力的知識體系。這一點在民國時期就已經爲政治學者們所認知。求學于美國的政治學人王化成就曾批評清華當時的政治學課程『清華除去一禮拜四點鐘之政治學一門外，别無政治課。所有者亦不過談談學理，與美國如何。中國什麽樣，是聞不到的。』[2] 這并非是當時清華的獨特現象，而是民國政治學的普遍樣態。毛澤東也曾在延安批判這種盲目移植帶來的『理論與實際分離』問題，『教政治學的不引導學生研究中國革命的策略……這樣一來，就在許多學生中造成了一種反常的心理，對中國問題反而無興趣，對黨的指示反而不重視，他們一心向往的，就是從先生那裏學來的據説是萬古不變的教條。』[3] 這些批判實際上指向的是西方政治學譯介之

① 多蘿西·羅斯：《美國社會科學的起源》，王楠、劉陽、吴瑩譯，生活·讀書·新知三聯書店，第366–424頁。
② 王化成：《對于母校當事及同學的幾點建議》，《清華周刊十周年增刊》，1924年3月1日。
③ 《毛澤東選集》第三卷，人民出版社，1991年，第798–799頁。

後的本土化問題。中國政治學知識體系的建構和發展從一開始就與政治現代化、國家建設、社會轉型等重大時代命題息息相關，深受國家權力意志的影響與規訓。因此，學術研究的科學邏輯與政治發展的現實需求、文化價值的普世傾向與中國政治的特殊經驗之間存在明顯的錯位甚至衝突。浦薛鳳等人在移植美國政治學課程體系的同時，都曾推動『改進教材之運動』來加重中國學問研究和講授，如邀請蕭公權來清華開設『中國政治思想史』等課程。① 這些本土化的改革措施反映出當時中國社會科學的學科自覺乃至文明自覺。然而這種『自覺』意味着對西方政治學盲目借鑒的反思以及對中西差异的充分認知。『自覺化』或『本土化』歷程仍然離不開對域外學術成果的譯介、闡釋、批評乃至重構。

换言之，譯介恰恰構成本土化的前提條件和内在動力。因此，本土化訴求并不必然與著作譯介截然二分，反而構成中國政治學知識轉型和發展成熟的組合力量。若無對西方政治學的譯介，中國現代政治學就是無源之水，缺乏知識體系建構所必要的學科自覺和學術資源；若没有本土化，那麼中國政治學就是無本之木，不可能真正成爲有活力的自主知識體系。樊德芬曾在1940年總結近代政治學發展時强調：『我國人士研究政治學，其體系本是取法西洋的，但近二十年來頻將我國固有的政治材料添進去，使中西兩方面相互比

① 參見浦薛鳳：《關于政治學系課程》，《國立清華大學校刊》第400號，1932年5月4日；浦薛鳳：《浦薛鳳回憶録（上）：萬裏家山一夢中》，黄山書社，2009年，第157頁。

較，借以引申政治的原理。』[1]這一概括反映出政治學本土化的内在機制。學科資源與經驗材料的相互關聯決定了譯介與本土化這種看似悖謬的組合恰恰構成了中國政治學本土化和自主化的强大動力。因此，政治學本土化乃至自主知識體系建構實際上都必須充分考慮譯介在其中發揮的重要作用，也衹有將中國政治學的知識轉型置于中國與世界互動的近代語境中才能理解幾代人追求的學科本土化、自主性的深層邏輯。

## 四、作爲學科發展鏡像的著作譯介

自二十世紀末社會科學學術規範化的討論開始，社會科學的學術史意識日益强烈，對近代知識轉型和學科傳統的研究熱情也逐漸高漲。學術界不僅對奠基時期的學術研究價值給予高度認同，也更加重視這一時期對現代學科體系的開創性意義。然而，什麽才算是本學科歷史和學術傳統，却存在諸多争議之處。爲此，中國政治學奠基時期的譯介歷史及成果，就理應成爲我們思考中國現代學科體系建設、探索知識系統現代轉型最爲重要的思想遺産。全面系統地整理、挖掘和詮釋這些寳貴的思想遺産，是建構中國自主知識體系、推進學術傳統自我創新的必備工作。

① 樊德芬：《近代政治學的特色》，《現代學術文化概論》第2册，《民國叢書》第4編39，上海書店出版社，1991年，第47頁。

近代國外政治學著作譯介對于中國政治學的形成和發展具有重要意義，回顧和研究近代政治學奠基階段的譯介成果是理解現代政治學在中國發展路徑形成的重要途徑。搜集、整理是回顧和研究無法繞開的基礎性工作。衹有系統地搜集整理好近代政治學譯介的基礎文獻，才能真正厘清近代中國翻譯和介紹西方政治學的基本情況，才能準確把握中國政治學誕生和發展過程中對西方政治學的吸收、借鑒乃至重構的行動策略，才能清晰揭示近代中國政治學乃至近代中國政治的轉型歷程和曲折發展，并由此推進當代中國政治學的學科建設和學術研究，幫助我們更好地理解中國道路、講好中國故事。

這些近代譯介文獻有些仍然被一代代學者常置案頭，成爲政治學的經典名著；有的則早已難覓踪迹，作爲舊時檔案隱入歷史塵烟。然而對于每一個想要理解近代中國知識轉型和政治發展的人來説，這些譯介文獻都是值得研究和品讀的。

爲接續學術傳統，改革開放以來，社會科學界不僅出版了一系列研究著作，還搜集整理了一批經典著作編纂結集或影印出版。其中涉及政治學奠基時期譯介文獻的也爲數不少，最爲相關且比較有代表性的當屬《近代人文社會科學譯著》《民國西學要籍漢譯文獻 政治學》《中國近代法學譯叢》等。① 其中，《近代人文社會科學譯著》聚焦晚清民初（1807—1919）傳入中國的西方人文社會科學著作，并在第一輯中編輯整理了一批晚清時期的政治學譯著；《民國西學要籍漢譯文獻》主要關注民國時期政治學翻譯的重要著作；《中

① 熊月之主編：《近代人文社會科學譯著》，上海科學技術文獻出版社，2021年；李天綱主編：《民國西學要籍漢譯文獻》，上海社會科學院出版社，2017年；何勤華主編：《中國近代法學譯叢》，中國政法大學出版社，2003年。

國近代法學譯叢》中也收録了一部分政治學的重要著作，并且在出版時做了文字校對和格式調整。總體來看，這些叢書在發掘整理晚清民國時期的重要政治學著作中發揮了重要的奠基性作用，不過都没有以政治學作爲編選重點，尤其未着意從學科或專業角度加以細致分類和篩選，不僅翻閲查詢時多有不便，且資料價值良莠不齊。

基于上述考慮，在中央編譯出版社的大力支持下，張遠航副社長的組織策劃下，我們盡可能全面搜集中國政治學奠基時期的相關政治學譯介著作文獻，然後根據原著的學術影響、翻譯的質量以及譯者在學界的影響等原則，從中選取了41本，按主題分門別類，匯編成册，按照歷史原貌影印出版，力争從譯介的角度、以原汁原味的方式，全面呈現政治學這門獨立學科在近代的形成和發展。

編選的文獻大致分爲五類：

第一輯　政治學通論：主要包括近代中國翻譯的西方政治學通論類的文獻。從這些文獻中可以了解政治學奠基時期所譯介的政治學基本概念、關鍵命題、理論範式，展現出中國政治學學科體系、學術體系的初創形態。

第二輯　政治哲學：主要包括當時翻譯出版後産生一定影響的政治哲學文獻。它們可以映射出，近代中國面向西方政治哲學的關注視角及其範圍，反映當時政治哲學思考的核心價值觀念，對現實政治生活的思辨解釋及良善政治的理性籌劃等。

第三輯　政治學史與政治思想史：主要包括近代政治學人對西方政治學史及政治思想史重要文獻的譯介成

果，其中既包括梳理古今政治學説發展歷程的經典著作，又包含當時分析政治思想史的前沿成果，從中展現了當時中國政治學人對學科歷史和思想觀念的接受和認知狀況。

第四輯　各家政治學説：主要包括西方政治學經典著作的早期中文譯本。這些譯本在當時都産生了廣泛的社會影響，不僅傳播了思想家的政治學説，也在一定程度上影響着國人觀念的現代轉型。它們展示了當時中國接受西方思想經典的學説範圍和理解深度。

第五輯　國家論：主要包括近代政治學人對國家理論的思想和闡發。其中不僅包含對國家理論的基礎性研究，又涉及基于特定立場的研究專著。從中可以看到當時圍繞現代國家建設展開的重要争論以及各自引用的思想資源，從而更深刻地理解不同實踐道路選擇背後的理論支撑。

爲了便于讀者對這些譯著的了解，我們組織清華大學政治學系的博士生許超、潘瑩瑩、趙家坤、路旖帆、莫明墉，博士後汪家鋭在盡可能收集可信材料的基礎上撰寫了著者、譯者的生平小傳。遺憾的是，由于個别著譯者在原書出版時給出的信息不準確，所以生平小傳有所缺失。這在一定程度上也反映了那個時代譯介工作的局限性。在叢書的書目篩選、著作分類、著譯者小傳撰寫過程中，許超發揮了非常關鍵的作用。他收集、鑒别史料的能力，對學術史的熟悉程度，體現了一個優秀青年學人的巨大潛質。從某種意義上説，如果没有他的細致高效工作，本叢書難以順利完成。

編選這套《中國近代西方政治學文獻叢刊》，適逢清華大學政治學系成立百年前夕。在現代中國政治學知識體系的構建中，清華前輩學人做出了不可替代的貢獻。在這套叢書中，我們也可以看到他們的身影。本叢書的出版，是對包括他們在内的參與過現代中國政治學知識體系構建的所有前輩的致敬。

需要强調的是，重視譯介文獻對于中國政治學形成與發展的重要意義，并不意味着僅有翻譯或移植就足以建立起中國現代政治學。以西方理論來裁剪分割現實，無視中國經驗的豐富性，同樣值得反思。當然，簡單拒斥西方政治學傳統，與盲目移植套用西方概念或理論，對于中國政治學而言，同樣是歷史虛無主義的表現，都是無視傳統的危險做法。祇有認真對待不同源流的學術傳統，重視本土資源與西學東漸的互動融合，才有可能走出中國政治學知識體系建構的創新之路。以歷史的眼光梳理政治學自身的學科傳統，才有可能鞏固學術根基，助力中國政治學在返本開新、文明互鑒中獨立從容地走向未來。

楊雪冬

2023年8月于明齋

# 著者、譯者小傳

許超

作者拉斯基（Harold Joseph Laski，1893—1950），英國工黨領導人之一，政治學家，費邊主義者，社會民主主義和政治多元主義的重要思想代表。1893年，拉斯基出生于曼徹斯特一個波蘭籍的猶太移民家庭。1911年至1914年，就讀于牛津大學，并在此期間加入費邊社，畢業後赴加拿大麥吉爾大學和美國哈佛大學等高校任教，1920年回國。1921年至1930年，任英國成人教育學院副院長，自1926年起，在倫敦經濟學院教授政治學，直至去世。他回國後以極大的熱情從事政治活動，爲工黨競選奔走。1922年至1936年，擔任費邊社執行委員會委員。1930年加入工黨，從1937年起擔任工黨全國執行委員會委員，1945年當選爲該委員會主席，1949年退出。拉斯基的理論工作與政治活動緊密結合在一起。著有《主權問題研究》《現代國家的權力》《政治典範》《國家的理論與實踐》《論當代革命》等。

譯者王造時（1903—1971），原名雄生，祖籍江西安福。1917年就讀于北京清華學校中等科，1919年參加五四運動，曾兩次被捕入獄，後任清華學生會評議會主席。1925年8月自清華大學畢業後前往美國威斯康星大學就讀，1929年6月獲政治學博士學位。後到英國師從英國費邊社會主義代表人物拉斯基研究國際政治。1930年回國後謝絶清華、北大的邀請，受聘擔任上海光華大學文學院院長兼政治系主任、教授。1931年

『九·一八』事變後，創辦《主張與批評》半月刊，後又創辦《自由論壇》雜志。同時參與發起上海各大學的教授組織抗日救國會，積極支持十九路軍和淞滬抗戰。1933年11月參加『福建事變』，發表《爲閩變忠告當局》宣言，公開了他的反蔣抗日主張。1935年底與馬相伯、沈鈞儒等共同組織上海文化界救國會并擔任執行委員。1936年出任上海文化界救國聯合會宣傳部部長，主持《上海文化界救國會會刊》和《救國情報》，主張停止對内，一致對外。1936年6月全國各界救國聯合會成立，他被選爲執行委員、常務委員。同年11月被國民黨逮捕，爲著名的『七君子』中的一員。1938年3月擔任江西省政治講習院教育主任兼教授，負責訓練抗戰時期江西省幹部。抗戰勝利後在上海創辦自由出版社，同時兼任私人法律顧問。上海解放後，王造時積極參加愛國民主運動，是著名的愛國人士。1951年起，王造時擔任復旦大學歷史系教授，世界史教研室主任。1971年9月王造時因病逝世，享年70歲。2018年上海市社會科學界聯合會公布了首批『上海社科大師』人選名單，王造時當選。王造時一生著述頗多，他曾出版政論文集《荒謬集》，翻譯莫瓦特的《現代歐洲外交史》、《近代歐洲外交史》、黑格爾的《歷史哲學》、萊丹的《美國外交政策史》、拉斯基的《國家的理論和實踐》等著作。

# 总书目

## 国家论

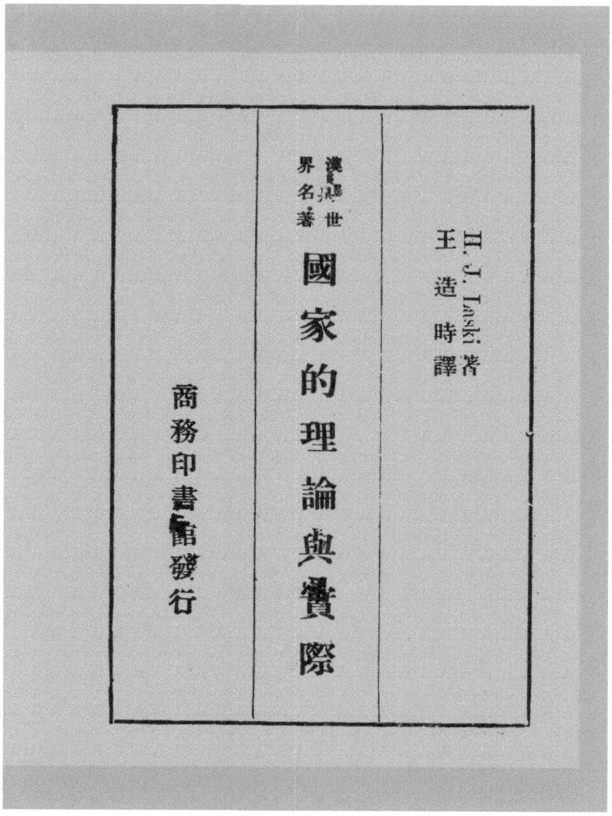


著　　作　《国家的理论与实际》
著　　者　［英］拉斯基
译　　者　王造时
出版时间　1937 年

# 国家的理论与实际

正義是一種力量，如果牠不能創造，牠至少要破壞。所以將來的問題不是要不要革命，而是革命是有利抑有害的問題。

迭更生 (G. Lowes Dickinson)

正義與自由 (Justice and Liberty) 第二〇六頁（一九〇八年）

# 譯者序

拉斯基先生在政治思想界的權威是研究政治學的人所公認的。關於他的生平、著作、及思想，我本來想寫一篇較長的文字在這裏介紹與讀者，但不料十一月二十二日因救國會事被捕進來之後，身邊沒有參考材料，不能着手，只好俟諸他日。不過有一點我要特別指出的，是他的思想這幾年來有急劇的變化。回想一九二九年至一九三〇年我在倫敦聽他的講，與他在一塊討論的時候，他的思想還是不出進步的自由主義的範圍。現在我譯完這書之後，我很驚異他的思想前進程度的深遠了。一九二九年起的世界經濟的不景氣，及一九三〇年後國際政治的急變，尤其是侵略國的窮兵黷武及法西主義的擡頭，大概給了他極深刻的印像。

我在蘇州高等法院看守分所匆匆地趕完這一件未了的工作，自己覺得有不滿意的地方；但沒有我的夫人朱透芳女士的安慰鼓勵，恐怕連這個不滿意的工作也未必能夠交卷。就拿這件工

一

作獻給她做紀念能。

第一章因爲討論國家的哲學概念，不免有些空玄的議論，讀者或許要感覺到艱澀，但其餘各章便很通暢切實，愈讀下去愈是有趣，愈是興奮了。恐怕讀者開頭感到乾燥，特預先聲明一下。

王造時　一九三六年十二月三十日於蘇州

# 著者序

這本書的宗旨是在發現現代國家的本質。牠在以檢討國家的歷史所啓示的特性，去解釋國家的本質，並根據各種特性所昭示的，去扼要提出一種比正統的眼光能更與歷史貼合的國家理論。這本書在某種意義說來，是拙著在危機中的民主政治（Democracy in Crisis）（一九三三年出版）的續篇，因爲本書是想把該書的哲學的涵義，再加以闡明的。

我得益於朋友者很多，他們的批評與討論都給了我幫助。特別是，我必須謝謝我的同事比爾斯先生(Mr. H. L. Beales)，金斯柏教授(Professor M. Ginsberg)，及詹寧博士(Dr W. I. Jennings)。當然，他們對於這書的內容是不負任何責任的，至於我的夫人對於這書的貢獻，那只有我知道。但是關於這點，我們兩個人都不願說。

哥蘭資先生(Mr. Victor Gollancz)欣然允許了我用伍爾夫先生(Mr. Leonard Woolf)

原編聰明人防戰的方法（Intelligent Man's Way to Prevent War）一書內我所寫的一章中的好幾頁。

拉斯基一九三四年十月於倫敦

# 目錄

# 國家的理論與實際

## 第一章　國家的哲學概念

一

正義為強者之統治一說，自被柏拉圖(Plato)否定以來，一般人士即從國家所欲保全的崇高宗旨，設法為國家辯護。人心對於不顧目的，只圖強制權力的取得之觀念，實在有一種反感。我們與亞理斯多德(Aristotle)同聲的辯稱，國家的存在為的是促進善良的生活。我們與霍布斯（Hobbes）同樣的主張，如果國家沒有生殺大權，使人得以安居樂業，文明是不能發生的。我們與洛克(Locke)一致，以為唯有人們所同意的公共立法機關，纔能給我們生命自由與財產種種權利，假使不能安享這種種權利，人生必然是陷於悲慘之境的。盧梭（Rousseau）尋出在國家生活的某個時期，人民倘服從其法律，可比有文明以前的社會裏更爲自由。黑格爾（Hegel）曾有這樣的名句，（註一）『國家乃現世的神聖理想；』他辯稱人類的全部價值都是從他埋頭從事於國家的活動中而發生的。

人間種種制度獲得的讚譽之盛，很少有過於國家的；那麼了解這些讚譽的根據爲何，是很重要的。他們很少是現實國家的讚美；雖讚頌者有時發現他的理想具備在一個現實的社會裏面。這些讚譽在更多的時候是一種宗旨系統的辯護；而這種宗旨系統乃是在想的人看起來認爲是善良的，而且唯有通過國家這個特殊組織纔能實現的。這些宗旨的性質在政治哲學史上頗爲恆定不變。牠們乃是一種探索，要尋出男男女女怎樣最能充分滿足他們自己的那些條件。牠們乃是一種認識，知道因爲各個人採取不同的行動，以達到相反的欲望，所以社會上必須有一個共同的機關，出來規定各人如何合法行動的條件。關於那個機關應取什麼形式，見解非常紛歧。牠的行動之基礎，牠的權力之範圍，乃是從無一致意見的問題。但除去哲學的無政府主義者（在政治哲學裏這種人是很少的）以外，差不多大家都公認社會上必須有一種強制的權力，以規定社會行爲的適當規則。人類的天性既是如此，苟無這種權力臨之於上，勢將是各人任意行事，紊亂異常，不能成立有秩序、的生活。有了國家然後有安全；而安全便是人類需要可得和平滿足的條件。

但是聲辯社會上需要一個公共服從的強制權威，只引起了一個問題，而沒有結束一個問題。人們並不爲了服從而服從那個權威。他們服從牠是爲了他們相信可從牠的設施達到各種宗旨。他們遵奉命令是爲了他們相信那些命令中包含着的種種。他們根據他們所求的生活的滿足來考慮那些命令，而且他們常常認爲那些命令不能予他們以滿足，拒絕服從。換言之，服從乃人類的正常習慣；不過極端的事件常在繼續發生，其間人們痛苦地做了不服從的決定，而且激烈地維護這種決定。

這些極端的事件顯見人們服從國家不僅僅爲了秩序的緣故，而且也爲了他們認爲那種秩序可能造成的種種。事實上，人們是從他們以爲國家應該給予的滿足來判斷國家的。不消說得，他們的判斷是隨時隨地而異。各種合理的願望常隨經驗而產生；而一個社會在一個時期的要求，將與另一社會在另一個時期的要求不同。但其涵義則甚明白，即一個社會內強制權威的行使從來不是無條件的。強制權威必須按照法則行事，強制權威必須實現在牠活動下生活的人民所認爲基本的宗旨。所以對於國家本質的任何研究，至少不僅是對於權力之設施得在理論上辯護的那些明白揭示的宗旨之一種研究，而且也是對於權力之已經實現的意向之一種研究。在國民看來，一個國家端在於其所行所爲；並不因爲牠是一個國家而即無懈可擊。國家能使他們同意於其行動者，乃由於他們對於這些行動的效果所下的判斷。他們所關切者不是國家爲國家之哲學的宗旨，而是他們日常生活中經驗到的牠的現實過程之種種結果。

哲學家者流可以像柏克(Burke)一樣認國家爲至美至善的一種組合；普通人們則認國家爲一種被統治的狀態，可以滿足他所期望的合理的滿足。這就是說，哲學家大抵以建築一個理想型的國家，並將其含意轉移於國家的實際經驗之中爲滿意。那個理想型泰半就是那位哲學家根據他個人的經驗而懷抱的美善的概念；他把他的自傳寫成了一個現實的計劃與範疇。霍布斯的國家論，究詰到底，便是堅持秩序本身爲最高的善，而不問那種秩序之舉措如何，這種主張產生於內戰時期，所以是不難明瞭的。黑格爾所稱苟無一位正統的皇帝，則國家的人格卽形不完全，分明不能算做普遍的眞理，而只是黑格爾將他偏愛的普魯士王國，提高爲一個國家所能具有的最高形式。除非我們採取這種見解，如博山克(Bosanquet)所謂『國家乃國家之所以爲國家之一個簡單的表示』(the state is a brief expression for states qua states)（註二）所謂理論上的宗旨永遠被實現於活的事實之中；所謂我們所遭的失敗，不可歸之於國家之爲國家，而須歸之於國家欲加淨化的非國家的淵源；假如不取這種見解，那麼一個國家論分明須是評估現實各國家之成就的一種方法，一種測量的範疇，而不是一種現實的說明。我們不能像黑格爾那樣說，個人之『最高的責任便是要做國家的一分子』，（註三）而須先行判斷個人是其中一分子的現實國家之性質。

在本書內，我將盡力舉出國家之哲學上的辯護，我相信在晚近一世紀中，國家對於西洋文明發施了主要的影響。繼之我將從我們日常生活裏遇到的國家來檢討那種辯護。這個將使我訂立一個國家理論，比現在普通公認的理論，更爲切近於我們所知的事實。末了，根據我締訂的那種理論，我將設法尋出若干切實的推斷，由此預言——因爲預言終是一個眞實的社會理論之最後試驗——未來事勢之大概趨向。

我的議論自始至終將根據於一個假定上。我將假定那種強制權威的辯護，即國家能令人民服從的唯一權利，端在於牠的滿足最高要求之努力。這就是說，國家僅僅意向要達到這個目的，並不能使牠有要人服從的權利；一種意向論決不能做一個適當的政治哲學之基礎。在各種人類制度中，能夠單獨作為價值的範疇者，並不是那個揭櫫的宗旨，而是那個得到實現的宗旨，與依照情理可得實現的程度互相比較。

## 二

我們不得不以定義開始；政治哲學之所以收獲甚鮮，多半是因為人們不能一致同意於他們所用名詞的緣故。我們發見我們係與他人一同生活在一個社會裏；那個社會在對於人類其他一切組織之關係上，是整齊結合為一個單位，我們叫牠做國家；既為一個國家，牠便有一輩人管理牠的事務，我們叫這輩人做政府。這些名詞含有什麼意義呢？

社會也者，我意指一羣人類共同生活與共同工作以滿足他們相互的需要。他們必須滿足的根本需要在性質上是經濟的；他們必須謀生，然後纔能生活得好。但除單純的經濟需要以外，還有種種的需要，宗教的、文化的、家庭的，這些需要都由人類之社交的本能而得實現。從理論上說來，我們沒有理由說這一羣人不相等於人類全體；而且在實際上，像我稍後將加以表明的，我們經濟生產方法的涵義使我們必須視那種相等具有深刻的制度上的意義。但爲了各種歷史的與地理的原因，這裏所不能論列的各種原因，我們所關心的社會乃是英格蘭、法蘭西、德意志、美國與俄羅斯那樣的社會——與其他人羣有別的若干人羣，因爲其中人們有某種共同的傳統，無論是政治的、心理的、言語的或任何其他的，這些傳統使他們較之其他人類顯然有別，劃然可分。我們這裏所論的社會，不外是那些在長時期的歷史上，已經具形爲一個民族國家的社會。

國家也者，我意指這一種社會，牠具有一種強制的權威，在法律上高出爲該社會一部分的任何個人或集團，所以是整個化了。若將任何民族社會檢閱一過，總可以顯出在牠的疆界內不僅有若干個人，而且有若干人羣組織，共同結合以促進種種爲他們所關心的目的，宗教的、經濟的、文化的、政治的等等。這樣一個社會，假使其中各個人與各團體必須遵照的生活方式，係由一個統轄他們全體的強制權威所規定，這就是一個國家了。舉一個例，法蘭西國便是一個有領土的社會，劃分爲政府與人民（不論是個人或是個人的集團）他們的關係便是由這個最高的強制權威所決定的。

這個權威叫做主權；國家因據有主權，所以與其他一切人類組織不同。一個都市是區分爲政府與人民的有領土的社會；一個工會或一個教會也可以是這樣。但牠們都不具有最高的強制權力。牠們每一個必須在那個最高強制權威規定爲合法的範圍裏行事。這個權威的意志在形式上是一個不可違抗的意志，因爲否則牠就不能算是最高的了。基於同樣的原因，牠的意志是不能分裂的，不能讓與的；誠如布丹（Bodin）所說，國家是最高的，因爲牠發命令給一切人，而不受任何人的命令。牠的命令所以就是法律，既爲法律，對於在其管轄範圍內的一切人等都有拘束力的。

這很重要，須知這樣以主權歸於國家僅僅表示一種形式上的參考資料而已。這是描寫一種機構，而不是推斷一種價值。這並未說到國家意志內有沒有包含智慧或是正義；這只是說國家係高出於其他一切組織，因爲在形式上牠能夠約束牠們，叫牠們服從，而不致自身受到約束。事實上，牠所命令者也許是不智的或不公平的；但不智及不公平都無礙於國家着命屬下服從其命令的那種形式的合法的權利。

由此言之，國家乃是組織一個社會的集團生活的一種方式。實在，我們照理不必視國家爲錯綜複雜的社會本身，而只是社會的一個形態，至少在目前，整個社會生活是籠罩在國家之内的。要知國家的強制權力既是最高無上的，所以理論上在牠統治範圍内的任何行動，牠都能規定其性質的。無論何人稍一考慮現代國家職務範圍之廣，終不會估低了國家主權之實際情形的。國防與警察；實業統制；社會立法，牠所包含的職務至廣，如教育與疾病保險及失業保險均在其内；科學研究的提倡；一種幣制的行使，連同牠的無限的後果；徵稅的權力；人們爲了各種宗旨可以集會結社的條件的規定；法院制度的設置，無論何人或何團體牽涉在内後，國家自己的法律原則是一概要發生效力的；由此可見僅將國家之顯著的職務迅速檢閱一遍，就可以看到國家貫澈個人生活如何之深。現代的公民在一舉一動間都要陷在國家設施之中。

但是我們要知道每個公民是怎樣遇到國家的。凡百機關須由人主持，除由人行使這種權力外，別無他法可以行使。所以國家需要一輩人以牠的名義執行牠所操縱的最高的強制權威；而這一輩人就被我們喚做國家的政府。按政治學上基本原則之一，便是我們須把國家與政府分別得截然清楚。政府只是國家的代理人；牠的存在是要執行國家的宗旨的。牠本身並不是那個最高的強制權力；牠不過是行政的機械，藉以使那個權力的宗旨發生效力。我們知道政府之有主權與國家之有主權意義不同；政府具有的權威是國家賦給牠的；假使牠踰越那種權威，則在有條文規定的國家，該政府便須負責。按一個政府對於超出牠的規定權力以外的行動舉措應該負責的這種觀念，乃是已一切由法治代替專斷爲政治行動之基礎的國家之中心觀念。路易十四（Louis XIV）將他私人的旨趣和國家的意志併爲一談，固然不無理由；但雖像美國大總統那樣饒有權勢的一位統治者也須在憲法裏面或在美國國會依法頒給他的某種權力裏面，尋出權限來行使他的意志。甚且有這樣的國家，像美國便是一例，其政府須遵奉憲法行事，國家即以憲法明白禁止其政府採取某幾項權力，或以某幾種方式行使其他權力。

據說要將國家與政府分別清楚，旨在着重政府在舉措上所受的限制，藉令政府適當注意到國家所以存在之目的。那個目的雖然人異其說，不外是造成種種環境，俾國家內各份子的欲望可獲得最大的滿足。限制之道——成文憲法，人權約章，分權制度以及諸如此類——使是經驗昭示人們的那一切方法，擬使政府不能以國家的名義，濫用國家的主權。因爲每一個政府都是由凡人組成的。他們可以立意濫用他們所操的權威，以達到他們自私的目的。他們可以宅心很好，而很不合理地誤以少數人的私利，認爲全社會的公益。他們可以茫然無視他們當前的局面，或是沒有能力應付牠。諸如上述的情形，從古以來在每一個政治社會裏常常發生的。若將國家與政府分開，其價值便是可以造成各種制度的機構，當國家的代理人，即政府，不能勝任牠的職責的時候，就可以將牠撤換。

不過我們馬上要說明，國家與政府的區分，毋寧是一種理論上的事情，而無實際的意義。因爲我們身受的國家之一舉一動實在都是政府的舉動。國家的意志在其法律；但給予法律內容以實質與效力的卻是政府。我們說英國於一九一四年八月四日對德開戰；但在那一天行使英國的主權者卻是牠的政府。我們說英國於一九二五年回復金本位，又於一九三一年放棄金本位；但每次主持其事的都是政府。我們說俄國自一九一七年十一月革命後成爲共產國家；事實上我們意指有一輩人變做了俄國政府，他們運用俄國的主權以達到我們通稱爲共產的那些宗旨。無論何時，當一個國家按某項特定方式行事，這終是因爲主持政府者要將國家主權按該項特定方式而運用，運用得當與否姑所不問。在實際上國家從不有所舉措；牠由那些力能決定其政策者舉措行事。

講到那些力能決定的人，我們這裏要問，卽在事實上，誰給他們以能力的呢？我們可以說他們的權力係從法律而來。但說來說去，法律只是一些文字，須由人們予以執行的實質。我們可以說他們的權力是從被他們統治的人們的同意而來，所以他們能够令人服從他們的意志。這種見解倘照休謨(Hume)的說法看來也有一種眞理，休謨曾堅持謂一切政府，無論怎樣不良，其權威均有賴於輿論。（註四）但這種說法不能作爲全部眞理，卽基於這個強有力的理由，在許多時候，許多地方，人們由一個國家統治着，而牠的政策，他們是明白地不同意的。若謂一九一七年前的俄皇國家，或今日法西斯與地利國家係建築在其人民同意之上的，這種話終不能說是得當；因爲在以上每種情形裏，都有許多人民起來反抗那個政府，要改變國家的政策。

所以我以爲，分析到底；我們不得不說國家是建築在牠的政府順利地行使牠的最高強制權威之能力上。這是不錯的（而且這當然是重要的，）當一個國家內各分子對於牠政策內包含的各項宗旨根本是意見一致的時候，那強制的外表就此隱而不彰了。而且這也可說是不錯的，在一個立憲的國家內抨擊政府的人們在牠的一定時期終了，假如很有機會加以推翻的話，那麼強制的外表也就不見得顯著了。但當一個國家歷史上任何嚴重時期，國家權威依賴於牠有權力壓迫政府的反對者，打破他們的意志，和強迫他們服從、這一個事實終是出現為國家性質上的中心事實。一個國家，其宗旨受到了攻擊，非對付這種攻擊就須改變牠的宗旨；假使牠意欲保持這些宗旨，牠必須用武力保持牠們。所以牠須有壓迫的工具，與人民大衆分開，來供牠的指揮，以實施牠的權威，換句話說，國家主權的基礎通常就是那種有時需要的權力，得以運用國家的武力，強迫人民服從牠的意志。

按每次對於法律的重大挑戰都是對於秩序的一種威脅；而每一個政府遇到秩序被威脅時，必然要用國家的武力以保全之。不管牠什麼原因，當牠不能運用武力時，牠必須改變法律，否則就須退位。這情形不僅在一種對內的意義上為然。一個國家與另一個國家相爭的時候就以牠所能支配的武力——在不能以同意取得解決的情形下——使牠的敵人順從牠的意志。在每一個社會裏，無論是國家的或國際的，終不免有衝突，無論是現實的或隱伏的；而國家的武力便是要儘量保護其主權，使之不受侵犯。所以控制國家武力的運用的那種人，事實上就是國家主權的主宰者。

從這方面，國家可以合理地被視爲組織公共的強制權力之一種方法，庶幾在一切通常情形之下，政府的意志得以通行。這是在全部人民以外而且超過全部人民的一種權力。只要政府意志一日不受挑戰，這種武力是一日不須用的；一俟那個意志陷於不能行使的危險時，那種武力就要立刻運用起來。國家的政府所以異於其他一切團體的政府者，就是因爲國家的政府擁有這種從事強制的法律權利。一個工會或一個教會對於其所屬各分子的權威，第一就不是一種強制的權威；只有在國家決定扶助這個工會或教會的時候，牠的權威纔成爲強制的權威。那種扶助的制裁分析到底終是一樣的：這是知道在國家決定後面有着武力的強制權力，而爲國家的統治者所能合法地依賴。

英國歷史上有兩樁事實，值得提起做這個假定之有趣的考證。迄十八世紀止，英國人民對於常備軍的設立始終頗爲猜疑，因爲在實際上誰把握着這些軍隊，誰就是英國人民生命與自由的主人。『譁變條例』(Mutiny Act) 行使期間之限制爲一年，即表示一種疑懼，從司徒 (Stuart) 一朝政治不良的創痛經驗所產生的一種疑懼，唯恐一位執政者單獨控制軍隊，每易於霸佔立法機關的權限。無疑地，在表面上，立憲民主政體的產生已經改變了我們對於這些問題的通常態度。然而在實際上，一個政府倘能控制國家的武力，則其在控制期間，仍能使其意志發生效力。一九一三—一四年『自治問題』(Home Rule) 成爲危機的時候，保守黨之所以不惜傾其全力以破壞軍官對於自由黨政府的忠誠者，其原因即由於此；蓋保守黨領袖以其實際頭腦，立刻看出一個政府在危機之際，如果不能依賴軍隊，勢必不能繼續在位。因爲失卻軍隊就是失卻有效地壓迫反對黨的權力。再、一九三四年六月，希特勒之所以不得不依德國軍隊的條件而買牠們的擁護者，其原因亦由於此；希特勒如果不能使軍隊供他驅策，他的權威就成空有其名。在一般上我們可以這樣說，按現代情形而言，假使軍隊對於政府的忠誠之心未有動搖，則任何革命均無多大成功的希望。主權的心臟即在於此。

這種說法當然沒有顧到那種見解——我以後將詳加論列——卽謂國家乃是站在社會一切狹窄的利益之上，並且是爲了人們共同生活所繫的永久穩固的利益而運用牠的強制權力這種說法又沒有顧到黑格爾學派最擁護的見解，卽謂我們在實際上無論遇到何種稅政，國家終是『倫理觀念的實現。』我以前種種論列，都沒有說到國家宣告牠自己企圖完成的那些宗旨。我僅論到這個事實卽無論國家的宗旨爲何，牠在日常事實上終是一個權力組織，全賴牠有強力壓制的法律權利，以獲牠的意志之最後實施；而歸根到底，國家的武力便是這種實施的工具。

我以上的議論概沒有任何種倫理的涵義。牠是一種中立性的對於事實之描寫，適用於我們知道的任何國家。我甚且願意承認這種強制權力的佔有，在一方面是國家生存的條件，在另一方面又是法律與秩序的保證。這很明白，從封建歷史上可知任何社會，其間武力並不集中於政府之手者，換言之，其間強制權威爲多頭的而非一元的，那麼該政府殊鮮保持和平的希望。斯提芬(Stephen)治下的暴亂，薔薇的戰爭(War of Roses)，法蘭西宗教戰爭的悲劇，一九一七年俄國崩潰後乘勢崛起爭奪主權的羣雄，都顯然證明任何社會內強制權力的所在如有疑問，將發生怎樣不良的局面。

同時我的議論假如正當地推斷下去，並非說服從國家的動機爲恐懼。恐懼爲一種動機是無可疑問的；但用牠做各種複雜的服從原因之解釋，實在是太簡單了，不能包羅種種事實。服從交通警察——他後面有尊嚴的全部法律——的指揮信號的一輩人，至少不僅是恐怕因不服從而受到處罰，同樣也是自願承認他的指揮對於他們自己有便利。還有服從強迫入學的法律的一輩人，也不是因爲恐怕玩忽了他們的法律責任要被處罰或拘禁的緣故，而不得不承受這種法律的。我們以爲除卻感情用事的緊急時機以外，大多數人民之服從法律未嘗有什麼恐懼之念。

講到這裏，也許值得對於國家與法律的關係略爲一說。這個問題是不簡單，因爲牠不是在單方面發生的。不過從純粹形式的方面說來，我們一旦接受了國家擁有主權的這個觀念，法律無非就是國家的意志。主權的性質既是如此，法律必然是國家的意志，而且只是國家的意志而已，分析到底，國家是準備實行牠的；國家既準備加以實行，牠當然是與國家之意志相符合的。從法理方面說來，國家所實行的決定之内容爲何，完全是無足輕重的事。這也許是不智的，或者錯誤的，但牠仍然是法律，因爲有國家加以實行。那使法律有權令人服從者，歸根到底，只是由於牠的淵源而已。假如不是由於牠的淵源——國家，那麼國家就不是一個有主權的組織。倘有任何意志能够在這種形式方面，得到人們的服從，像國家得到的服從一樣，那麼這個意志就像國家一樣有主權了；而在這樣一個社會裏，或則根本沒有什麼主權者——如此則沒有國家——或則主權將屬於那個，假定有那樣一個，有權處決這類爭議，並且能够辦理得有效力的組織。但又要說回來了，這樣一個組織，既有處決爭議的最後權力，那麼就是一個國家，因爲牠就是我們定義下的國家——一個具有最高的強制權力的制度。

這至少是純粹法學家對於法律問題的正規態度。我們決不要把牠看做具有超過牠自命具有的意義以上的意義。這可以說是一種抽象的『概念主義』其間因爲若干明白規定的宗旨，法律是離開了正義，而只算是一種意志體系，無法再超過的一個最後的名詞。法學家在這裏所做的是一種純粹形式上的分析。他的研究範圍之內，概不涉及何者在倫理上係正當或何者對於社會有裨益等等的一切考慮，他所認識的法律，僅係淵源於最高主權的一個意志之產物。在法學家看來，唯一有關係的問題，卽最高主權者是否認准某種自稱爲合法的行爲方式。任何其他問題都是梅特蘭(Maitland)所謂『超法理學』(Metajurisprudence)，不在他的範圍以內。

我們可說這樣空疏和形式的一種法理學是有悖於人情的。人們猶能記憶中古世紀長久不斷的努力，擬將法律指爲上帝的意志；以及斯多噶派(Stoic)之法律觀念，以爲法律是普遍的理性之表示；以及烏爾平(Ulpian)的名句，稱法律爲鑒別人類行爲之是非的科學。人們排斥這種觀念，以爲法律也者便是背後有國家主權爲後盾的東西，排斥的理由是像那位著名的耶穌會法學家喀德倫(Cathrein)所說，『這樣一來，人們對於每一條法律，無論怎樣的荒謬，可笑或不合情理，均須視爲眞正的法律，人們將不復有權訴說不公道或不義了。』(註五)大家感覺到法律如欲成爲法律，不能僅僅符合一個權威的意志，這個權威之令人尊重者僅是根據了牠所能運用的強制權力；反之，法律必須符合某種更爲正當有效的東西。

對於這種見解有兩個答覆。按對於法律的純粹論(卽據這裏所解釋的該項理論而言)之批判，都是因爲憎惡牠的原則所正式促成的結果，而欲改變牠的原則之一種企圖。這當然是一種不充分的方法學上的程序；人們儘可以愛好非歐克列（Euclidean）幾何學，而不愛歐克列幾何學，但這種愛好並沒有改變這個事實，即歐克列幾何學爲一個自成一貫的體系。再則，第二點，略德倫那一類見解不能說是關於國家確實爲何的一個理論，而是關於國家應當追求的各項宗旨之一個定義。這就是說，這些見解乃一種範疇，可以藉此判斷各國的實際設施，而從這方面說來，牠們在牠們正當的範圍內是確有其價值的。無疑的，牠們背後有那自然法觀念之全部森嚴的歷史，要覓取各種普遍的公平狀況，而法律之圓滿執行便是以取得這些狀況爲條件的。但在純粹形式的方面，牠們引起了若干問題，爲法學家以法學家的地位所不問的。法學家假使作何企圖，要將法律變爲正義，他就立刻從法律的純粹理論，直接走入政治哲學的範圍了。他於是不得不考慮各種價值問題，這些問題的答復在正式的法律範圍內是得不到的。

是故根據這種看法，一部國家哲學無須顧到，至少無須直接顧到，爲純粹法學家所關心的各項問題。國家哲學從法理學範圍內採取了若干事實，必須由此以評估各種不從法律而從倫理上蛻化來的原則。惟有在倫理方面，纔能够找到評判一切社會關係的標準。不消說得，倫理的種種範疇，均須以我們所知的經驗爲基礎。牠對於善良生活的概念，牠對於價值的測量，必須是生活在我們所知那種世界中的人類由社會學看來可以做到的；價值的各種範疇假如僅能在烏托邦中適用者，殊不能在實際世界中得到重視。是故倘以適應神意（上帝意志）爲政治上正當行爲的範疇，實在是無甚裨益的。因爲這就沒有顧及這個問題，卽一切價值問題須由其揭示的意志來裁判的神是什麼神呢？一個婆羅門，一個天主教徒，一個喀爾文教徒以及一個回教徒對於這問題將有大大不同的答覆，而使他們的意見一概不能被視爲普遍的。中古世紀基督教世界的崩潰正是因爲牠的價值範疇運用之際，引起了各種不同的解釋，人們準備爲此而流血相殺。

因此之故，我在本書內僅假定謂國家之目的須是儘可能地滿足牠的人民的慾望。我們可以合邏輯地從這一點推想到我們在我們所知的各種社會上遇到的各種慾望之錯綜複雜。我們又可推想到爲什麼從國家的行動看來，有些慾望沒有得到滿足，便隨便過去，乃是因爲比較起來，當時所得到的結果最能符合國家的目的。古雅典城中一定有許多奴隸否認他們的處境是合乎正義的。但我們必須本我們所知，假定說雅典國家以爲牠的文明以奴隸制度爲基礎，乃牠爲達到牠的目的所能採取的最好方法；所以牠就拿牠的強制權力的全部權威來做奴隸制度的後盾。希峙勒的德國亦然如此。德意志統治者不許猶太人享有國家公民權利，其理由即謂非此便不能達到他們認爲良好的各種目的。這就是說，不管對不對，主持國家主權的人們總是把一個國家的宗旨，拿到他們所願維護的一種善惡標準下面來判斷的。這種維護必須以情理爲根據。因爲假使牠以其他說法如神諭或武力爲根據，那對於不接受神諭的人們，或否認武力可以作爲公理的人們，這種維護就沒有意義了。

假如上面的話沒有錯，那麼推論下去必然是說國家須以滿足其全部人民的慾望爲宗旨，而且平等地滿足牠們，除非牠能够用合理的議論，表明這是爲了那些被摒於平等待遇之外的人們的利益計而摒斥他們的。亞理斯多德維護希臘奴隸制度的時候，就取這種立場。因爲當他辯稱某種人天性是奴隸的時候，他實係設法表明一種奴隸制度在大體上最能使他們從人生取得最高的滿足。（註六）我們可將以上所說總括起來，即在任何政治團體內，必須以平等的滿足爲法則，這個法則下可以准許的例外情形，只有當我們能够合理地表明這些例外本身是旨在達到的平等之一個必要的部分，是達到這種不等之一個合於邏輯的條件。

因爲不如此，國家的舉措卽有偏袒。不如此，我們的推論必然說國家的目的並非一切人民的最高可能的滿足，而只是一部分人民的滿足，國家的主權只是爲了這一部分人民而行使的。那些執行國家意志的人們，換言之，那些以國家名義行使最高的強制權力的人們，必須辯稱一部分受患的人民所取得的較大的滿足，結果使其餘的人民也獲得較大的滿足，苟不如此，就不能獲得的。舉一個例，主張由國家維持現在生產工具的私有制者，一定說這種制度結果可使一切與其維持有關的人們得到一種較大的總滿足，而爲另一種制度如社會主義以生產工具歸於公有者所不及，假使這種主張能夠自圓其說，那麼獲得滿足方面待遇之參差不齊就是對的。

但這裏必須注意到的，凡是維持這種參差不齊的情形的國家，須使那些直接被摒在外的人們確信這種情形是正當的。若以奴主認奴隸制度係爲奴隸們最後的福利而設，辯護奴隸制度的優良，這種理由是不充分的。若以私有財產者認生產工具的私有制度係爲無產者最後的福利而設，辯護私產制度的優良，這種理由也是不充分的。希特勒對於德國的猶太人地位的見解，並不能折服猶太人的心（這點很重要；）若謂德國的律師，醫生和教員們，凡是歡迎希特勒這種態度的，對於他的政策之判斷，係根據一種完全不偏的眼光者，未必是十分合理的。這就是說，各種不公平的情形，並不因爲牠們獲得了受其特惠者的同意，而即證明爲有充分理由。在社會組織的一切事件上，我們所作判斷係由我們個人對於結果的關係而產生，其關係程度的深淺對於此項結果的任何客觀的估價是有根本影響的。

這情形霍布浩斯（Hobhouse）表白得很好。他說道（註七）『人們永遠不免以自信的預言混入是非問題之中，這些預言在實際上多建築於預言者的偏見，而非根據他對於因果的識見。』歷史上隨地皆是失敗的預言的殘蹟，這輩預言者不消說都是很誠懇的誤以他們私人經驗的推斷，作爲文明的福利。馬考來（Macaulay）告訴下議院說，普遍選舉將毀滅社會的基礎；（註八）拉梭（Nassau Senior）稱勞動時間之法律的限制係與英國實業繁榮不能相容；（註九）一九一四年銀行家們認爲現代國家的信用構造決不能使大戰延長及四年之久。我們個個都是經驗的囚犯，以致我們常常不自知地被經驗所迫，而以我們個人的見解，當做千眞萬確的眞理。社會變遷的種種悲劇一半皆由我們不能使自己相信我們或屬錯誤而致。

一言以蔽之，在人事方面要對於因與果科學化是困難的，正如在物質世界中對於因與果卻能够科學化一樣。這因爲在我們對於人事的判斷之中，滲雜着種種我們從來不能完全解脫的激情與偏見。即使當我們自信我們的分析爲客觀的時候，這些激情與偏見仍影響着我們對於原則的選擇，而我們的結論便是建築在這些原則上的。換言之，種種接觸我們耳目的事實，皆深受我們所屬環境的着色，以致我們在物理與化學方面不難取得的客觀性，在人事世界中就無從取得了。我們雖可以竭盡全力在各項事實以及我們贊許的各項目的之間保持一種區別，但這種區別永不是完全的。個人私見雖然是一椿程度上的事情，但私見永遠在那裏。而且因爲人事世界是一個無線縫的網，我們永不能像在科學範圍中那樣，將各種因素一一分別開來，而使因與果成爲一種純粹的或者絕對的關係。法學家對於國家藉令人民服從的各項宗旨，雖可以認爲沒有考慮的必要；但政治家則決不敢一刻或忘那些宗旨的意義。經濟學家雖可認各種國利民福的問題完全不在他的範圍之內；假使生產稀少，他所關心的只是尋出取得最大的生產之最好方法。（註一〇）但當他以法律秩序，政治安定，人類心理等原則作爲他公程式中常數的時候（這些原則在一個互相關連的全體之中都是在遷變而非一定的，）他實在只是做一種智力的游戲，縱或有益於心智的訓練，但是與我們日常生活的現實世界隔膜得很危險。要知道政治家則不然，他雖關心於最大的生產，但在他看來，物品製造時的各種環境，牠們分配的方式——二者皆福利的因素——決不能與最大生產的問題相分離的。他的世界不是一個有永久固定的常數的靜止世界，他的世界是在永遠不斷的轉變中，而人們的思想與判斷便是轉變的要素。假使他的治國重責要能勝任愉快，那麽他對於這些思想與判斷，須視爲比較銀行利率或生產數量是更嚴重的事實。

這個注重之點倘經舉例解釋就可以明白牠的宗旨了。羅賓斯(Robbins)教授在一本傑作（註一一）內曾經論及一九二九年及隨後數年大不景氣的原因，以及我們如何可從其嚴重的後果中復興的方法。他以爲這種不景氣由於過分的投資；而特別在美國，更因爲一種漫無限制的信用政策使局面愈趨嚴重。他辯稱欲求復興，須視我們有無能力取得政治的安定，以及我們是否願意放棄那些干涉，關稅、限額、津貼以及諸如此類的政策，那些政策是阻礙了資本主義制度之『自然的』運行。此項議論的各種假定是比所提出的各項救濟辦法更爲有趣。因爲第一點，政治的安定，雖然只有一部分爲各種非經濟的原因所致，一樣是根本不能與這些原因分離的。要求政治安定在事實上便是要求經濟復興試以今日政治局面中造成不安定的每一因素，莫不能在經濟局面中尋出其根由。我們只聊舉幾樁巨大的不安定原因，如法西主義與共產主義的生長，軍縮的失敗，日本之爲患於太平洋，這些大部分是出於經濟的淵源；是故以政治安定爲經濟復興的條件就是一種兜圈子的辯論。

再所謂資本主義之『自然的』運行，這句話是怎樣講法呢？這很明白，羅賓斯教授心中係指里普曼(Lippmann)所稱的一種『刻版』的資本主義，這與資本主義制度在本質上並無關係，而是產生於一種抽象的概念主義，由此而得的種種推論大都缺少有效的現實性。要知道各項干涉政策的產生，非由於他們負責的政治家有毀滅資本主義制度的意思，而是由於該制度本身內固有的種種壓力與傾向。凡此種種對於資本主義制度（如我們在歷史上所見到者）是很『自然的，』像羅賓斯教授請我們同復的不干涉政策之爲『自然的』一樣。干涉之舉不論其爲錯誤與否，乃資本家們逼迫的結果，這輩資本家所處地位是能使國家為他們而行動的。他們的要求是由於需要獲利，而利潤卻是資本主義制度本身的基本動機。要使政治家不能或不必順從利益方面要求干涉的逼迫，羅賓斯教授便須變更現代國家中使那種逼迫能夠發生效力的整個關係連鎖。但他既在他的議論中假定這種連鎖為一條已經訂立的定律，他就自己剝奪了自己可以改正他所不滿的那種錯誤的一種重要工具。

但羅賓斯教授被他的定律所捲入的難處猶不止這一層。歸根到底，他實在是主張回到亞當斯密斯(Adam Smith)所竭誠維護的那種『自由之自然制度，』在這一種制度下，國家的主要職能便是對於經濟衝突，盡量不加干涉。宣傳回到那種消極國家的情形，很是有些勇氣；因此我們可以不必討論牠的實踐性。因為這個理論中饒有趣味的地方，不是牠包括一個實踐的政策與否的問題，而是牠所根據的那些假定。這些假定，第一個就是私人利益之無拘束的競爭將產生一個良好秩序的社會；第二個，在生活中而不是在理論上，一種競爭開始時為無拘束者將繼續為無拘束的。這兩個假定都不符合我們的經驗。在歷史上，國家干涉的發展乃由於無拘束競爭的社會代價太大，雖對於不理此項代價的旁觀者，也有不勝負擔之感。又在歷史上，無約束的競爭結果遲早終是產生旨在獨占的集團。我們所有的證據，並不指示出製造家們係被國家驅而至於托辣斯化，在製造家們的判斷中，唯有托辣斯化纔可使他們避免無約束管理的競爭之影響的。（註一二）恰巧相反，歷史似乎表示工業發展在某一時期中，團結的衝動是像競爭的衝動一樣強烈而且一樣「自然的；」而爲了保護社會不受托辣斯化的影響，國家遂有出而干涉的必要。

凡與羅賓斯教授同意的思想家們也許要辯稱這種歷史乃資本主義誤入歧途的結果；這不是資本主義自身本性內固有的。對此的答覆當然是說，根據這個議論的各項假定而言，我們殊無方法鑒別何爲誤用，何爲本性。沒有這種方法，我們就不得不假定一種因果關係；而且縱使有了這種方法，則無論何時，遇到一羣資本家集合起來有制止無約束競爭之勢的時候，我們就應該請國家出而干涉。這一點，大家知道，就是著名的美國修孟條例（Sherman Act）的基本原則；我敢於疑問這一個便宜之計是不是我們所當讚美的。

但是另有一個更爲普通的答覆，我之所以研究羅賓斯教授提倡的理論者，即是爲此。這個答覆便是說在社會調查的每一階段，均須十分確定我們正在作答的是一個什麽問題；特別是，這個問題是建築在現實的方面，還是理想的方面。對於一個僅僅切合於理想方面的一個解答，必須充分顧到這個解答所依據的各項最初的假定，然後乃能轉移到現實的方面去。爲了使一個理想的理論得以應用起見，我們不能辯稱凡違背那些假定者都是有些『不自然的，』所以就得被視爲比那些假定所需要的那幅畫圖較不逼眞。假如，在我們經驗所知的競爭上，競爭進至某一階段總是繼之以合併的，再如，任何重要的工業程序上的合併總是繼之以某一形式的國家行動的說法，那麽我以爲這是很明顯的，我們必須視合併與國家行動都是與競爭不可分離地連在一起的；而各項定律凡於開始時不認牠們爲這樣相連者，必然繼續將我們必須處理的一切事實完全顚倒歪曲。我們加於某一項行動而不加於另一項行動的那種『自然主義，』確實不是在那些事實本身內的。那只是我們開始研究時選擇的那些定律之一種結果；而那些定律本身，無論我們怎樣不自覺地，乃我們意欲維護的那些價値的一種索引，乃要在社會行爲上取得我們認爲合宜的結果之一種方法。

任何社會理論的定律事實上都是立論的那個思想家個人經驗所產生的價值判斷。霍布斯之龐大的理論體系分析到底，便是建築在雙重的基礎上，一則相信人類本性是惡的，再則相信唯有一個莫之能禦的君主纔能維持秩序，制止人類爲惡的原有趨向。洛克的出發點是相信人類本性的善良，以及任何政府不顧牠的人民意向而行事的危險。盧梭則尋取一個國家公式，要使國家在其設施上使全部人民對於社會程序的結果獲得平等的利益。自從柏拉圖以降，我們對於思想家個人歷史所知愈多，則我們解釋他的著作所依據的各項假定之動機愈能周到詳盡；而且那些假定總是他認爲社會應該怎樣的那種見解之結果。

這並不是說那些假定是不對的。這是說牠們含有個人的偏見，而爲現代物理學中孟德里夫(Mendelieff)法則或能力不滅定理所沒有的。一部經濟學如不將人民福利包括在其行爲範圍內者，當即不及猩紅熱病原學之可以得人承認；因爲猩紅熱病原一經發現以後，我們就有了控制的方法在手，而與我們知道資本主義衰落原因以後所能控制的情形完全不同。以猩紅熱而論，致病的細菌活動係與人類意志毫不相干的；反之以資本主義的不景氣而論，人類的意志，以及爲那此意志之產物的各項制度，對於我們所作的決定是有根本重要的。這就是說，在物理的疾病上面，醫治乃一種客觀的手續，係從疾病之本質直接產生的，而且殊非醫生與病人所能爲力的。在社會的疾病上面，醫生與病人——即國家與其人民——之意志二者都是診療上的決定因素。醫治的成功乃他們對於治療每一個階段的同意；而他們的同意分析到底是以他們認爲社會應該怎樣的見解而定的。那種見解大半決定了他們對於社會疾病原因的解釋。

## 三

這個背景便是國家的哲學概念必須依據的背景。歷史上，政治哲學家所做的工作便是要採取法學家的國家論，而在法律家言論範圍之外，爲這種國家論尋出一種他認爲可以適用於現行各國之實行的辯護理由。於是那個哲學的國家論便成爲辯護我們所知各國的一種方法。所以這此國家令人服從之權乃根據於牠們對於理想國家的關係以及對於哲學家賦予理想國家的各項宗旨之關係。

我以爲要證明以上所說，最簡單的辦法便是取了理想主義者之國家論（這在目前仍係最流行者，）而從牠的傳統的解釋來研究牠。這一個理論把國家界說爲那種團體組織，『其職能爲維持最良好的生活所必要的各種外在條件』(which has the function of maintaining the external conditions necessary to the best life)。(註一三)所以我們要矢忠於國家，因爲當我們服從牠的命令的時候，我們是服從一個組織，其職能分明爲促進一種福利，其中是包括着我們自己的福利的。

很明白的，要將這個定義所包含的種種，轉而引用於現實各國的生活上，就引起很困難的問題。舉一個例，我們是否可說希特勒統治下的國家，『其職能爲維持最良好的生活所必要的各種外在條件』呢？假使果然是如此，這種說法有什麼根據？是否因爲牠自以爲是如此呢？以此事而論，那麼，我們是否應以那輩在形式上能作職務宣告者的宣告，作爲他們的宗旨之一種正當的試驗呢？或者是否因爲他們的宣告是他們的聽衆所接受爲正當呢？如果是後者，『接受』兩字又作何解？這是否意指對於這種宣告沒有有效的抵抗呢？不消說得，牠最多不過如此。要知道猶太人和社會主義者，共產黨人和自由主義者，個個都說希特勒的國家不給他們以他們認爲『良好的生活』

所必要的各項『外在的條件。』眞的，人人都知道倘以這樣的一個宗旨加於現在的若干國家，就是根本沒有常識。

事實上倘以理想主義者的國家論爲現實各國的一種測驗，我們將被逼辯稱國家當牠『維持良好的生活所必要的各種外在條件』時候便是國家，而當牠並不維持那些條件的時候牠就不是國家。這種見解的曖昧模糊是不言可知的。因爲這樣一來，就發生這個問題，究竟誰來評判這兩種的情形呢，而且當他們以評判員資格決定那輩以國家名義行事的人們，從他們行爲的內容而論，根本不能算是國家，這時候評判者又擁有什麼權利呢？我以爲，這很明白，國家職能的定義必須使我們毫無差別地以法律上有權行使國家權力的那輩人的行動指爲國家的舉措，否則我們將不得不回到息拉斯馬革（Thrasymachus）的定義所謂法律乃強者的統治。根據這種見解，國家所以能令人服從者不過因爲牠據有較強的武力的緣故，然而在事實上，任何理想主義者決不以此爲國家所以能令人服從的緣故。

同樣的批判可以適用於另一條定義，卽晚近去世的博山克博士所定者。他告訴我們說，（註十四)「國家爲那種社會，牠是習慣地被認爲合法地行使武力的一個單位。」('The state is that society which is habitually recognized as a unit lawfully exercising force.') 很明白的，這裏該定義之成立與否全視乎我們對於『合法地』一字作何解釋。假使這不過是承認有形式上的權力，那麼這是國家性質之一種正確的描寫，我們從現實各國的實際設施知其如此。但假如牠的意思不止這樣，那麼牠必須或則依據於現實者常係理想者這種見解，或則依據於國家必須永久遵守的一種法律宗旨論。如果是後者，那麼『合法地行使武力』就是說行使武力以達到某幾種宗旨，這些宗旨依據法律正式範圍以外的若干理由是被認爲善良的。這個問題於是變而爲雙重的問題；(一)那些宗旨爲何，以及(二)誰來評判牠們之履行與否。

理想主義者逃出這種兩難情形的法子，在於他給予自由觀念的特殊意義。從歷史上說，至少直等到盧梭那個時候，大多數思想家以爲自由簡直便是沒有約束而已。一個人倘能自行決定他的行爲方式，不致被迫採取特種行爲，那麼他就是自由的。國家既然在本質上是一個強制機關，那麼牠的行動無論如何是對於個人自由的一種侵犯。據稱某種侵犯是不能不有的；懲治殺人犯法律，盜竊罪，道路規則，這些都是個人自由的限制，但大家認爲這些以其效果而論，乃是正當的侵犯。某幾種自由，最著的如言論著作的自由已漸漸被認爲政府適當與否的試驗；而一個國家凡禁止這些自由者，就因此被指爲違背了牠應該從事實現的各項宗旨。

我們很容易瞭解這個見解所由產生的人生經驗。凡是在爭取權利以決定他們自己的宗教，或是制定與他們生活攸關的民事立法之性質者，對於以武力禁止他們實現這些權利的國家，自然要誅責爲暴虐政治。在他們看來，國家用以維護牠的行動之理由，不論其爲全社會的福利，或是宗教眞理的保全，或者秩序的維持，這都是不重要的。他們發覺，或者自以爲發覺了，當國家不予他們這些自由的時候，牠是妨害了他們的快樂；他們又以爲特別自從十六世紀的宗教革命，以及十七世紀的科學革命以後，國家在本質上是一個促進各個人快樂的組織。假使說他們把個人置在國家之上，我以爲這種說法是不正確的。毋寧說他們認爲國家是受若干宗旨所限，而國家的生活方式當以實現這些宗旨爲依歸。

這種對於國家論的態度，也許可以下列的話最適當地表現出來，就是說人類被視爲具有某幾種基本的或稱自然的權利，而爲國家權力所不能合法侵犯的。這裏所謂權利，乃是指各種行爲方式，非此卽不能得到快樂的。牠們的內容實質與牠們的輕重緩急，因異時異地思想學派之不同而發生差別。有時候人民不獲享有者爲宗教的自由；於是各個思想家如亞康脩斯(Acontius)，加斯提倫(Castellion)，洛克出而解釋宗教自由的權利何以是社會利益的一部分。有時候人民疾苦者爲君主的專制暴政，於是又有各個思想家，如十七世紀法蘭西的克勞德朱麗(Claude Joly)，或十七世紀英吉利的『平等派』(The Levellers)，出而主持人民有權制定各種決定其生活形態的政府政策。

我們所注意的，不是這種議論的枝枝節節，而是牠的普通的方向。那種普通的方向是以兩個基本原則的認識爲根據的。第一，據稱無限制的權力對於行使之者及受之者，都永遠是有毒害的；第二，據稱權力的限制應該這樣規定，使某幾種活動和某幾種行動方法，至少在一切正常情形下，應該在禁止之例，不許社會上最高權力加以採取。如一六四二年、一六八九年、一七七六年、一七八九年歷次企圖——這是一種不可能的企圖——爲革命權利尋出一種法律的基礎，其動機無非要制止政府採取當時人們認爲重要的某幾種行爲方式。他們用以維護他們的見解的各種理論，永遠是企圖以他們心目中的某種特殊需要，確立爲適用於隨時隨地的普遍需要。

國家爲促進各個人快樂的一個組織，牠的權威係受此項宗旨所限制；自由在本質上卽係沒有拘束並係快樂之一個根本條件；權利乃界限標記，用以指出政府通常不得侵犯的各種行爲範圍；凡此便是『宗教改革』迄至『法國革命』期間政治哲學歷史上的特徵。不消說得，牠們所代表的傳統被肯定的時候固多，但被否定的時候也不少，而且這種傳統之被普遍接受，可說到十九世紀中葉纔告完全。這裏所當認淸者便是這個事實，卽國家在締造上，牠自身從不是一個目的，而永遠是達到一個目的的一種手段；並且個人，有限的、分立的、可以鑒別的、始終被視爲以他自己的權利而存在，而非僅係服務他所屬那個國家的一個單位。國家行爲所由評判的標準乃是個人的快樂，而非國家的福利。國家得以行使的權威是以個人的利益，而非以國家的權力爲限度的。

這種傳統，泛言之卽我們稱爲自由國家（The Liberal stat·）的傳統，當然不是一向得到承認，沒有受到攻擊的。十七世紀霍布斯曾經卓越地攻擊牠，牠所根據的理由是以爲牠企圖限制國家權威，其結果必然會造成無政府狀態；而且在十八世紀末梅斯特（De Maistre）曾經重申他的議論，不過注重之點是大不相同了。眞的，像我在下面一章中行將表明者，自由傳統的誕生只能從與其俱來的經濟權力之易位來解釋。歸根到底，這只是對於政治權威從地主貴族階級轉入商業中產階級那個轉變的一個辯護方法；而且，如像旨在辯護這種轉變的一切哲學那樣，牠聲述牠的各項原則時所用的一種邏輯在理論上甚廣，而牠在實際上準備承認者則無如此之廣。那些造成英吉利與法蘭西兩次革命的人們自稱爲人權的擁護者；但將他們使他們的各項原則發生效力的那些辦法，試行分析，或者更進一步，將他們認爲不能容納的各種主張試行分析以後，就明白他們所謂『人權』實際上是指那個人數有限的擁有社會上生產工具的階級之權利。自由傳統從歷史事實上說來，便是泰半爲了新興工業方面私產所有者之利益而舉行的一種智識的革命。

不消說得，自由傳統的視並不止此；因爲否則牠就不能獲得，像牠曾經獲得的，那些貧乏無產的人們之熱烈擁戴了。然而有趣味的事情是在自由傳統之每個革命階段中無論其爲在英國的克倫威爾（Cromwell）的反動或爲在法國革命時（一七九四年熱月九日）反對羅拔斯庇爾（Robespierre）及甲各賓（Jacobin）黨的運動，當人們看出實際做到的特權之推廣，是比牠所由造成的形式基礎來得狹窄多多的時候，牠就引起了失望的淒楚；例如克倫威爾下面的利爾本（Lilburne）與文斯坦力（Winstanley）以及法蘭西共和執政下面的巴倍夫（Babeuf）和他的同志們都是這樣。一言以蔽之，拋開那些主持自由傳統的人們之實際宗旨不論，自由傳統對於國家永久是一種挑戰。只要那些被摒於國家恩惠以外的人們覺得他們受了摒斥，而任憑他們的感情行事的時候，自由傳統就給他們行事以一種強有力的護符。所以，牠的服從理論是有弊端的，因爲牠注重了國家權威之偶然的性質。

理想主義者的國家論就來救濟這種流弊。牠企圖維持的見解係以四個相連的命題爲根據的。第一，牠否認自由即係沒有拘束。牠以爲那種概念是太消極了；沒有拘束也許是自由的一個條件，但牠不是自由本身的精義。牠認爲自由的精義便是自決。我必須統治我自己。假如我並不服從他人藉此避免奴隸服役，那麼我必須服從我自己，庶幾我的自由裏可以有各種創造的宗旨。

但自決非謂服從那些隨時生於我心的慾望。做直接衝動的奴隸乃各種束縛中最惡劣的一種。自由在自決的意義上必須意指我是被一類永久的慾望所控制着，那類慾望便是我的眞正自己。那裏我最眞實地發現我自己；那裏我眞有最大可能的機會，最好地完成我自己。當我爲了要達到一個崇高的宗旨，而爲我自己訂立了各種法則，我服從這些法則的時候，那我便是最眞實地自由的。那個宗旨是我的眞正福利，我在服從牠的命令時，纔找到我的自由。要是沒有這個目標爲旨歸，我就好像茫茫大海中飄來浮去的鷗鳥。我行動沒有方向，爲我所不能控制的各種力量的奴隸。若要眞實地自由，我必須不做盲目的衝動所命令我做的，而做我的眞正自己所吩咐我的。我在做我應當做的時候，我纔發現了自由的各種條件。

但什麼是我應當做的呢？理想主義者的答覆是很重要的一個，即謂我的眞正意志是與我所屬的社會的一般傳統之各種宗旨一致的。我的人生宗旨不是我自己造就的；這是我所屬社會內那些宗旨代我造就的。在孤獨中，我是不能有崇高的志願的；我因各種社會關係給了我的生命以意義與方向，於是我纔能有我所能有的。我的意志所要求者否則將不過是直接衝動之不合理的滿足，這種衝動在孤獨中將是放縱的、自私的、而無永久對象的，如今被牠的社會的連鎖所轉變了。牠如今發現，如博山克所謂，『各種對象，牠們力能使主持之者的生活來得有意義。』(註一五)

而且，我們旣爲理性的動物，我們就不能逃避這種社會連鎖中包含的種種義務。牠們代表着我們生存之最高的部分。不管我們承認牠們與否，牠們終是我們追求的永久目的，這種目的之實現給予我們的生命以意義與色彩與美麗。更有進者，旣然要各種義務之有此目的者得到實行，然後社會乃能生存，所以包含這些義務的各種制度分明有令我們服從之權。因爲當我們服從牠們的時候，我們是最自由的。當我們服從牠們的時候，我們是在完成那個眞正的意志，這意志使我們能够訓練我們自己，以求我們自己的最高的滿足。我們以奴役於衝動非理性動物所當爲而棄之不爲。反之我們接受了服從一種行爲法則的義務，矢忠於這種法則乃是欲得較高等人生的條件。我們於服從這種社會道德的時候，找到了我們的自由。

但牠的內容是由什麼規定的呢？他在平常生存中遇到的一切着人服從的相反要求裏面，他將何以知道那種要求是包含着他的眞正的意志呢？他是無數團體、家庭、村莊、工會、教會等等的一分子，這些團體時常走着相反的方向。他將立足在那裏，而得確實知道他已選擇到了自由？理想主義者的答覆是那個切要的答覆，說是個人的眞正意志係與國家的意志一致的。當他服從國家的時候，他就是服從他自己的最好的部分。當他服從牠，他即是矢忠於那個權威，該權威保護着社會之永久的與全體的利益，以對待牠權力範圍內其他一切團體所代表的部分的利益。誠以國家乃最高而包羅一切的組織，其他一切組織都在其中取得牠們的意義；國家是『各項權利的唯一組織者……各項道德價值的保護人。』(註一六)職是之故，我們的意志愈是充分地與國家意志相符合一致，我們愈有機會在我們自己的生活中實現那些權利與道德價值；而這種實現無論如何便是一種合理的自由之真正目的。

爲對於這種見解表示公道起見，牠的側重各點中有一點須予說明，然後我們再行檢討牠。理想主義者並未聲稱國家爲個人良心的主宰。假如我相信我應當違抗國家的命令，我就有違抗的責任。我之所以違抗一定是出於超過私慾以上的某種動機，我必須記得『我愈是近乎爲我自己，我愈是近乎與團體心理一致；』(註一七)而這種團體心理既然就是國家，我唯有根據了那種公共的確信方纔有權違抗，那種確信即謂我比國家的合法代表更能代表牠的永久的利益。我必須記得，第一是，我抱這種見解是每易錯誤的；第二是，我有犧牲了社會組織之各種永久價值以達某種直接的實踐的利益之虞。一般言之，叛逆者慣常以政府舉措所發生的流弊，諉之於國家。當他企圖推翻政府的時候，他危害了國家旨在促進的那種永久的善。

開宗明義，我就說明這個側重之點本身給了理想主義者整個理論以致命之傷。須知只要一承認有一種違抗的權利，簡直是違抗的責任，則無論其行使的時候怎樣稀少，接着就要說我之服從並非服從一個制度，而是服從該制度旨在促進的各項宗旨；而我之應當服從牠，分明僅當牠在實際事實上是促進那些宗旨的時候。除非檢查了牠的設施，我不能知道牠是否在促進牠們；而且假如從良心上檢查了牠們，我決定其爲否，那麼我的責任爲何是不言可知的。這就是說，僅當國家確係本乎『各項道德價值之保護人』行事的時候，我的眞正的意志纔能與國家的意志視爲一致。理想主義者非辯稱一切國家自然而然本乎『各項道德價值之保護人』而行事，即須辯稱那些擁有主權權力而不如此行事的人們並非國家。但在第一種情形下，那就無從承認有一種違抗的權利；而在第二種情形下，違抗之起既然不是違抗國家，那麼理想主義者那樣側重的那些指摘之詞也就不能發生了。

簡言之，真相是這樣，理想主義者的國家論，至少在牠的最可注意的現代的說法上，並沒有圓滿地解決理想者與實在者間的關係這個根本問題。因爲博山克博士陳說（註一八）的國家，是完全停留在概念的範圍內，所以不合於現實各國的一個國家，而只是一個方法一種尺度，由此判斷現實各國之實行的。既係一個方法與尺度，牠就沒有解決現實世界中政治義務的問題。牠僅僅告訴我們，國家令人服從的權利是怎樣構成的。但牠仍沒有替我們解決這個問題，即現實世界中的國家是否履行了牠的權利所依據的各項條件之問題。

真的，假使我們與黑格爾同走全程，而主張凡是實在者便是合理者，以爲凡是存在者即由於其存在之事實也是必要地和合宜地應當如此的，那麼不能不說我們是否認了人類之明白的經驗。這樣的人真是膽量不小，如果他敢承認如一七八九年前的法蘭西國家，或是沙皇治下的俄羅斯國家爲值得其人民之擁戴。任何國家觀凡造成這樣不合情理的結論者，至少在第一眼看來，是過於似是而非，不便置信了。這或者是主張萬有皆屬正當的一種議論；這是沒有人相信的；或者便是（我相信凡是接受之者在事實上大多作如此想）一種議論以爲改變之道應從勸誘而不取武力，認爲以革命爲社會改革的機械，常較其結果的價值更爲靡費。

但縱將這一切置而不論，理想主義者的理論仍是非常不滿人意的。牠對於意志本質的分析在心理學上是不充分的。事實上，我做了一些事情，後來懊悔不該做的，這並不能據爲理由，視後來的懊悔爲比較本質地是我自己，正如這並不能作爲依據而視原來所做的爲比較眞實。我便是我的意志及其一切限制與缺點；這些構成了那個使我與他人有別的人格。倘以我的意志之某一部分，因其並無另一部分的各種缺點，而遽謂這部分具有現實性，這不過是一種舞文弄墨而已；要知我必須是我自己全部。若像理想主義者那樣主張，說是當我的意志即係我所屬法定社會之意志的時候，我纔是我自己全部，那就是完全弄錯了人格的本質。(註一九)

理想主義者的見解還有一個弱點，就是牠沒有瞭解個性的本質。牠發現個性的精義不在於我們人人日常經驗到的最後的孤獨，而在於那種孤獨對於個人所參預的全體生活之貢獻。(註二〇)所以這種見解竟辯稱我的孤獨是不實在的，我的孤獨在事實上是與參加我身受的共通經驗的一切人之孤獨，形成一種統一的。但這裏所忽視的一點乃重要的一點，即這種共通經驗對於一個人是這樣，對於另一人就不是這樣，見仁見智各有不同的。馬克斯（Karl Marx）與格蘭斯頓（Gladstone）從他們共同參預的社會生活中得到的推論並不是一樣。參預一個共同世界並不產生統一。要對於那個共同世界的意義使之成爲合宜的那種行動，採取了相同的見解，統一纔能發生。而且除非我們假定人們能够（他們確是如此）對於世界上各項事實的含義，合法地抱有參差的意見的話，那麼歷史就變爲全無意思了。在世界上，統一不是某種已有的東西；統一是人們在追求相同的目標時候發現了而造成的。但這種發現永遠是一種孤獨的旅程。牠對於我是私有的，因爲除非我說明牠的意義，其他任何人就不會感覺到的。

這個見解之所以重要，就是牠使我們能够駁斥理想主義者的自由觀。因爲一旦自我狀態並不因牠的孤獨，而是因牠與別的許多自我合一，而被視爲實在，那麼約束也者並非國家對於個人使用武力，而只是國家撥給個人以他的眞正意志所求的意志。眞的，從那方面看來，既然個人在這樣受約束的時候，他事實上只是意志着他的眞正自己所求的東西，所以就無所謂自由問題。然而我以爲，我們中多數要辯稱革命黨人決不會感到那個幽囚他的政府是給了他眞正的自己的自由。他所經驗到的是約束；而且他認爲那是剝奪了他的自由。假使對他說他這樣被制止實現他認爲他的人生使命的宗旨，就是給了他自由，我以爲這種說話眞是癡人說夢了。

對於這個見解若與博山克（註二一）同聲答稱理想主義之排斥將使自治政府的謬論無由解釋，這種答覆是不滿人意的。在一個對我施行強迫，而強迫原因與程度以我所接受的宗旨爲限的社會內，我覺得是自由的；而且我竟可以放棄，有時候很高興放棄，我反抗強迫的權利，因爲比較之下，我認爲社會所欲達到的各項普通目的之善，超過了我所不喜歡的那個特殊目的之惡。但這不是說因爲我把這種強迫分析一下，在牠裏面發見了我的意志所追求的各項眞正宗旨，所以我歡迎牠。遵照一九〇二年條例而償付他的教育稅的獨立新教教徒（Nonconformist），並非因爲他的眞正意志贊成這個條例而納稅的。他所以如此者，因爲他認爲比較之下，與其向一切法律所由來的那個權威挑戰，不如息事寧人接受一條不良的法律。這個決定並不使他感覺到更自由一些；牠實使他確信有將那奉行使國家權力以制定不良法律的當局者，加以撤換的需要。

理想主義者的理論還有一方面需要檢討。牠維護政治義務，係根據這個觀念，卽全社會一切分子所分享的一種共同的善是從國家而實現的，因爲國家乃這一切分子眞正意志之寓托所在的制度。但這很明白（一）這種見解是建築在我們已經駁斥的眞正意志論之上。再者所謂共同的善，（二）是含有若干不同的概念的一個語句，其每種概念須與其他概念愼重地分別清楚的。牠可以意指（1）由理想國家定義而取得的那種善。這並未解決現實各國內共同的善這個問題。牠又可以意指（2）國家應當以之爲旨歸的那些福利原則。這一點，即使我們對於各項原則能够同意，然亦未決定某一國家是否確實在實際上設法達到牠們。這句子又可以意指（3）某一特定社會，從牠歷史上可以看出牠是旨在保全的那些習慣、傳統、宗旨。我們將英國觀念列入這類觀念之中。我們覺得我們旣係英國人，個個分享到牠們的性質，雖然我們不知道牠們的切實定義爲何。我們期望國家運用其主權，使那些習慣傳統裏保持那種我們認爲有英國特質的精神，我們又感覺到倘在某種根本方式下破壞了牠們，至少將削弱，而且可能地將毀損，我們所遵奉的我們對於英國應求如何的概念；這對於有一種民族的傳統爲憑依的其他一切國家也是正確的。

理想主義者的理論未曾充分認淸這個饒有意義的事實，即這些關於共同的善的概念，每一個都是人們就日常生活中所見而想到的。人們並不根據國家所宣告的各種意旨來判斷牠，雖然這也許有影響於他們的判斷的；而且在一切極端的事件中（這些是眞正重要的事件）他們是根據了他們自己對於國家實際行爲之意義的見解而判斷牠的。他們最後要求於國家的東西使是牠爲共同的善所完成者，應該是每個人民覺得他明白分享到的某種東西他分享的方式與程度要使他滿意於牠的職務履行。在這種情形裏告訴他說理想者實係現實者是不夠的。在極端的事件下，他必須他自己相信纔行。任何國家論要算做適當，必須能夠使個人（視爲一個分別的孤立的人類）確信他的善係根本地包括在他的現實國家所成立的那種共同的善之中。

這點，我們可以指出來，是被盧梭看到了，並且在較小的程度內也被格林（T. H. Green）看到了。按盧梭的普遍意志論雖使他多少可說是政治的理想主義學派之現代創始人，可是在他是很斷然地，將牠的運用建築在各項鄭重擬定以免歪曲牠的宗旨之各項原則上的。要知道他的概念之整個啓示的精神是平等觀念。爲了要保障平等起見，所以在公民社會的成立上，人們不惜舉其所有以予國家。爲了要保障平等起見，所以法律欲爲法律，必須永遠是普遍的而且平等地影響衆人的。爲了要保障平等起見，所以國家必須永遠是小型的，庶幾普遍意志可由團體中一切分子來形成。最後，爲了要保障平等起見，所以有一個公民宗教的設立，庶使人們被訓練得感情熱烈以保護憲法的精神。盧梭理論中的主權者能夠要求團體中各分子的服從，因爲牠是，而且只能夠是，團體自身。那種觀念以爲主權權力可由一個政府的機關代表團體而行使，給了盧梭的合法國家之概念以根本的打擊。

與此相彷彿的一種見解形成了格林的態度。所以他能夠寫道，『個人之所以有權利得由社會給他某幾種權力者，以及相反地，社會之所以有權利得向個人行使某幾種權力者，皆根據這個事實，即這些權力對於完成人類爲一道德的動物之天職，及對於一種有效的自我矢誠於展開他自己與他人完美性格的工作上，都是必不可少的。』（註二二）這就是他的著名的國家定義之基礎，該定義稱國家爲『一羣人互相承認爲具有各種權利，且設有某幾種制度以維持那些權利』（A body of persons recognised by each other as having rights, and possessing certain institutions for the maintenance of those rights.）（註二三）在這個概念裏，我爲一個個人的各項權利，分明不是離國家而獨立的；但國家之有權令我服從，同樣地分明是牠承認那些權利之一種職能。所以根據格林的見解，一個國家而不能承認那些權利者，就根本不是一個國家，因爲牠將喪失使牠有權令其人民服從的那個道德的性質。那就是格林之所以能够主張謂國家的基礎爲意志而非武力。在他看來，武力的運用，如果是促成實現善良生活的各項條件，那是正當的；而且他鄭重說明，凡僅憑強力維持牠自己的政治社會，對於牠的人民不能有道德的權威。他寫道：（註二四）『我們視俄羅斯爲一國家者，僅出於一種禮貌，假定沙皇的權力，雖不受任何憲法的控制，終是遵照了一個公認的公共福利之傳統而行使，是令他在大體上成爲各項權利的主持者。』這就是說，他懷疑俄羅斯國家令人服從之權，因爲據他看來，牠的舉措的性質並不適當符合一個政治社會必須履行的各項宗旨。格林並未設法將現實者與理想者併爲一談。

我以爲，我們很值得去注意那些見解中側重之點，與黑格爾派理想主義者理論中側重之點，互相不同的地方。在格林與盧梭兩人看來，個人之有權享取各項權利，都是基於他爲一道德的動物而然。他之有權是與其他人類之有權相同等的。國家不得在其人民中舉行選擇，給一些人以權利，而不給其他人以權利國家之所作所爲必須對於社會中一切分子同等地待遇的；他們既爲道德的動物，當然對於國家爲福利而行的舉措，具有一種同等的關切。職是之故，他們當然有同等的權利，以判斷國家的設施。對於他們每人，國家之主權始終是有條件的。對於他們，國家須實現了善良生活的各項條件，纔是一種正當的職權行使，在那種善良生活裏，我們再引格林的話，個人『爲一道德的動物之天職』乃有履行的可能。

黑格爾就根本沒有這種氣味。他並不僅僅否認國家行動之倫理的測驗可以適用於國家。他這樣寫道：（註二五）『國家乃那種自己有把握的絕對的心志，牠除承認牠自己的權威以外不承認任何權威，牠不承認任何抽象的原則，不管是關於善與惡，可恥與卑鄙，狡獪與欺詐者。』他的態度更顯著地表現於他將現實的國家視爲即是貴族階級的一點上，那個貴族階級單獨高據在道德之標準上，得以被視爲十足的人類。他不大理會那輩工人或是那輩僱主；他們的理想是太狹窄了，被他們的工作內容所大加限制了。營利謀生以及從他們所屬的小圈子裏得到重視，便是他們的野心，他們的大欲。他們不能明瞭軍人的志趣。他們過分耽於謀利，不能有愛國之心。至於農民，則較受黑格爾的重視，農民能有忠義之心；但總是效忠於一個人物，而非矢誠於一個觀念。農民雖有機智，但那種廣大的容智，能使他超脫他埋身其間的各項特殊關切的那種睿智，他是缺乏的。

所以在黑格爾看來，國家之有機的總體卽在於這三個階級的形成。製造家與工業勞動者不乏睿智，但他們都沈溺在一種狹窄和自私的特殊心理。農民雖有忠於全體之心，但因缺乏睿智之故，這只是一種盲目和緘默的信託；這使他成爲國家中一個健全的因素，但也顯出他不適宜於行使政府所要求的那些性質。是故唯有貴族纔能超脫他們的階級私利，而臻於私人義務與公共義務成爲一致的境界；而且也唯有具備這種卓識的一個階級，纔宜於以國家名義發號施令。因爲這樣一個階級，牠既能超脫特殊界之上，便能以牠的洒脫超然表現最高形式的各種社會道德。牠單獨能够充分表現那種內在的理想，那在民族國家裏永遠是力求出現的。(註二六)

我們不難看出這種態度的淵源。牠有一部分是由熱中於希臘人那種觀點而起，那否認依賴勞力謀生的人們有公民的資格。牠抱着柏克的見解，以爲一輩不必顧慮明日吃飯問題的人們，纔不致束縛於狹窄的私人利益，而能够具有一種充分服務公衆之心。牠有一部分又代表黑格爾對於身歷的革命時代之混亂的實驗主義之激烈反感，和他差不多願意以任何條件求得一種平衡的狀態，庶幾普魯士能夠復活爲一個並不辱沒自己的大國，而且不復隸屬於那位法蘭西的戰勝者。如像黑格爾所有的著作一樣，牠對於他所不喜歡的各個階級之缺點是富有見地的；但是同樣地顯出他的特性：牠具有與柏克一樣的盲目性，卽未嘗看出他期望以政治復興之責的那些人是有各種不能勝任之處。

要而言之，黑格爾那種態度，其結果便是除卻國家中很少數的人以外，概否認其有有效的公民資格。他們之所以被摒於國家主權之運用者，是因爲他們的職業性質，限制他們永遠抱着那種狹窄的眼光，要爲私利而犧牲公益。他們應以實現那種公益之責，信託於一個貴族階級的自我犧牲，據黑格爾自己所說，該階級應從他們那裏取得牠的生活之資，以爲牠主持團體政治的報酬。很明顯的，這種態度所根據的各項假定是很粗疏的。牠沒有顯出盧梭與格林觀點中所表現的那種謹慎。按牠開始就摒斥了大部分的人類，指爲沒有做道德動物的資格。牠接着假定謂一個貴族階級可以信託使私利與公益成爲一致，而不誤將私利視爲公益。牠做這兩種假定是抹煞了歷史上的一切證據，即政治能力的產生完全與職業無關，而且一切貴族政治無論開始時的理想怎樣崇高，結果終因爲對於公共政策的對象所取見解過於窄狹而致失敗。而那種窄狹的見解，毫無例外地，總是起因於他們也像商業階級或勞動者或農民一樣，必然是他們所不能超越的一番經驗之俘虜。黑格爾曾經十分感動地讀過柏克的對於法國革命之反省（Reflections on the French Revolution）；可惜他沒有認淸論今日之不滿（Thoughts on the Present Discontents）一書對於牠包含的各項原則是怎樣斷然的一種評議。自由黨（Whig）的設施足以答覆自由黨的理想。

歸根到底，黑格爾的見解，甚至全部理想主義者的理論，都建築在一個關於社會組織的假定上，這個假定的涵義是非常重要的。牠辯稱整個是大於其各部分；是故民族國家的利益必須被視爲大於其任何一份子的利益。所以那些控制國家主權的人們，因爲他們負有照顧較高利益之責，所以是比負有照顧較小利益之責者，更有令人服從之權。

但這樣一個假定是負有許多牠所未嘗解決的問題。除非國家即是社會，——理想主義者的見解肯定這層而無一點證據——民族的利益並非即是國家的利益。博山克說過，國家只是「那種社會牠慣常被認爲合法地行使武力的一個單位。」國家既爲一主權機關，那麼在牠領土範圍內的任何一切組織當然都是受牠管轄的。但這並不是說一切組織是牠的一部分。俄羅斯國內的羅馬天主教教會不能承認牠是蘇維埃國家的一部分；而『德意志基督徒』之起乃由於德國福音教會(German Evangelical Church)之合於邏輯的企圖，要否認將牠與希特勒國家視同一體之正確性。我們顧到事實，不能視國家爲在自身內包含一切社會宗旨並且規定牠們的合理性(Legitimacy)。牠規定牠們的合法性(Legality)；牠能够依法強制牠們接受牠的種種規定。但假定說那種對於合法性的服從是有甚於從確定的主權本質上的一種形式與概念的推論，那就是全然誤解了牠的本質。合理性這件事是屬於一個全然不同的議論範圍的。

而且在任何情形下，若謂以國家爲全體而言，係大於牠各部分之總和，這並不能決定什麼。因爲，第一、這話對於一切組織都是正確的，不論其爲教會、工會、政黨及其他；第二、牠仍未解決應該從牠抽繹出來的各種推論之問題。很明白地，我們可以確說國家之善，如其眞正是指牠一切分子之善，則係大於任何一個分子之善，不論這是一個個人或一個團體；但這仍未解決這個重要問題：卽國家所擬取的行動，在事實上是否爲了牠的一切分子之善。再者，我們必須記得「國家所擬取的行動，」事實上卽是以國家名義行事的那個政府所擬取的行動。但任何有知覺的人總不會說政府行動是合理的，因爲這是政府行動的緣故。這不過是一羣人企圖實現在他們認爲滿意的某種宗旨，這種宗旨甚至可能是以最高的善意而訂立的，但這並不能因爲在他們看來是正當的宗旨，便是正當的宗旨；而且這也不能僅僅因爲這是以高尙的旨趣訂立的宗旨，便是正當的宗旨。歷史上有些最大的錯誤便是誠意謀實現公理的人犯的。

形而上學的疑難捨而不論，(註二七)這種理想主義者的見解之荒謬在於把國家各種理想的宗旨，與政府的實際的政策，繼續不斷的混亂不淸。國家乃爲了社會的善而行使強制權力的一個組織。但牠只能够通過一羣以牠名義說話的人們行事。據假定謂當他們這樣說話的時候，他們是爲了國家所以創設的那些宗旨說話。他們的行動是要求從國家之哲學概念周遭的陰影予以信託的。但當希特勒以德意志國家名義行事的時候，任何馬克斯主義者或猶太人或自由黨人都不會以那種信託給予他的同樣當斯丹林(Stalin)以蘇維埃國家名義行事的時候，任何反共產主義者也不會以那種信託給予他的。在每種情形下，我們都說那種行動須由我們認爲是否符合於我們自己在那樣的環境下認爲正當的那種政策，而判斷其當否；而我們並不認國家自身的判斷（這不過是那輩行使牠的主權的人們之判斷，）因爲牠是國家判斷之故，而有權奪去我們自己的判斷。

再者，當我們說國家是一個無所不包的統一的時候，我們必須小心記得這是概念的理想之一種統一，而非事實之一種統一。牠之成爲這種統一，乃抽象的定義使然；當人類意志要使牠成爲實在的時候，牠纔成爲實現的了。而且我們只要設法知道歷史的教訓，我們能夠以若干信心肯定牠根據什麼條件就會變成眞實的。只要有相當數目的人民被摒不得參加國家所能造就的善的時候，牠是不會變成眞實的；在長時期中，在任何政治團體內，被摒於政治權力之外就是被摒於國家設施的利益之外。又在人民對於國事不得自由表示意見的地方，牠也不會變成眞實的。要知道賢明的政策永遠是依據經驗反省的結果；而在禁止陳述經驗的地方，因其禁止之故，要訂立一個賢明政策的資料也斷絕了。這就是在一般情形下，獨裁者所以從來不能建立一個穩定的朝代。旣然他們准許表白的經驗，只限於表示滿意於他們的事功的那一種，他們自然就無從接近他們人民的心理。只在一個得以自由批評的國家之中，武力之運用纔能見得是正當的。

這還是言之未盡，任何國家的統一永遠是牠滿足牠人民一定期望的那種能力之一種職能；而且在牠的設施範圍內，沒有一處是可以不受這條法則之支配的。剝奪人民的政治自由，像在希特勒的德國那樣，就是剝奪牠的安定；因爲那些今日不知明日的人們常懷有與樂願服從不相容的種種恐怖。再者，任何國家如果大事減低生活程度，鮮有能夠支持長久的時間，除非牠能夠表明，第一、那種減低是必要的，以及第二、牠是以相當的公平對待社會上不同的階層。換言之，一旦國家之各分子確信牠的行動是有偏袒的時候，他們就不復覺得他們先前認國家權限爲合理的那種義務；而且那種時機永遠是一個在革命時代前夜的批判時期之開始。

滿足一定期望的能力並不需要任何特種形式的憲法；在過去歷史上，每類國家，從獨裁制以至直接的民主政治，都順利地取得了從這種滿足而來的統一。眞的，在各種國家形式的歷史上，令人注意者乃是牠們的相對的不穩定；而各種哲學的政治論弱點之一，就是牠們對於這個現象未能有圓滿的解釋。因爲我們於反省之下，僅舉一例，就覺得很可注意，英國的議會制度在三十年前，非特獲得本國臣民的熱誠擁戴，抑且普世通認爲是一個模範，而在今日之下，卻同樣被普世所懷疑和厭惡了。（註二八）再舉個例，在另一方面，眞是可驚之至，即運用國家權力去支持資本主義的法律基礎，在一九一四年的時候，除了少數極端派以外，任何國家中甚少反對之者，而在今日則責問之多與深刻，實爲國家權力作此項運用有史以來所未有。

在我們檢討這種現象的原因以前，很值得提出一個籠統的觀念。一個國家的分子所以關心於保全牠的統一，並非爲了統一而統一的緣故；他們所以設法保全牠者，乃因爲他們相信於那種統一所能造就的種種。換句話說，他們對於國家權力行使權的概念，全視他們對於這種行使給予他們的結果怎樣看法。俄皇國家之所以傾覆，即因爲牠的統治者不能使大衆滿足於他們的政策所給予大衆的結果。魏馬（Weimar）共和國之所以崩潰，即因爲牠的人民中有一部分力能攫奪牠的主權者，相信牠無力給予他們以善良生活的各項條件。在這兩件事情中，這種見解所根據的理由是比較不重要的；以德國的情形而論，這些理由在局外的觀察人看來，確實是頗爲荒唐的。不過重要的是在上述兩件事情中，國家的統一是破壞了，而一個新統一是造成了，以爲牠的主權在各項新的環境裏能夠爲了比以前較好的宗旨而運用。那個被滅亡的國家，至少在力能攫奪牠的主權的一部分人民看來，是未能滿足他們的各種合理的期望。

一般古典派的國家論，以及特別是理想主義者的理論，對於以上這些局面並無適當的解釋；縱或他們談到，像亞理斯多德政治論中著名的第五部那樣，也是當做政治學（Politik）而非國家學（Staatslehre）。然而這種局面的發生是這樣的卓著和永恆不斷，以致銳利的觀察者如馬基弗利（Machiavelli）竟能主張一種循環的歷史觀，以爲每種國家形式是不可避免地，必然要腐敗和轉入其他形式的。一言以蔽之，在歷史上，國家的統一，雖爲一種統一，卻是常在分崩破碎的；牠爲了牠的各項宗旨而要求的那種忠誠是常被人民收回的，理由是爲了那些宗旨未獲履行，至少是未獲適當地履行。理論上的國家與實際上的國家互相類似之處如太淡薄，那是那些受國家設施的影響者所不能認爲正當的。

有人或者要說這種淺薄性到底絕不是對於國家的一種批判，而根本是顯示各該國政府並未適當地履行牠們的任務。(註二九)但人民只能從政府達到他的國家。他每當重要關頭，不得不堅持牠們的同一性，理由很是簡單，卽各政府既然以國家的名義行事，牠們的宗旨就因爲國家主權使牠們發生效力，付之實施，而變成了國家自己的宗旨。換言之，他所知的國家之本質是從牠的政府的舉措之性質推論出來的；除此以外，他無法知道牠。那就是爲什麽任何國家論，凡不以政府舉措爲其所擬解釋之中心者，都是不適當的緣故。一個國家就是牠的政府之所作所爲；任何一種理論，凡規定政府應該履行國家各項理想的宗旨者，乃如我已經說過的，只是判斷該理論的一個範疇，而不是牠的實在精義之一種說明。

在本書第二章中，我將討論我剛纔敘說的那種歷史現象的解釋。在這裏，我們只須討論該項事實對於哲學理論的關係。我以爲那種關係的根據，在於人類衝動之不斷趨向於成立更加平等的社會這一點。這個側重之點可說是與政治哲學本身同樣地年代悠久了。亞理斯多德早就注意到牠；(註三〇)而且像盧梭與托克維爾（Tocqueville）那樣不同的人，研究時也都以牠爲中心的因素，這就饒有意義了。人們認爲國家內的參差不齊必須有其理由；他們被摒於某項特權之外後，總是引起一種要求或則求其廢除或則求其普及於他們自己。他們將忍受這種不平等下去，只要他們確信那個社會給他們的，是從牠的程序中所能取得的最良好者。但一旦他們開始相信在他們所享有者與他們得以期望者之間，有了一條廣大的鴻溝，那末他們就立刻注意到國家用牠的主權保護着的某項不平等了。廣汎地說，宗教容忍的歷史是如此；選舉的歷史是如此；國家干涉經濟程序的歷史也是如此。眞的，這是具有特別意義的事，即民選的基礎愈廣，那種干涉亦愈深切。竟可以說自從賦予勞動階級以選舉權後，國家已因此變爲這樣一種組織，即牠能够滿足牠的人民之程度深淺，全視牠能够將一個不平等的經濟社會內的重大差異糾正多少。今日各國政府爲社會福利所做的事情，差不多沒有一樁不是設法供給窮人以一些些爲富人力能自行供給的享受。

這就是說，國家設法使牠的人民確信牠的行動是沒有偏袒的，特爲他們把一種合適的生活之各項物質條件組織起來，而尤其是爲了其中不能自行供給那些條件的人民。這種組織的範圍，特別自從一九一九年來，至爲動人視聽。衛生、教育、住宅、社會保險、工作時間與工資的規定，工廠狀況的管理，貧苦學校兒童的供膳，凡此只是這種範圍的顯著例子。我們可以從各種立場來解釋這個變遷。我們可以說這是社會良心較好的結果。我們可以辯稱這是富人爲了自身安全計，不得不付給窮人的代價。我們可以想這證明了黑格爾所謂歷史啟示出一種常在推廣的自由。不管我們意見如何，事實還是這樣，卽至少自從工業革命以來，無論在新舊世界中，現代立法之繼續不斷的趨勢，一向是要以政府行動來調和貧富生活間的差別，否則這種差別是極其森嚴的。而且從長久的眼光看來，國家有無能力贏得牠的人民之忠心擁戴，全視乎牠有無本領使那種差異繼續調和下去。一方面滿足以後總是繼以另一方面之新需求的。

這種經驗對於哲學的國家論有無意義，我以爲是很明白的。牠必須從這個假定出發；國家行事應爲了牠全部人民的利益，不得有所偏頗。假使牠在人民之間有畛域之分，牠就不能克盡牠爲國家之目的，除非是牠能夠把分別等差之權成立在一個基礎上，證明那些被歧視待差的人們因此同受其利。可是在古今歷史上，迄未有過這樣的證明。我們有過異教徒之歧視基督徒，基督徒之歧視異教徒，富者之虐待貧者，白人之虐待黑人。查驗之下，牠們全都證明不是尋求全體的善，而只尋求一種部分的與自私自利的善，而將那些被歧視者摒於同等待遇之外。若謂人們永遠自信這種歧視是正當的說法，那不關重要；須知無論在物理的或社會的科學中，沒有一種錯誤人們不能使自己相信其爲眞理，只要這樣做是於他們有利的話。

職是之故，國家必以牠的人民得能平等分享牠的職權行使下的利益爲先決條件。但假如牠要做到那個目的，那麼按照邏輯，牠必須也做到爲達到那個目的所必要的各項條件。哲學的理論於判斷現實各國的行爲時，必須以牠們確立這些條件的程度爲準。在過去，牠曾從種種方面設法做到這點。最平常牠曾推論謂需要一個權利體系，牠認這些權利係爲牠的人民取得良好生活所必需的，牠又從各國的實際行爲，來判斷國家對於各項應予承認的權利之關係。不消說得，這種普通的趨向是有其例外的。政治哲學歷史上有不小的部分，是銷磨於設法證明某幾種人是不宜享受公民資格之各項特權的；所以他們之被摒於考慮以外也就被認爲有理由了。但將這類擯斥略加審愼的硏究以後，可見不論牠們是以財產數目太小，或以種族或信仰或黨派關係爲理由，歸根到底，永遠是由於那位想的人之意欲，一種根本是感情的偏見，要維護某種權力的平衡，這種平衡是暫時的，但他希望使之成爲永久的。亞理斯多德之維護奴隸制度，洛克之辯護天主教徒之被奪公民權利，希特勒之辯護猶太人之被奪公民權利，全都是企圖以私人的存見，成立爲理性之普遍原則。遇到一位思想家並不接受他們所依據的那些特殊的感情的偏見時候，牠們都是經不起檢討的。

更有進者，若將任何一位思想家提出的權利體系分析一番，就可以在檢討之下，發現牠們是受歷史環境之支配的。生於他那種環境裏，亞理斯多德假如不設法辯護奴隸制度，那纔是怪事；同樣地，生於他那種環境裏，洛克所以將羅馬天主教徒摒於公民權制之外也是容易明瞭的。換言之，人們對於他們可以合理地期望的種種之概念，產生於他們身受的經驗，以及他們從那種經驗推想出來的各種需要。例如培拉孟(Bellarmine)那種關於教皇政治間接權力的理論，乃是他這種心理的自然產物：一方面接受宗教改革的各種政治後果，但另一方面在接受中仍欲盡其能力爲羅馬掙回多少面子。(註三一)洛克曾以他的坦白本色，承認他的政治論文 Two Treatises 一書，旨在辯護威廉三世繼承大統的權利。(註三二)馬白萊與麥里萊 (Mably and Morelly) 二人之共產主義，同馬克斯與恩格爾二人之共產主義其間的分別，就因爲有工業革命隔開了他們的智慧的構成。一切政治哲學概念中的那個實驗的因素，對於瞭解牠們起見，永遠是整個必要的。

理論與歷史環境間的這種關係，其意義是多方面的。這裏卻須特別注意於那種關係裏的一個因素，牠有特殊影響於人們對於國家行爲所取的態度。他們的處境使他們期望從國家舉措上得到某幾種滿足，而他們判斷國家時，就以牠怎樣報答那些期望爲準。假使現在有一個英國工人是從他的實際收入來決定他應否滿意於他的環境的話，我們告訴他說，他的收入水準已四倍於拿破崙時代的英國工人收入，(註三三)這是不生效力的；因爲他估計他的境遇時候所作的重要先決條件並不建築於這類的比較，而是根據他對於他如今應得什麼的判斷。我們今日生活中每一個物質的因素，差不多都比一世紀前的標準顯見巨大的改進；但是同樣的重要，我們應當認清我們對於福利的期望也無限加大了。我們在技術進步中所作的每一度進展，只增加了我們心目中認爲從這種進展裏我們應得什麼的意識。一世紀前的貧民窟引起的貧民的憤慨並不如今日所引起的那樣厲害。(註三四)在邊沁(Bentham)那時候，不獲教育機會，並不像在今日那樣普遍地感覺到卽是權利的剝奪。

由此觀之，政治哲學不能自滿於一個靜止的理論；假如牠希望能有耐久的權威，牠必須顧到牠的各項概念是怎樣施行的。是故當我們說國家必須爲每個人民取得各項條件，使他能夠完成他自己爲一個道德的動物，說這話的時候我們必須知道那些條件不是永久的，而是與一個不斷改變的環境有關係的；而且各項條件必須達到的水平線照例又是那個環境的作用。我們從不能捉住某一特定時刻，而以牠的種種可能性作爲合理的期望之一種標準。動的經驗使我們滿足的標準常在變化。

這就是說，任何權利系統必須爲牠的實施之每個時期，預備着許多新的側重之點。在小庇得(The Younger Pitt) 時候，像『叛離案』(註三五)那樣一個法案不見得會激動什麼輿論的；但維多利亞時代以其安全與寬容加了進來，給予自由表現之各項標準以一個新的內容，於是在討論這個法案之際，就激起了一種憤慨，而爲庇得時候的人們多數所不能瞭解。失業保險也許使我們的工資制度呆板化，與價格機構之自由作用所需要的伸縮性不相適合(註三六)但任何國家內的工人們一旦經驗了牠所給予的利益，那麼主張廢除牠的政治家就會自陷於危境。半世紀前，多數經濟學家以爲價格機構之自由作用爲人生不變的善之一部分；今日之下凡根據這重理由來維護牠的習慣者已是絕少的例外，而非通常的情形了。

是故從以上種種得到的明顯的推論，即是國家的哲學概念，充其極只給我們一個尺度藉此試驗各國的行爲。牠給予我們的無過於此了。至於那種行爲之適當與否，牠仍留待我們自行決定。在純粹形式的範圍以外，我們並無服從現實的國家之義務。我們的服從是，而且只能是，我們對於牠的實施所作的判斷之一種作用。再者，那種判斷決不是每個人民都能依同一先決條件，智慧的或感情的，而作成的。他所作成的判斷將是他在國家內所佔的地位，以及那種地位對於他認爲他應得什麼的關係，所造成的結果。他所取的見解也許是錯誤的；但他根據他自己確實所知者而觀，曾無任何其他合理的行動可供抉擇。

## 四

在這一種態度上附着一種法律觀，牠的涵義是很重要的。牠視法律的正當性爲與其所從來的源泉不相關連的。法律當牠見諸實行時乃成爲法律；牠因被接受而成爲法律。這話並不是說被接受的法律便是公正的法律；法律因爲法律可以因其背後有強權而被接受的。我們在事實上，對於法律觀念可被使用的三種不同的意義，必須加以區分。一爲形式的法理學的意義，那不過是實施某項決議的意志之一種宣告，最後仍依賴於主權的權威的。一爲政治的意義，其間形式的宣告因爲牠得到了被牠統治的人們所接受而成爲正當有效。最後則爲倫理的意義，在該項意義下，那個宣布的決議所以應予服從者，乃因爲牠的擬議之應該做到，在道德上是對的。

很明白的，按照這三種意義之首先兩種意義說來，人民並無天生的服從義務。很少有人認眞以爲法理學的意義常與倫理的意義相符；舉一個顯然易見的例子，決沒有一位桂格教友（Quaker）能够承認一個國家，當其政府命令人民作戰的時候，有取得人民服從之權。同樣地，我們也不能認眞以爲政治的意義與倫理的意義是一致的同一的；一九三四年六月三十日希特勒國家的命令，因付諸實施發生效力而成爲法律，且爲牠統治下的人民所接受；但據我看來，凡能作獨立的判斷的人，泰半認這種命令在倫理上是荒謬絕倫的。強權無論如何深厚是不能造成公理的；法律之有效實施並未決定其有倫理的正當性。

由此言之，無論形式上的勝任或是政治上的權力，都不能正當地有令人服從之權。那麼，怎樣纔能令人服從呢？我以爲法律要在倫理上成爲正當的，必須符合各項權利的要求，國家的成立便是爲了維持這些權利的宗旨。法律既是一種命令要在某種特殊方式下約束我的行爲，我必須自行判斷其符合與否，以決定其有無倫理上的正當性。換言之，凡屬正當的法律，其根株都是，而且只能是在個人的良心以內。這就是說，因爲我的良心同意於法律之施行，所以我使法律成爲合法了。

假使有人說這樣一種見解，既爲不服從辯護，便開了無政府狀態之門，這種指摘是對的。但這不是一種嚴重的指摘。在各國的生命過程中，無政府狀態之門永遠是開着的，因爲人們決不情願無條件承認國家之有權力。假使再有人說，個人的良心是與統治國家者的良心同樣可以陷於錯誤的，這種話也是對的，但一個公民倘因爲他或許錯誤，而放棄他的所信，那麼在任何意義上，他不復是一個公民了。要使一個國家活潑地履行牠的任務，唯一的辦法就是讓牠知道，假如人們認爲牠的命令是違反了那種任務，人們就不肯服從牠的命令。當古時柏烈克理斯(Pericles)告訴雅典人民謂自由的祕訣在於勇敢，就是這種意思。除非人們準備秉其識見行事，雖識見有誤亦所不顧，那麼他們將變爲不自主的服從命令者，這類命令之道德的性質則非他們所問。當他們那樣做時，他們就毒害了國家的基礎。因是那時候，他們就毫無疑義地不復是道德的動物了。他們不自知地將眞理與正義與公理以及物質權力之在握併爲一談了。任何民族凡那樣準備放棄牠的人性者，都不見得能夠長久具有創造性的造詣。這因爲一個人放棄了道德判斷之責，就是把自己出賣做奴隸了。

據說個人是沒有力量的，個人本他的判斷行事是浪費了他的精力。但對於這種見解至少有兩個答覆。一種道德的義務並不因爲牠不免失敗，而減少牠的拘束力。採取那種有無力量的標準便是接受正義爲強者的意志之見解——我已經指點出人類的全部歷史都是抗議這種理論的。而且，第二點，若謂個人是沒有力量的，這在歷史上是很不確實。個人之沒有力量，只當他的見解完全無人與共的時候，以致不能在同胞中間引起任何回音；而且他必須永遠記得事勢之變遷可以使他的見解到後來得人贊同。最初基督信徒違抗羅馬的尊嚴的時候，他們當代的人一定認他們的堅持不輟卒使他們克服了西方世界馬丁路德(Martin Luther)的緊張經驗看爲徒勞無功之至；但他們的堅持不輟卒使他們克服了西方世界。

抗命，在羅馬天主教會根據牠安然渡過『教議會反抗』(The Conciliar Revolt)的緊張經驗看起來，不啻是以卵擊石，跡近瘋狂；然而他以他的勇敢改變了世界歷史。再如愛默生(Emerson)那樣以自由爲職志的人，竟在筆下稱美國的廢奴主義者爲『狹窄、自悅自滿的人們像瘋子一樣妨害我們。』(註三七)但閱時不及一世，像霍爾姆斯(Oliver Wendell Holmes)那樣可敬的觀察者，他是向來不作趨於極端的見解的，他對於他的友人的判斷竟說道，『假如愛默生那場演講中的教訓竟被接受爲一個自由大道理，那麼奴隸制度的推翻，要費一個長久的時期了。』

諸如此類的例子，在歷史上眞是層見疊出。個人之起而反對他所認爲不公道的法律者，決不如他自己想像的那樣孤獨。他是在那一種心理中行事，那種心理中的經驗安知沒有他人與共；而且他的所作所爲，還可以使他人醒悟到他們的義務。任何人返觀英國歷史，一定相信那輩不顧法律達八年之久的普選運動者，卒使英政府醒悟到那輩人之要求殊爲値得重視，而對於那些要求的看法爲之一變。任何人都會相信列寧不折不撓的意志，乃一九一七年波爾塞維克(Bolshevik)

革命成功的關鍵。假使我們信仰我們的哲學，那麼我們必須爲之奮鬬，我以爲這是歷史上一定不易的涵義。

對於上述這個見解，有人提出兩種反對論調，其中無疑都有相當的理由。有人說不服政府就是削弱了一切法律的權力，抑且大開騷擾之門。終於承認革命權利的格林（T. H. Green），堅稱我們必須戰戰競競以事國家，就因爲他意識到了這一種危險。但這當然是一樣重要的，即我們重視法律必須是重視法律所做的事情，若是個人不論獨自或與他人一起判斷法律所做的事情在倫理上係屬不可忍受，他就須依據他的判斷做去。苟不如此，猶之說個人的最高義務爲維持秩序，而不問其所維持的秩序爲什麼性質。我覺得這一種說法是與個人爲道德動物的觀念格格不相入的。

第二、有人說這種見解承認了任何學說，任何主義，如果能够，都有用武力擁護牠自己的權利。人們只要宣稱他們係受一種深厚的信仰所推動，他們就有理由運用暴力來達到他們的目的了。據云這一種態度是完全毀滅了社會福利的基礎。

但我們的答覆不消說是，任何主義無論怎樣邪惡，除非牠種因於深沉的怨恨，別無他法救濟，決不會從事於運用武力的。我們也許相信波爾塞維克革命完全是邪惡的；但牠的起源與牠的手段，分明完全由於俄國的舊狀而然。我們可以與共產黨人同聲辯稱希特勒不過是德國金融資本主義的代理人（註三八）但是很明白的，他的勝利乃建築於盈千累萬德國人之深刻的痛苦，他們認爲魏馬共和國那些老法子是不能救濟他們的痛苦的。眞相是如此：一般人民是慣於服從的，如果他們有違背政治行爲的常軌，那總是表示國家內有重大的弊端。如柏克所說，一般人民『他們並不好亂；如果他們作惡，這是他們的錯誤，不是他們的罪惡。』我們不必聲辯謂一個從事於武力的主義是做得聰明的或是正當的。但就事實而言，我們不能不辯稱任何主義概不會用武成功，除非牠所攻擊的政府，對於牠所合理地表示的種種人民疾苦，未能好好應付。

我以爲這一點在許多革命歷史上是彰明較著的。凡研究過英國內戰，或法國與俄國革命的人，一定注意到牠們都有這個特徵，即一般平民一再耐心期待着維新改革，然後從事於暴動。而在任何社會之中，假使大家相信國家是在認眞設法履行牠的義務，則暴動殊無發生之可能。暴動的發生，是因爲種種事實令人深信他們當局的誠意已不足爲憑。他們這樣相信也許是誤會。歷史上誠然有若干時期，一個被推翻的政府當局是些存心很好的人，與無法克服的不幸環境相奮鬭着。同樣還有若干其他時期，一輩反抗國家的人所追求的目標，是不能在現行制度之機構裏達到的。我相信，白魯寧博士(Dr. Brüning)政府的顚覆爲第一種情形之例證；法國大革命史則爲第二種情形之明證。

但運用武力以推翻法律，時常是若干無法調和的價值，彼此間發生了一番衝突之結果。這種衝突是在什麽局面底下發生的呢？至少沒有人會說這是一個簡單的問題。舉一個例，如果說被排斥的少數人，其責任僅在設法成爲多數，而用憲法程序，以說服取得政權，這話是不成爲答覆的。因爲第一，也許沒有這類的憲法程序的存在。對今日歐洲獨裁國家的人民說，他應該用和平說服的方法，以求他的見解之被接受，這種說法是不通的；因爲合法運用那些方法的權利已先被剝奪了。假使他要實現他的宗旨，除了革命以外殊無別法。我們不能叫德國的社會主義者希望希特勒的德國之和平的轉變。

有人說在一個立憲民主政治的國家裏，這情形就不同了。那裏無論如何是有批評之自由的；並且特意訂有辦法，凡與政府當道主張不同的人們，如能勸服他們多數同胞投票贊成他們，就可以取當局的地位而代之。我以爲這種見解是有重大的眞理在內。一般言之，政治上運用暴力是不可原諒的，除非以暴力爲最後的武器；在運用暴力之先，必須表明其他一切進行途徑均已試盡無效了。但是要知道縱使在一個立憲民主政治下，只靠運用合理的說服，乃是若干條件之一種作用，那有關的少數人必須能夠指望這些條件的實現。這些條件中第一條便是指望各種國家制度公正施行的權利；各項制度須予一切人民以平等的待遇。在英國那樣自由的一個國家裏那種平等待遇也沒有做到。因爲貴族院便是操在國家一派人手中的一種工具，而且牠能故意施行牠的權威，以擊敗牠的政敵們的意志，即使他們在選民中佔有多數。如果有人說，一俟選民的意志已經斷然知道以後（例如在爲某項特殊問題而舉行的一次普遍選舉以後），貴族院終是讓步的，那麼我們便要這樣回答：即使實情是如此，但牠使國內一派人處於嚴重的不利情形之下，而牠的政敵則完全不受影響；同時這些不利情形的結果，可以打消一個政黨的努力（按政黨已遵照各種技術上的規定，贏得了選舉上的多數，而欲設法使牠的宗旨發生效力。）

不僅如此。國家各項制度應有不偏不倚的待遇固然是重要的。同時那些主持國政的人應該能够假定立憲民主政治的各項原則將被他們的政敵所遵守奉行。假如辯稱這個假定照例是正當的，那是說得太隨便了。我們可以有些把握說，在一個久已習慣於那些原則的社會裏，違背原則的事件比較在一個推行伊始的社會裏是不大會發生的。但雖在那種習慣已久的社會裏，我以爲我們可以合理地籠統說，即僅僅當一個不容輕視的少數派心目中認爲根本的各項利益不在阽危之中，那麽那些原則纔會得到遵守奉行。一九一四年春英國烏爾斯德危機（The Ulster Crisis）的涵義便是如此；再有美國雇主像福特（Ford）及一羣鋼鐵大王對於全國工業復興條例（National Industrial Recovery Act）中保證勞方於處決工業條件時，得自由抉擇任何組織來做牠的代表（註三九）他們所取的態度，其涵義亦是如此。在一個立憲民主政體內，除非政府確實知道牠的決議將被尊重，否則這一種制度的各項假定決不會長久被保持的。

有人說，從以上所論，可見一切立憲民主國家政府都負有這個義務，即不得觸怒一個重要少數派的根本情緒，換言之，多數派人民，他們的代表在行使主權，他們的權利是有種種限制的。這是一種連深刻也說不上的老生常談，任何人都知道假如英王在議院中禁止信奉羅馬天主教，則信奉的人們將毋寧違犯這種法律而不服從這種法律。任何人也都知道假使英王在議會裏竟會這樣愚蠢，將工會宣布爲不法的組織，則各工會將毋寧奮鬬求存，而決不讓步。沒有人會把行使主權權力的法律權利，視爲等於任憑己意行事的道德權利。

但僅謂多數人的權利有種種限度，並未界說那些限度；而如何界說卻是問題之眞正癥結所在。我們不能認眞辯稱任何政府概不得採取任何足以觸怒一個重要少數派的良心之決議。美國輿論中有一個重要少數派曾被廢奴的決議所觸怒不顧了；但這並不能說廢奴的決議是不應該的。一個重要的少數派認一八三二年的改革條例爲暴舉；但我們也不能因此而主張撤銷這個條例。今日英國有一個重要的少數派認爲失業保險的『資力測驗』(Means Test) 爲不近情理；但也沒有據此爲撤銷牠的理由。眞的，從沒有一個相當重要的社會政策，不利於一個攸關的利益方面者，未嘗不被那個蒙受不利的少數派在某一時間視爲『不近情理』(outrag.ous) 的。便是哈科脫(Sir William Harcourt)宣佈的遺產稅也被人所不服；路易喬治(Lloyd George)頒訂的土地稅也被受其實施者斥爲暴舉。(註四〇)

那麼我們是不是說多數派施政的限度，就在少數派寧願抗爭而不讓步的時候呢？這引起了好幾個問題。所謂抗爭是否意指當眞在街巷中短兵相接呢，或者只須從事於總能工之類的行動，其中至少是不免要運用一些暴力的呢？但假如限定每遇少數派勢將抗爭的時候，多數派一定不得運用牠的權力，這就無從有秩序地主持政府了。例如在一九一四年愛爾蘭那種局面中，政府的意志便不免要完全瓦解了。因爲那時烏爾斯德的極端派揚言如果自治法案當眞實施，他們就要起來抗戰，同時愛爾蘭的國家主義派也揚言如果該法案竟被撤回，他們就要驅逐政府；而愛斯葵士(Asquith)的解決方法，卽制定該法案而緩予實施，實際結果便是烏爾斯德極端派的完全勝利。

不消說得有些時候，遇到上述這種威脅的政府，與其設法維持牠的威望，而不計及因此應付的代價，倒不如妥協之爲妙；一九二一年列寧(Lenin)之採行新經濟政策便是在嚴重的情形下，很聰明地放棄原則的一個不朽的好例。不過這當然不是可作爲常例的一個辦法，因爲這樣，將使多數派政府維持不下去。在通常情形下，一個政府遇到違抗情事，只要牠確信有輿論做牠的後盾，就須不顧這種違抗；因爲立憲民主政體的第一個條件就是牠只能在法律特別規定的方式下被人推翻。是故多數派統治的限度，在原則上實難以明白規定。那些限度要以見識洞察得之，而不在乎對於特殊環境有確切的測量。不消說得，一個政府於計較這些限度時，必須牢牢記得假如對於私方利益不斷讓步，那麼牠馬上就不能實行任何重要的方針了。

從我們歷史經驗上得到的教訓似乎是這樣，一個立憲民主政體的政府能夠以其意志加於其人民的時間長短，是以那些人民對於國家各種實際宗旨表示根本同意與否爲準的。一俟意見上發現了深深的鴻溝，一切立憲結構的脆弱性就暴露無遺，而在那種情形下，就很容易而且迅速地走向獨裁制的路上去。再者，這在經濟不安定的時期特別來得彰明較著。人們對於他們不相信是聰明的重要改革，而又要蒙受不少損失，決不會輕易相信政府有舉行這種改革的權利。他們將以他們自己利益蒙受危害的意識，籠統化爲全體福利均有攸關的原則；而且，並非不尋常的，他們將進而不惜推翻法律與秩序，以從事於他們所謂這種原則的維護。他們竟可十分誠心地這樣做去；舉一個顯著的例子，誰也不會懷疑一九一四年卡遜（Lord Carson）和他的同志們的誠心吧。我們可以認爲他們的行動在道德上爲不正或在政治上爲不智；但證據具在，足見會有這類時機發生，人們會決意採取這類的行動的。

我們也許以爲他們在道德上是不正的，或者在政治上是不智的；但非常重要的，就是要知道我們並不常常對於他們的行動下這種判斷。如今很少人認爲英國議院之反抗查理一世（Charles I）以及其一切流血不幸的經過，是不正當的；更少的人還認爲一六八八年那些反抗詹姆士二世（James II）的人們之所作所爲是不正當的。今日之下，法國大多數是爲法國大革命的經過辯護的；而我們這輩子的人，當還能記得一九一七年三月的俄國革命時曾得到全球一致的歡迎。不過這是說有些反抗是正當的；而世上既然沒有法院可請其決定這個問題，那麼反抗的決議自然要由人們自行決定了。我們所能要求於他們的，只是他們用以判斷他們所反對的政府之嚴厲試驗，應該同樣拿來判斷他們自己的行動。

這一點對於法律哲學，我以爲是有直接關係的，這使有效的法律行動須以人民同意爲範圍。不消說得，人民的同意可以冷淡出之，或以脅迫得之；在希特勒的德國，分明有數百萬人民的服從可說是用白刃脅迫而得到的。但是一部法律哲學，倘不時常歸根窮源於受牠實施結果的影響的那些人之心理，就決不能產生一部可以適用的國家論了。我們必須承認所謂正當的法律，便是當牠要求人們同意時被人們判斷爲適當的法律。牠並不因爲牠是由主權權力產生之故，而有受人服從的最後權利。牠也並不因爲牠表現牠自己爲意圖實現公理的一種努力，而即可以有權使人們服從。牠要人服從的主張是建築在人們認爲牠所聲稱者具有合理性這個決定上面。牠所以成爲正當的法律是因爲牠力能滿足人們對於牠代表其意志的那些制度的要求。

講到這裏還有一點是要說明的。本章內的議論是以否認兩種主張爲根據的。第一、我否認一種純粹成文的法律論能夠給人一種適當的政治義務之哲學；沒有什麼事實上的結構能夠在本身上制定公正的法律。第二、我否認那種理想主義者的見解，以爲現實的法律隨時可以必然地指爲即是應當如此的法律（合理的法律。）如我以前所說，黑格爾派在政治上將實在者與合理者視爲同一，是不能造成一種滿意的歷史哲學的。而歸根到底，一切關於政治義務的理論就是要求成爲一部歷史哲學。

因爲在法律與正義之間，在現有的法律與應有的法律之間，並沒什麼先天的連繫，所以我辯稱公民個人的判斷便是法律令人服從之權利必須依據的基礎。假如說個人之不免於錯誤使這個基礎成爲脆薄得很，不能勝任牠應負的負擔，那麼我以爲有兩樁事情可以說一說。第一公民個人的判斷便是我們所有的一切。假如我們不認牠有成立決議的權利，我們就不得不作下列三種主張之一。我們將不得不辯稱秩序爲最高的善，所以在一切情形下，破壞法律都是不對的；這是一種不通的立場，無人會採取的。或者我們將不得不辯稱成文的法律因爲旨在實現各種目的，所以永遠有令人服從之權；這個論調我已經駁斥過了，因爲我們並無一定的理由認爲任何一種成文的法律在事實上都是旨在實現這些目的，蓋以這一個問題永遠要檢查了這種法律以及我們認爲法律應當如何的觀念之間的關係纔能够決定的。或者第三，我們必須主張謂法律是主權國家的意志，就因爲牠是這種意志，所以牠是公正的。廣義言之，這便是理想主義者的見解，我已經提出各種理由，說明爲什麼我以爲這是站不住的。

假如在這許多深刻的疑難之中，有人說是聰明的辦法應爲懷疑主義，那麼我以爲我們只要答稱我們不能避免決定政治上何者爲是與何者爲非之必要，這樣答覆就够了。而且我以爲我們應該根據幾種理由來推翻這個懷疑的立場。我們該注意到人們關於政治是非的各種不同的見解，大多從他們在社會上不同的地位與不平等的權利要求而產生的；我們愈能圓滿地尋出一種關係場合，把那些不同與不均泯滅無存，那麼法律就愈能在牠表現爲義務的人們視爲公正。最可注意的是，在歷史上人們最滿意於法律的時期便是那些擴張時期，因有繁多的機會使個人有很大的前途以圓滿實現他的要求。這類擴張給人以安定，而在安定期間，人心最易受理性的支配。從這方面看來，在法律的實施使人可以最充分地運用社會上生產工具的地方，法律最容易最普遍地被認爲公正。凡在可能的與已實現的生產力量之間，存有一種爲社會制度所維持的矛盾，那麼蒙受這種矛盾實施結果下的痛苦者，每易視社會制度之施行是根本不公平的。

再者，這也是重要的，因爲人類是理性的動物，所以制定法律的人們，總是亟亟乎向人說這法律在事實上是適合公道正義的，藉此以爲維護法律的理由。換句話說，他們提出這種辯論，證明現有的法律便是應有的法律，很明白的，只要我們一承認在某種情形下可以有一種應有的法律，我們便是承認自然法的存在。我自己抱着這個見解，即不論自然法方面有種種困難，我們終不能不規定牠爲政治義務的哲學之一個根本重要部分。牠的批評者提出許多議論，設法毀壞牠，但終是沒有成功。對於自然法之歷史方面的攻擊已不成立，就只因爲這是屬於典型範圍內的事件，決不能單以事實問題來決定的。成文法學家的攻擊亦已瓦解，就只因爲成文法律分明不能爲一切可能的案件作詳盡的規定的；而一旦有一樁預料不到的案件發生，法官或立法院就須拿出他們認爲這樁案情中的是非曲直觀念，來處理這樁案件。柏洛克(Sir Frederick Pollock)說得好：(註四一)『我們的法院不得不陸續制定許多法律，這些不論他們自知與否，實係自然法律，誠以他們遇到每一個問題發生，而無成文法律的權威足資援引的時候，就須依賴各種便於公道人情的普通考慮，以取得一個解決。眞的，有許多最熱心於駁斥自然法觀念的人們，像杜居特(Duguit)便是一例，(註四二)都以自然法的概念，爲他們對於政治義務的見解之基點，這是很可注意的。

形而上學方面的攻擊也未必高明。有人辯稱一切關於正義公道的問題都是相對的。唯有時間與地點能夠給牠們以實質的意義。在同一世界中，遺囑處分的自由在英國人看來是『自然的』，而二十哩外，法國人就以爲遺囑處分應該恪遵拿破崙法典辦理同樣地是『自然的，』因此有人辯稱要創立一種普遍有效的正義科學是毫無用處的。形而上學的攻擊竟可採取這種形式，在這一個道德標準急劇變遷的時代非常風行，說是正義乃個人意見的問題，不能有一種客觀的標準。

話雖如此，這種見解稍經分析，便知其大謬不然。開宗明義，如高恩（Cohen）教授業已指出，(註四三)這種見解是簡直誤會了科學的邏輯。高恩教授這樣寫道：(註四四)『這種反對論調漠視了一個實體的法典以及一種原則的科學間的差別，這一種分別應該是非常明白的，好像工程師交於建築者的各項囑咐以及機械科學間那種分別一樣的明白。』關於正義一事，我們遇到的意見參差，並不使正義科學無從成立；猶如耕種方法之歧異不同，並不使農業科學無從成立一樣。

而且，我們必須審愼一些，不可侈言我們在事實上遇到的差別之多。很明白的，卽以遺囑處分爲例，我們極易誇張在這種法律方面英國與法國習慣之不同。因爲一個英國之遺囑人倘使所立的遺囑，爲了他所偏好的特殊事件，以致他的家屬陷於困窮，這遺囑就要被大多數人視爲很不公平了；而遺囑處分自由所以能在英國保持至今者，除開歷史的原因不計外，主要的原因即以事實上大多數立遺囑人都會以他們的大宗財產遺給他們的家族的。（註四五）我們關於價值判斷之意見不同固然很是顯著，但我們意見相同的地方至少是同等地顯著的。謀殺、失業、飢餓、汗血勞動、販賣婦女與鴉片，這些事情之不良，乃是全世界莫不同意的事實上，我們關於價值判斷之意見不同，泰半係屬我們所處社會情形不同之一種作用；沒有人以爲亞理斯多德生於今日再會維護奴隸制度的。而且政治的全部程序也是建築在這個假定上面，即明理的討論可以使人們對於任何擬議的辦法之是非當否，得到有效的同意。不然者，分明就無從成立一種集體的社會生活了。

當然，這不是說我們今日差不多已有了一種適宜的自然法律之科學。前途的障礙是不勝其多。不僅那種在自然方面爲公正的必須在社會學方面爲可能的，也不僅是在自然法範圍內，論點之選擇是比物理或化學之類內舉行選擇來得複雜多多。末了，也不僅因爲在純粹邏輯方面，普遍的命題並不爲各種特殊的事件，訂有一條簡單的法則；永遠有許多『假如』與『但是』要從實際情形下的事實來決定的。(註四六)還有一個困難，起於我們不知道我們的擬議在事實上將是怎樣，美國禁酒嘗試的創議人當然沒有預料到棍徒包辦的局面，這是我們如今認爲這種嘗試下必然要發生的。再則還有一個困難，即我們的擬議常將制作法律的一羣人與承受法律的一羣人，假定爲有相同的利害。還有這種困難，即一項法律，例如一八九六年的工人賠償條例（Workmen's Compensation Act）(註四七)訂立牠的可以是抱有一副宗旨的一羣人，而實行牠的卻是抱不同的另一副宗旨的另一羣人；同時還有這種連帶的困難，由於事實上在現代國家內，法律非民衆所訂立，而爲一小羣人所訂立，他們至少是不免假定謂他們對於法律的需要的概念，是其他人民同樣深切地所感到的。這種錯誤之屢屢發生乃立法史上最可悲的事實之一。例如遠及斯賓挪莎（Spinoza）時代，已能主張國家節制私人用度的法律，永不能達到牠們的目的；但我們仍不免世世代代有重訂這種法律的企圖。(註四八)希特勒統治甚且企圖規定人們每餐應該吃些什麼呢。

最後有一個困難，値得鄭重說明，因爲牠是根深蒂固的盤據在各項社會科學之無數謬論中間。自然法的任何原則必須以一種抽象的方式與籠統的字句表示出來。這使實施那些原則的時候引起了許多問題，其性質之重大是難以言喻的。例如我們說，在法律前面人人應該平等，乃一條公認的原則。但我們不能以個別的意義加於這條原則之實施，除非是各種社會情形准許牠的實現。例如在美國喬治亞（Georgin）州，黑人與白人在法律之前是不平等的。費用問題使英國一切民事案件以及多數刑事案件上，窮與富之間平等的理想很難實現。在希特勒當道第一年裏，褐衫軍人從法庭上獲有特殊的優待。再者，自然法的各項原則，既建築於一種抽象的，所以也是人爲的一致性上面，所以假使要沒有不公道之弊，就隨時需要糾正。但是公正的根本觀念便是要在正式的規定以外，對於個別案件有所調整；所以這就可說是根據了非法律性質的理由，來侵犯了自然法的觀念。所以這就阻止了法律所需要的確定性，而且否認了原則上的正式的平等待遇，這種平等本來自然法應該毫無差等地給予人們的。一言以蔽之，我們知道，法律的嚴厲執行常常會有背於正義之目的。我們的原則假如要在任何長時期內得人尊重，則在實施上務須是有伸縮性的，因爲牠們將遇到各種大不相同的局面。我們好像在進退維谷之中，假如我們執行法律時一成不變，則有時候我們會犯下重大的不公平；同時假如我們不遵常例而行，我們就軼出了法律的範疇。

（註四九）

我以爲諸如此類的困難，應該使我們謙遜地講求自然法要成爲政治行動上一種公認的標準時，務須克服的各項問題。但我並不以爲這樣承認了必要的謙遜應該使我帖然放棄對於適當性的追求。知識的增進，特別在晚近一世紀內，是非常之大的。例如愛爾頓勳爵（Lord Eldon）或大理院院長馬先爾（Chief Justice Marshall）所能運用的法理學材料，以及大理院法官霍爾姆斯與勃蘭德斯（Brandeis）所用者其間的差別表示着一種進步，幾乎像中古世紀物理學以及十七世紀物理學間的進步同樣巨大。歷史學與人種學方面亦是這樣情形。我們有權利相信，知識愈是增多，可使我們對於人事之合理的處分也有增多的智慧，只要我們願意。

只要我們願意如此：這個限制條件是重要之至的。每次對於社會福利，亦卽政治義務之一切基礎，作客觀的試驗，最後都是社會上平等增進之作用。要知道特別關於那種物質的基礎，那是有決定各種社會關係的斷然力量的，我們可以不厭重複地說，人們生活不同則思想不同，是故人們生活大不相同，對於人生所見亦難望其相同，而社會持續與安定所繫的那種統一也就無從達到，過去一切帝國的覆亡，莫非中了不平等的毒害。誠以不平等打破了大衆對於共同生活的信心，而時常是很對的，勸服他們謂唯有毀滅了這種共同生活，纔能臻於更加公平的國家概念。在長久的眼光看來，凡爲了不平等地分享的目標以行使權力者，靡不釀成社會內猜忌仇恨，爾黨我派的局面；任何組織血統內有了這些惡毒在循環流行，決不能夠長久生存下去的。

政治哲學上各項正統的概念，其弱點便是沒有認眞注意到上述這個眞理；縱或注意到，也視爲不足輕重。我們誠覺難以置信，像黑格爾哲學那樣殫精竭慮和強大有力的一種哲學，結果竟會一味崇拜普魯士君主政體爲人力之最高成就。像博山克那樣堅強活潑的心胸竟會完全忽略了政治的經濟基礎，大可以警戒我們私人環境決定我們意識的程度之深。雖在今日眼前放着俄羅斯事變經過，對於我們的警告是非常淸楚的，正像法蘭西大革命對於十九世紀初葉世人的警告一樣分明，然而卓越的思想家依然根據了『自然的自由系統』(Natual System of Liberty)之說來組成他們的思想體系，殊不知『自然的自由系統』未曾懂得自由的概念一與平等的概念分離便是非常空虛。直到馬克斯出現爲止，我們可以正確地說，政治學的思辨泰半是不夠的，因爲牠未曾懂得財產關係對於國家宗旨的決定具有支配的勢力。唯有正當地把握這種勢力，乃能發現一個適當的政治義務之理論。（註五〇）

（註一）Philosophy of History（英譯本）p. 41. 商務印書館有王造時謝詒徵漢譯歷史哲學

（註二）Social and International Ideals (1917), p. 274.

（註三）Philosophy of Right, p. 306.

（註四）Essays (World's Classic edition), p. 29.

（註五）Naturrecht und Positives Reche (1902), p. 85.

（註六）Politics, I, IV–V.

（註七）Metaphysical Theory of the State (1918), p. 15.

（註八）一八四三年在下議院中的演說辭。

（註九）關於限制的實業，可閱 Hutchins and Harrison: A History of Factory Legislation (1908), Appendix A.

（註一〇）L. Robbins: The Nature and Significance of Economic Science (1932), pp. 22–44.

（註一一）L. Robbins: The Great Depression (1934), See Especially pp. 160 f.

（註一二）Cf. the Report of the Committee on Trusts (1918); R. Liefmann, Trusts, Monopolies,

Cartels (1930); L. D. Brandeis, Other People's Money (ed. of 1933); A. A. Berle and Means, The Modern Corporation and Private Property (1932).

（註一三）但可比較 Bosanquet, Philosophical Theory of the State (1910), Chapter VIII, 那裏還有其他不易調和的定義。

（註一四）同上一書，p. 186.

（註一五）同上，pp. 148-9.

（註一六）Bosanquet, Social and International Ideals, p. 284.

（註一七）同上，p. 281.

（註一八）同上，p. 276.

（註一九）欲知這種見解之詳盡流暢的闡明，可閱 L. T. Hobhouse, The Metaphysical Theory of the State, Passim, Especially Chapter II.

（註二〇）Bosanquet, Philosophical Theory, p. 178.

（註二一）Social and International Ideals, p. 271.

（註二二）Principles of Political Obligation, p. 347.

（註二三）同上，p. 443.

（註二四）同上。

（註廿五）Die Absolute Regierung, in System der Sittlichkeit, p. 32.

（註廿六）這段轉述係依據（1）The System der Sittlichkeit,（2）The Philosophie des Rechts, and (3) Part III, Section II, Subsection III of the Encyclopadie.

（註廿七）這些在 Hobhouse, Op. cit., p. 27 中討論得很周到；也參閱我所著 Grammar of Politics (6th edition), p. 29 f.

（註廿八）參閱我所著 Democracy in Crisis (1933), Especially Chapter 1.

（註廿九）Cf. Barker, Political Thought Sine Herbert Spencer(1915), p. 80.

（註三〇）Politics, III, 8, V. 1.

（註三一）關於搭拉孟及教皇政治的間接權力可閱他所著 De Romano Pontifice, V. 1-8.

（註三二）Two Treatises on Government. Preface to the Reader.

（註三三）L. Robbins, The Great Depression (1934), p. 2.

（註三四）J. L. and B. Hammond, The Town Labourer (1918) 對於這種情形有所描寫。

（註三五）欲知這個方案詳情可閱 The New Statesman (1934) 印行的 "The Sedition Bill" (1934) by W. I. Jennings.

（註三六）Robbins, Op. cit., p. 84.

（註三七）茲引證於 V. F. Calverton, The Liberation of American Literature (1932), p. 330.

(註三八) Cf. E. Henri, Hitler Over Europe (1933).

(註三九) Section 7A.

(註四〇)欲知遺產稅引起的不少憤慨情形可閱 Gardiner, Life of Sir W. Harcourt (1923), II, p. 282.

(註四一) Expansion of the Common Law (1904), p. 112.

(註四二)參閱 Modern Theories of Law (1934), Chapter IV.中我所著論文。

(註四三)可閱他所著 Reason and Nature (1931), Book III, Chapter IV, especially p. 412 f. 我對於這部傑著負債之深，讀者可以一目瞭然。

(註四四)同上，p. 411.

(註四五)英國議院中最近曾設法使他們不得不如此。見 Hansard (fifth series), Vol. 71, 1928, 37-61.

(註四六)一切擬訂一部法律理論的形式主義的嘗試，如康德與斯頓滿勒(Stammler)與克爾遜(Kelsen)諸人的嘗試，都在這個問題上觸了礁。

(註四七)參閱我所著 Studies in Law and Politics (1932), Chapter XII, Especially pp. 286 ff.

(註四八) Tractatus Politicus, X.

(註四九)關於這一切可閱高恩一篇卓越的論文，見他所著 Law and the Social Order (1933), pp. 250-67.

（註五〇）欲知馬克斯對於經濟歷史研究的影響，可閱例如 R. H. Tawney in Economica (1933), Vol. 13, p. 1.

# 第二章　現實世界的國家與政府

## 一

我已經論過，國家能否要求人民服從，全視牠有無意志與能力，來替牠人民的慾望取得最大的滿足。必須這項任務行使得沒有偏頗不公，那麽那種要求纔能算是正當。假如國家係爲其中某一特殊團體的利益而盡力，則遲早不免有革命發生的。「革命」的定義可說是一種運用武力的企圖，反對合法當權的政府，以促成一種爲運用武力者所認爲是國家的實際宗旨的改變。

國家設施之有偏頗不公，研究歷史者類能道之。希臘城市國家是歧視奴隷們的。羅馬帝國是歧視奴隷和窮人們的。中古世紀那些國家是偏袒地產的領主們的。工業革命以來，國家是偏袒生產工具之所有者的，而歧視出賣勞力的一無所有者的。

以上所述自然是言之過簡，這些歷史過程在其枝節方面是複雜到了極點，任何兩個歷史家不會作恰相符合的敍述的。然而歷史紀錄的涵義則終古無二。國家中常有某項團體抱定見解，認爲國家歧視其利益而不復矢誠服從。牠抱這種見解是對的或是不對的，我們目前不必去管。所可注意的，是國家內永久有衝突，或則潛伏，或則明顯，這種衝突時常爆發爲公開的衝突，以爭取國家主權的使用權。

這類爭鬬的宗旨，在表面上是各各不同的，像社會中有各黨各派一樣。這種爭鬬有時候是爲了宗教的原因；十六世紀法國的內戰，口口聲聲是爲新教徒求取宗教的容忍。有時候，像十七世紀英國的內戰那樣，革命黨人宣布他們的宗旨在推翻君主專制樹立憲政制度。一九一七年波爾塞維克革命的目標是成立一個社會主義的社會。一九三三年希特勒的革命，是在復興德國，消除德國社會內猶太種族和共產思想者的勢力。

不管革命之宗旨聲明是爲了什麼——這類聲明很少與革命的成就相符——我們研究政治哲學必須注意歷史昭示的各種實際過程之結果。重要的，不是人們自以爲在做些什麼，而是他們確實做的有什麼意義。國家生活的方式繼續不斷在轉變爲其他方式。一種新型的行爲使社會中發生一種暫時的歡欣。一種新的統一便以這種新型的行爲做基礎而成立了；直到我們再看見那些不滿的表示，預兆着一種革命心理的釀成。我們能不能尋出一些普通的原則來解釋這種現象呢？

二世紀前，孟德斯鳩(Montesquieu)與盧梭都看到政府有腐化的必然趨勢；而湯麥斯傑弗遜(Thomas Jefferson)他曾親自目擊兩次革命，他以爲每一時代需要有革命，藉此喚醒政府當初創立的宗旨。政治哲學家們類皆以爲政權的行使常令行使之者得意忘形；因此老穆勒(James Mill)曾謂凡主張授予政權的一切理由亦即主張設立保障，以防止濫用政權的理由。（註一）這類保障多得很。各種成文憲法，人權宣言，分權制度，基本法律等，單講這些卓著的技術，都沒有良好的成效，能使人相信不用武力便可以達到牠們的目標。要知道我們的問題淵源甚深，非憲法的過程所能揭曉。假使孟德斯鳩與盧梭是不錯的，我們仍想知道政府所以腐化的原因；假使詹姆士、穆勒說得對，我們仍要曉得政府所以濫用權力的原因。

一部政治哲學的正當基礎就是一部歷史哲學。假使我們能夠解釋歷史事變的成因，我們就有材料，得以成立一個滿意的國家理論。不消說得，這類歷史哲學並不是沒有。像黑格爾說來，歷史乃上帝意志展開的紀錄，或者是絕對者的進程。或則以氣候的變化來解釋社會的變化；温帶當有民主政治，寒帶當有專制政治。或則認歷史爲大人物的傳記，而在凱撒、路德、拿破崙、列寧等英雄意志之中，尋出各種事變的因果。

這一切理論的缺點說來很簡單。牠們不能使我們得以預測未來事變的大概。牠們不能使我們看見未來的命運。把歷史解釋爲上帝意志的展開未嘗使我們知道那個意志之下一階段爲何。謂歷史爲絕對者的進程使我們依然不知絕對者係向何方進行；或者，再照黑格爾所稱，歷史係向着自由之更大實現而行，我們就須解釋這個觀念是否與安全（自由的一個根本條件）的打破不相抵觸，目前這似乎要使我們的時代成爲一個獨裁政體的時代，而這種獨裁政體並非常是賢明的。氣候爲變化的原因一說不無眞理；但在有史以來，歐洲氣候情形並無基本的改變，而自有史以來，政府與文化的方式則已深深變化。偉大的人物對歷史有影響是無用疑問的；但假使以他們爲社會變遷的關鍵，那麽他們何以有影響的原因仍沒有解釋出來。華盛頓(Washington)並未造成美國革命，雖然革命的成功，他是一個重要元素；至於工業方面應用電力，以致我們文明的性質日形變遷，也不是一人或少數偉人之功。總而言之，我們必須向其他方面尋去。

## 二

任何社會的基本因素便是牠謀生的方式；一切社會關係都建築在種種原始物質的欲望之滿足方法，這些欲望苟不滿足，生命就不能繼續下去。試將任何社會分析一下，總能看出牠的制度文化和牠的物質欲望的滿足方法之間，具有密切的聯繫。當這些方法改變的時候，社會制度與文化也就改變。欲望滿足工作大部爲奴隸擔任的社會，和這種工作爲自由人擔任的社會，二者所抱的生活概念，其間大不相同。前述這個社會對於婦女、法律、教育，甚且宗教的態度，將被決定於其奴隸與自由人兩個階級的劃分，最顯著的，例如牠的法律將必然使奴隸遵守其勞動的義務。牠的宗教將以教權認准這種義務的履行。

經濟生產方法的改變，實屬造成其他一切社會方式改變之最重要的因素。因爲生產方法的改變決定了社會關係的改變；而這些改變又與人們的文化習俗交織在一起的。我們要寫一部法律史的時候，不能不看到法律係植基於經濟生產方法之中。我們要解釋宗教教義的歷史，不能不將牠們與發生牠們的社會背景連在一起；至於那種社會背景的關鍵，便是那些建築在生產方法上的關係。我們的教育制度旨在予兒童以生活的準備；但教育制度準備的生活又是該社會內生產制度下各項物質關係之一種職能。我們的建築式樣，我們的文藝風格，我們的科學性質，一切我們稱爲文明的基本結構，追究到底還是這些生產關係所決定的。

我們正在主張社會之上層建築係建造在這些經濟基礎之上，職是之故，後者的關係倘有改變，前者的關係亦即改變。我們隨着辯稱任何一種系統的經濟關係，必須有各種政治與社會的方式，以發展牠內在的全部一切。例如法律將規定與該系統相當的各種財產關係。教育制度將訓練人們行使他們在該系統下應有的職務。是故封建時代的法律將表明一個從土地所有權決定人們經濟關係的社會之各種特徵。封建社會的教育將擬具各種方法以適應這種社會必須維持的各項關係。因爲這很明白，假使社會不能做到這種適應工作，那麼牠的生產力量，牠的滿足各種必需的能力，都要大受影響，甚或不免搖動牠的生存。

是故任何社會必須設法保持一種穩定的生產關係，方能繼續生存爲一個社會。牠必須以法律的力量，爲那些關係的後盾。牠需要一種強制工具，藉令那些關係得以繼續，因爲否則牠就無法繼續謀生。那些關係既爲關係，固然多半不受其中人士意志的支配。在我們所知道的社會內，關係的變遷不是常有的事；這類變更的性質毋寧說是個別的，而非普遍的。社會移動性的研究已經斷然顯出，就團體而言，奴隸常爲奴隸，僱主常爲僱主，工人常爲工人，自父祖至子孫，世代皆然。（註二）任何社會在一定期間，不會發生全然的改變，發生了就將使牠的生命爲之崩潰。這一種崩潰既然威脅着現有秩序的基礎，所以社會需要一種工具來制止，必要時用武力來制止那種崩潰下發生對於和平的威脅。這種工具在歷史上就是國家。牠的主要職能便是要保證社會內生產的和平進行。這樣保證時，國家就保護了那種進行程序所促成的生產關係的系統。國家的職能便是要在強制的制裁之下，成立各種法律的關係，藉使社會得依其謀生方式以維持生命。

國家的舉措行事不能無人——我們叫做政府的那輩人。是故一個社會內法律關係的管理，卽操在那些主持政府，具有行使主權之正式權利的那輩人手中。去決定如何運用主權的方式，也就是去決定如何分配生產程序的產物；要做這樣的決定，非具有行使主權的權利不可。所以在一個社會內，凡欲以任何根本方式改變生產程序的性質者，換句話說，凡欲改變他們生活其中的那個系統的生產關係者，必須改變這個社會的法律基礎。要做到這一點，他們惟有以和平方法或暴力取得政權（國家權力；）因爲唯有通過政權這個工具，纔能改變根本的法律關係。

由上所述得到的結論，我以爲對於任何政治理論都是重要的。社會中握有主權的任何黨派，於行使主權的時候，總是以行使時能够取得慾望之最大滿足爲準。但牠這種作準的看法，必然被牠對於生產程序之特殊關係所着色的。在一個蓄奴的社會內，奴主以爲奴隸制是有裨益於整個社會的；他們將運用國家以實施奴隸制所促成的各種關係。但是，不說也明白，他們對於裨益的概念決不會與奴隸自身的概念一致的。人們對於利害善惡的態度係從他們自身經驗而產生，一旦對於國家的關切不同了，不同的經驗將使人對於政權的運用方法也有不同的概念。這些概念將互相爭取生存；這番爭鬭之勝利就是有權利決定國家政權應當如何運用。所以在任何社會內，凡有若干集團，牠們對於生產程序的關係是根本不同的，那麼這社會基礎內就包含着衝突。

這衝突計有兩種。一方面，這是各種觀念間的衝突，因為每個集團都根據牠的地位經驗而有其善惡的觀念。簡言之，各種集團產生各種價值體系，這些體系乃牠們的社會關係之一種職能。那些價值體系永久要求取得普遍性。牠們將自認為對於集團以外的人一樣正當有效，猶如美國南部的奴主聲稱奴隸制對於奴隸本身也是有裨益的。但在事實上，這些價值將永遠被牠們所由發生的實際經驗範圍所限制。而且獲得實行的那些價值永遠是當時操縱着國家的那個集團之所謂價值。

我們必須說明，上述這種態度並非謂握權的那個集團是有意識地或處心積慮地要將其私自的利益指為社會全部的福利。這也並非謂他們擬將他們認為國家應該如何行事的概念普遍化起來，就是心存不良。任何社會的意識過程是比這樣簡單的一種動機論要來得深沉複雜多多。一個人着上他的環境的色彩是很自然的。那是他所知道的經驗。經驗告訴他的種種價值都着上了感情，希望與恐懼的色彩，這些感情教他認這些價值為社會福利上必不可少者，但他自己沒有知道。一個在天主教傳統中養大的兒童接受天主教會為事之當然；麥加（Mecca）地方的回教徒也是這樣接受可蘭經的價值；今日蘇俄的兒童也是這樣視共產黨的觀點爲抓住了社會關係之眞正本質。凡控制一個環境的人們把這個環境的意識性質規定爲某一方式，到某一程度，結果不僅受他們統治的那些人，就是他們自己也被牽涉在內。世界上最罕見的社會典型就是能夠超脫這些熟悉的日常習俗的人。

但這些習俗是被超脫了；其所以被超脫之故便是我現在撮述的理論的精義。我們見到在一個時期被認爲理之自然的奴隸制度，到了另一個時期就被認爲無可容忍。柏拉圖男女平等的議論在十九世紀初期看來，不外是一位大哲學家的不近情理處；但在我們看來，則是平常已極。威廉温特漢（William Windham）居然能警告衆議院一種國家教育制度所包藏的危險；（註三）半世紀後羅威（Robert Lowe）的警告則謂我們必須教導我們的主人。（註四）當十七世紀除冢冢幾個思想家以外，莫不視國家干涉生產過程之每一形態爲理所當然；到了十八世紀末葉，經濟思想的核心則謂最不管事的政府便是最良好的政府。中古世紀思想家所謂『公平價格』乃對於自然法某幾個論點作邏輯的分析後得到的一種近乎神學上的概念；現代經濟學家所謂『公平價格』則係現世市場上供與求之一種作用，完全不受神學上見解之影響的。十八世紀英國大宗政治文字中沒有幾本小册子，對於貴族院在政治組織中所佔地位表示疑問的；到了二十世紀，則沒有一本小册子，不是認貴族院的地位爲可以非議的，而且沒有幾本不是要求將牠廢除或者根本改變牠的組織的。五十年前，任何行業中的英國人，更不要說在政治裏討生活的人，絕少敢於自認不信仰宗教的；今日之下，至少是很可疑問，這一種自認除了在屈指可數的幾個教會城市外，再會發生何等妨礙。我們怎樣來解釋這種變遷呢？

我現在提出的議論便是說這種變遷是從社會關係的變化而來，同時社會關係的變化則又是物質的生產力量之變化所促成的。當人們難以運用奴隸制度來開拓生產力量的時候，奴隸制度就不再被目爲『自然的』了。當生產過程的社會關係需要承認女權的時候，女權就從一位哲學家之不近情理而變爲法律承認的社會權利了。當工業發達，需要大羣能讀能寫的工人的時候，教育就變爲一件國家大事，而非純屬私人的事件了。國家干涉工業的程度淺深，全以那種干涉是否可使社會所依賴的各種物質力量之生產得以增進而定。我們對於貴族院的態度，繫於我們見解中認爲良好的立法與牠之關係如何；而這種見解又與我們對於社會福利的概念有連帶關係，這種概念又根本是從我們在社會關係網中的地位產生的。同時社會關係之網又是要從各種物質的生產力量裏取得最高可能的收穫之一種榨取方式。

我們對於這點不必多說。從這一點可知凡有急劇變遷的時期，也就是生產方法迅速變化的時期；至於比較安定的時期，則係人們進行其向來的生產方法而無顯著改變的時期。根據這種見解，我們應該預料如像文藝復興那樣地理上疊有發現的時代，以及如像十九與二十世紀那樣科學上大起變化的時代，也就是富有社會的與智慧的創造性之偉大時代。他們所以產生國家內部的不安定者，因爲生產制度的變化必然反映於整個上層建築，這上層建築便是成立在那個制度所產生的各種必要關係上面的。

但我們還有許多話可以說。那些不安定的時期，也就是改變了的生產方法，使現行財產關係制度成爲不適合的時期。國家所維護的各項法律原則不許社會取得生產方法下的全部收穫。社會中有一部分人抱着這種見解，以爲牠夙昔看做自然的那些關係，如今在實行上阻礙了牠的各項要求之充分滿足。牠企圖改變那些關係。但除非操縱國家主權的那部分人爲了某種理由，準備同意於牠所企求的改變，則企求改變的這部分人必須設法攫得這個國家，藉此運用國家的強制權力來規定各種新的關係。換句話說，任何一部分人，凡自以爲從社會關係改變中可以得到好處的，當現當局不許有這種改變的時候，牠就會變成革命的，以求達到牠所需要的改變。

一言以蔽之，歷史是各集團間爭鬬的紀錄，牠們旨在維護牠們自以爲應該取得的各項權利要求，這因爲牠們在生產過程的發展中尋出了各種理由，當這些要求之承認被辯稱爲係屬必要，庶幾各種生產力量得以充分實現牠們的可能性的時候，竟被否認了，那麽總是要引起革命運動的。不消說得，這些要求不會以赤裸裸的形式提出來的。人們將設法以最能有普遍的號召力的形式提出牠們，而拒絕牠們的人也將以相同的方法辦理。英國革命門稱爲維護憲法原則和耶穌新教。牠固然在維護這些東西；但背後更有這個基本的事實，卽一個半封建的國家像司徒朝（The Stuarts）者，建築於君主的神權上面，已不復適合於商業階級充分取得主權權力之要求了。一七八九年的革命亦然如此。牠在名義上是爲了公理的普遍原則而戰，牠的實在結果則係使財產所有者，從地主貴族的特權利益所把持的國家下面解放出來。我們甚且不必聲稱革命黨人揭櫫這些目標是不誠懇的。如今我們當然還是能覺得克倫威爾與伊里敦（Ireton）仇視雷恩斯布洛（Colonel Rainsborough）的議論時，是像他們赴沙場迎戰查理一世時，出於同樣真正熱烈的情緒。（註五）一種革命意識的重要不在於牠標榜牠自己爲何，而在於牠企圖促成的社會關係的轉變。

這樣互相爭取國家權力的這些集團，歸根到底，永遠表示出一個社會內，牠的各項財產關係與生產制度之各種可能性間的那個矛盾。這就是說，根本的鬭爭總是各經濟階級爲要操縱主權權力而起的鬭爭。一個經濟階級，可以界說爲一部分人民，他們在生產過程中的特殊地位是與其他部分人民的地位截然不同的。（註六）那種地位是被國家維持的那個經濟關係網所規定的。國家以其命脈所寄的那種最高的強制權力，供給社會中某一主要階級的驅使；任何階級倘無這種權力，就不能根本改變牠在社會上的地位。職是之故，一個階級假如要求這一種根本改變的話，就須將國家攫奪到手。

由此觀之，在這種政治鬬爭裏，國家永遠不是中立的。牠並不超然獨立於衝突的各部分之上，爲牠們作公正不偏的評判的。從牠的根本性質上，牠只是那種強制權力，被用來保護某一個經濟關係程序下的種種權利與義務，以防另一個階級出而相犯，企圖改革牠們以推行另一種程序。因爲分析之下，國家好像是一輩人士發號施令以履行他們認爲善良的宗旨者。他們對於善的概念乃他們在那個被攻擊的程序中所據地位的結果。假如改變那個程序，他們就須放棄他們的地位；這種讓位固非不可能事，然而也是歷史上極其罕見的現象。

我在本章內隨後將說到這種歷史程序的種種涵義，該程序的基礎則我已經在這裏解釋過了。目前所要弄清楚的乃是我的議論中無意包括在內的種種。我的議論並非謂技術的發展便是社會變化的緣由。技術的發展固然是重要的；但牠毋寧是從社會需要產生的，而非決定社會需要的。例如在我們自己的制度裏面，我們對於各種發明的抉擇採用，至少泰半要看牠們被採用後能否獲利而定；這就是我們社會特有的經濟關係所促成其爲重要的動機。假使技術的理由單獨爲人重視，穆勒決不寫出他的著名的感嘆，說是機械未能改良人類的社會命運了。（註七）

我的議論也不是說國家永遠爲操縱牠的那個階級之私利所驅使的，而他們要求私利之心所以就是國家政策的推動力。我充分承認政治家們無論何時會像他們的抨擊者一樣誠懇地相信他們是將國家機械運用於他們所知的最高目的上。我的論點是完全不同的一個，即謂他們所能知者係被國家所要維持的各種經濟關係決定的；即謂這些經濟關係在牠們每一個歷史階段上，產生若干特殊的理想，其所以能成立者即因爲據云牠們力能使生產的可能性臻於最高程度；亦即謂這些理想的消長，要看牠們所表現的種種關係曾否實現了那個目的而定。若將歷史解作各種爭競的私利間之一種鬭爭，歷史便沒有意義了；這樣看法便是汚蔑了人類天性的品質。歷史毋寧是各種理想的競爭求存，牠們的性質是被他們在該時期利用各種生產可能性的力量而決定的。那些理想之所以競爭，乃是因爲各階級對於生產可能性的關係造成了種種企求實現的權利要求。這些要求是『包含』在階級關係內；而一俟要求與滿足間有了重大的鴻溝，人們就自然要設法加以調整了。我已經說過，人們要做到這種調整，唯有將國家克服，因爲各種階級關係是由國家特有的強制權力所規定的。因此在任何社會內新的階級關係便是表示新的理想勝利了。十九世紀法蘭西的意識形態是與十八世紀者不同，因爲法蘭西大革命已經發生，改變了那個社會的階級關係了；而那次改變所循的途徑，卽係由中產階級從先前掌握國家權力的貴族階級處，將國家權力克服了過來。

我也未嘗辯稱說是一切歷史變化必然爲那個經濟的因素所決定，該因素的意義便是我一向在討論的；我僅僅辯稱那個經濟的因素在那番決定上是最重要的元素。我充分地承認人格，傳統，邏輯有促成改變的潛力。舉一個例，英國的自由習慣使英人反對獨裁制度，要比無此習慣的俄羅斯反對起來，比較上輕而易舉多了。假如路德或拿破崙或列寧未嘗出世，我們的生活斷然將與現在不同；至少這是很可能的，苟無列寧，一九一七年十一月的俄國革命將有與今不同的性質。在法律的施行上，職業的法學家純粹爲了法律的緣故，努力追求一種形式的一貫性，這分明使法律不致完全依賴於經濟的因素。這同樣是眞實的，卽傳統，人格與邏輯固然主要地被經濟的因素所形成，但牠們反過來也形成經濟的因素。社會變遷的各因素間有一種影響的相互交換，爲任何認眞的觀察者不能合理地否認的。

但承認歷史構成上之多元性並非卽是否認經濟的因素的首要地位。我不過主張謂任何其他因素的作用是被一種環境所左右，而這種環境的性質是被牠的種種經濟關係所決定。這些關係給予社會的性質無論怎樣間接地，將滲入而且形成該社會文化生活的一切形式。各種傳統的形成將遷就各種經濟關係的必需。偉大的人格將憑依這些關係造成的時勢機會而實現他們自己。一個法律體系的各種基礎將被牠們的各種必要條件所規定；只有在這些條件解決以後，法學家纔能開始探索一種形式的一貫性。任何人都看得到蘇俄今日新的經濟關係下種種需要，已經打破了傳統的那個做夢神祕而且悲觀的斯拉夫人，那是我們認爲俄國夙昔歷史上的『定型』的；任何人也都看到牠的藝術，牠的文學，牠的哲學也在逐漸適應着新的經濟機構所包含的意義。我們不妨同意謂列寧大大改變了世界歷史，但這是那些爲帝俄基礎的階級關係的崩潰，纔造成了他的時勢機會。習慣法管轄下各法院所擬具的法律解釋條例，係從習慣法的基本理論邏輯地推演而來，這基本理論卽謂私產利益的保護，乃法律所依據的主要假定；但英國或美國一旦而成爲社會主義共和國，各法院就需要大大不同的條例，以保證那種爲法律根本理想的自成一貫性。

因爲自成一貫性便是決定於我們所從出發的各種論點的；而這些論點又是被各項經濟關係所決定，這些關係的宗旨便是這些論點所要保護的。

三

這樣說來，經濟的因素便是社會上層建築所依據的基礎；而牠發生作用所循的途徑不外是各經濟階級的爭取政權。我已經論及各個不同的階級在生產過程中所佔的不同地位產生了不同的需要與利益，這些在某一點上便互相衝突起來。那一點是被各種生產關係與各種生產力量間的矛盾所規定的。當各種生產關係阻止各種生產力量之擴張的時候，這個矛盾便成爲不可輕視了。因爲這番阻止便蒙受不利的那個（或各個）階級有一種失望的淒楚。該階級開始要懷疑現行秩序的正當性；牠要求國家所維持的各項法律原則須有一番改革；牠形成了一個意識形態，指摘而且仇視那個維護現制度的意識形態。這個矛盾生長得愈加完全，新意識形態之勢力也愈加深甚。於是有一個時期，舊制度竟被攻擊得體無完膚，牠唯一的抉擇便是投降或者覆滅。

這一種演進情形，很明白地見之於法蘭西那個古朝代之遲緩的覆亡，或是俄羅斯從一八二五年間十二月黨人起事以至一九一七年波爾塞維克得勢將近百年的崩潰過程。在這兩項事件裏，各種現象之大致相似眞是可以驚人。雙方都有貫澈整個社會的，對於現行價值與制度之一種批評的態度。當局擬以暴力方略，制止這種批評精神的生長。這種努力在雙方都沒有成功；再在雙方情形裏，國家權力之日漸削弱使牠震驚而提出讓步。但這些讓步在兩種情形裏都是來得太遲了。讓步的代價又震駭了握權的階級，以爲這代價太大了，於是牠就斷然取消這些讓步，以圖保全舊制度；這時我們可說又看見較早的法令森嚴狀況之暫時復活了。但這種迴光反照的權威不能久持；到了第二次危機復臨的時候，就知道國家的基礎業已斷然動搖了。

我們必須依據了這些趨勢，來討論社會上階級爭鬭的本質與涵義。那種鬭爭在每一個社會內都有，其顯著的兩個特性是(一)分工，和(二)生產工具的私有。按馬克斯的見解，資本主義工業的發展將使社會日漸劃分爲兩個巨大敵對的階級，一個是布爾喬階級，牠主有生產工具，所以要運用國家權力以保護牠在這種地位上享有的各項利益，還有一個是普羅列塔利亞特（即無產階級，）牠全賴出賣牠的勞動爲生，一俟資本主義停止了擴張，牠所處地位即蒙不利，所以就得擺取國家權力，藉此改變牠認爲使牠橫受苛待的那些階級關係。馬克斯並不否認社會中還有其他階級的存在；也未嘗否認在若干場合下牠們也是不容漠視的，如地主，職業階級，小店主，小商人，官吏等等。但他辯稱在資本主義下，牠們在生產過程中的地位都未見重要，不會以規定新的階級關係當做牠們的歷史的任務的。那根本是無產階級的工程，猶如完成上屆大革命，將封建國家摧毀無餘者，乃是布爾喬階級的歷史的任務。在最後的危機中，這些較不重要的階級將對於兩個較大的衝突的利益間選擇何去何從。

我們必須自問的第一個問題卽階級敵對是否眞有這會事。人們常常說這是政府策略錯誤的結果，或者說這是因爲未能覺察到在那表面上的敵對之下，有着貫澈全社會的利益之眞正統一。不錯，像罷工之類是繼續在發生的；但一種賢明的仲裁辦法終能夠解決牠們的。再則僱主與僱工間有一種共同的利害關切，務在促進公司的最高生產額；因爲這樣可以增加贏利，而工資與工作狀況也就可以改進了。事實上，賢明的管理在任何社會內都能尋出種種辦法，以造成一種合理的繼續的和諧。

這當然是對於社會型態之一種理想主義的解釋，其中遺漏了許多爲我們所不能不指出者。讓我們專事敍述我們所知道的那種工業社會，同時記得除應有的變更之外，先前各種典型的經濟組織都有相同的情形。我們但見這一個工業社會中生產工具操於一個少數階級之手，而就分配來說，該階級在社會生產總額內的利益，是與牠所統治的大衆之利益很不相同的。因爲社會生產總額既是有限的，所以，舉一個明顯的例子，大衆的工資方面所得愈多，則握有生產工具者所得的利潤，地租與利息也就愈少。再者，在我們社會組織的先決條件下，生產的動機既在於獲利，所以工資的水準，以至取得工作的機會，都要看利潤的水準是否足以吸引一輩資本家運用資本以事生產而定。在資本主義各項先決條件之下，總而言之，假如不能獲利，必然要造成失業或者減低工資。很明白地，在生產工具私有制下，勞資雙方利益之間是包含着一種根本的敵對的。

固然其他各種社會的敵對也不在少；這些敵對並不必然地促成我上面討論的那些政治的後果。在煤業業主與煤油業業主間，在鐵路股東與汽車運輸業股東間，在商店老板與合作社間，都有一種利益的矛盾。在城市與鄉村間，在教會與教會間，在羅致同類工人的各個不同的工會間，都有一種歷史的對峙。但我們並不料想煤業業主竟會與煤油業業主爭取國家的；我們似乎知道他們的利益大概可以合理地調整的。那麼我們爲什麼要聲辯謂勞動與資本間的敵對就要又當別論呢？

這個問題的答覆是與我在本章內主持的議論息息相關的；牠是盤據在我行將提出的國家哲學之中心。這答覆便是說在生產工具係屬私有的任何社會內，牠們的使用以及生產品的分配，必然地使勞動階級常處於不利地位，就因爲牠並不分享到這些工具的管理權之故。大概說來，在其他一切社會敵對方面，我們都能取得協議的。互相競爭的資本家或公會非合併即消滅。教會間的衝突也不是一階級被另一階級的長久剝削。鄉村與城市間的對峙誠然較爲深刻而且很可注意的，即這種對峙荀趨於嚴重的局面，像在東歐今日那樣，這就成爲國家權力的爭奪戰。但如最近英國歷史所昭示者，農業界的不滿足，可以無須變更資本主義社會之法律基礎而平靖下去的。一切其他社會的敵對以及勞資間的敵對，二者的區別（這是最後的區別，）就因爲勞動階級的願望唯有改變了那些法律基礎方纔能够達到。

有人說此外尚有他種敵對，例如美國及南非洲白人與黑人間的矛盾，其深刻並不亞於我們所討論的那些矛盾，再或像杜白林(Dublin)地方天主教與耶穌新教工人間的敵對。我們不必否認牠們的深刻性；我們也不必否認凡有這些矛盾的地方，牠們所發生的作用，將使專門化的職能與牠的各種關係所造成的階級團結性被阻遏而不得出現。美國的僱主久已懂得巧妙地利用工人們種族與國家的差別以分散他們。

然而這些敵對的存在，並不消滅現代社會中資本與勞動間敵對之特有的性質；這不過展緩了牠的充分表現而已。俄國革命已經顯得很明白，卽在某種環境下，階級意識能够超出各種阻其出現的種族，信仰或國籍的差別。那些環境爲何，我們誠不能確定說出。我們只能說每當生產制度的作用，可以阻止勞動階級取得牠認爲應當的工作報酬，牠就要覓取方法來改變社會的基本構造。

不消說得，牠對於牠有權這樣改變的意識，是要看各種錯綜複雜的情形而決定的。一個民族之政治的成熟性，牠所在政府之性質，各種宗教組織之權威，種族分界之心理影響，這些都是與有關係的。像不景氣前美國那樣一個經濟在澎漲中的社會，牠所感受的階級鬬爭的緊張，是遠不逮戰後英國那樣一個經濟擴張機會遇到了障阻與競爭的社會所感受的深刻。但這類差別決不能使鬬爭終於延長下去。只要生產工具私有制度能够繼續不斷地改良勞工階級的生活狀況，使工人所抱的願望得到滿足，那麼工人將接受國家現狀，縱或有些將信將疑的。但只要在相當時期內沒有改良的話，工人們立刻就形成一種革命的意識。他們總要想增進他們從生產過程所取得的滿足；假如他們在一種財產關係制度下無從加以增進，那麼他們將求之於另一種財產關係制度之下。改良的另一途徑，永遠只有革命。

要注意我並非辯稱，這另一途徑便是成功的革命。成功與失敗乃歷史策略上的一個問題，非本文範圍所及。這裏僅就這種經濟演進的涵義，對於國家性質可以有所發明的地方而言。凡批判這裏揭示的見解者，假如他駁斥牠，就須證明兩件事情。他必須表明現代的資本主義制度，係與先前一切制度不同，牠能够無限制地擴張，至於牠所根據的各種財產關係則是不相干的；而且他又須表明這種擴張永遠是相當地大，足以使工人們滿足他們已經抱定的願望。他表明這點時，不能着眼於一個沒有我們所知各種糾紛的理想世界中的概念的資本主義，而應着眼於我們必須應付的這個經濟帝國主義互相逐鹿的世界，這世界裏有的貨幣澎漲與收縮，自熱化的市場爭奪，貿易限額與關稅壁壘與貿易津貼，商人藉此以求控制或保持他已經置足其間的那些市場。批評者必須表明現有各項財產關係能夠迅速地彌補如今生產力與消費力間所有的巨大鴻溝，必須表明目前三千萬以上的失業者或則可由一種恢復了的勞動要求很快地重新吸收去，或則可由國家運用牠的課稅權力把他們維持得很好。而且他又須表明國家能夠將失業者維持在過得去的情形中，抑且能夠不背營利的固有條件，保持而且發展各種社會服務，那已被工人們視爲國家分內應擔任的社會服務。

我們特別值得注意這證明須在一個資本主義民主政體裏提出時的各種條件。（註八）這一種社會是以普遍選舉爲基礎的。牠企圖在經濟統制權集中於比較少數人手中，以及政治權力之最大可能的普遍分散間尋出一種調和。在這一種社會內民衆必然要運用他們的政權以增進他們的物質的福利；那就遲早要有一個政府成立，保證達到那個目的（資本主義民主政體之各種假定姑且視爲當然。）我們很容易看得出在資本主義擴張的時期，這種保證的實行是並無特殊困難的。這時政府能作各種讓步而不致如何侵犯那些控制生產工具的人們所抱定的願望。那些人是準備償付該制度各種假定所包括的那筆代價。但當資本主義到了收縮時期，局面就完全不同了。民主政治所要求的各種讓步，顯得代價太高了。資本主義的各種假定於是與民主政治的各種涵義相矛盾。假使收縮的時期延長下去，這就必須廢除民主政體或者改變社會所依據的各種經濟假定。

以上所述之爲一種正確的分析，無疑已經由法西運動的崛起與開展所證明了。資本主義的自由的階段，這時牠以牠與民主政治之結合作爲一個普遍的理想，是與牠的擴張的階段相並而行的。換言之，當資本主義分明有力量從生產程序中充分發揮其可能性的時候，牠是能够讓步於民主政治的種種要求的。牠的經濟的假定與政治的假定之間的那種矛盾是被牠進行成功的滿足所消滅了。但一俟資本主義轉入惡劣的境遇，讓步的政策就顯得靠不住了。營利的動機要求較低的工資，惡劣的工作狀況，減少資本所納的稅，以及各項社會服務的收縮。但民主政治已使民衆盼望與這一切相反的情形。他們已這樣相信，以為他們儘可運用他們的政權，以享受遞增的工資，改良的工作狀況與不斷擴張的社會服務所包括的種種物質福利；他們已將這些事情與國家的民主程序併為一談了。資本主義在惡劣狀況下未始不可暫時展延實行這些事情。但假使展延得長久了，只要資本主義與民主政治的結合繼續着，邏輯的結果便是資本主義的轉變。

法西主義起來把資本主義從這種進退兩難中拯救出來。牠大刀闊斧地廢除了民主政治，把無限制的政權交於那些主有和統制生產工具的人們。牠的辦法大致是差不多的。一切與牠宗旨不合的政黨都被壓迫了下去。自由的工會既被消滅，能工的權利亦隨之而去。工資或由僱主單方面加以減削，或經政府的許可而核減。自由討論的權利被剝奪了；選民改換其政府的權力也被收回了。而且這是饒有意義的，即那些主要的法西國家，牠們的權威一部分是建築在牠們與武裝勢力之協定上面——如我在上章所論者，這種武裝勢力乃社會上最高強制權力的中心——還有一部分便是把自己的黨人勢力武裝起來。再有，在現代情形下，自由既不外是供給眞實消息的一種作用，（註九）所以出版品，無線電，印刷業，電影，與劇院一概直接歸於政府統制之下了。在希特勒的德意志；甚且企圖把教會收做這種目的。還有那些攻擊新當局的人們，都是毫不躊躇地被送入監獄或上斷頭臺去。公務機關的中立性——資本主義民主政治的一個根本概念——也是老實被放棄了；擁護這種新秩序的一位知識分子解釋道，在一個嚴重的時期，官吏必須由『國家陣線方面可靠的老戰士』(註一〇)來充任。司法機關同樣聽命於各種法西的理想而不奉行法律的原則。一位著名的律師，竟能維護一九三四年六月三十日之悽慘的屠殺，說是合於公道的(註一一)。

在這些環境中，法西主義只要能夠得到國家武裝勢力忠心擁戴，就能夠把資本主義維持下去。只要這些武裝勢力靠得住，牠就能夠粉碎所有一切國內的不滿足。牠對待資本家的態度，是以滿足營利的動機，作爲國家政策首要之點。資本主義民主政體的各種問題是簡單地解決了，這便是將那種結合裏的民主因素勾消了事。至於法西主義跟着資本主義民主政治一樣表示對於大衆福利的關切，那是不相干的。希特勒先生告訴我們，宣傳之際任何意識形態，不論怎樣欺詐，只要達得到法西宗旨，都可以用之不疑；(註一二)而莫索里尼也曾解釋謂國家目的完成的時候，便是個人完成他自己的時候。(註一三)我們把法西國家目的之實際性質檢查一下，就明白這意思是指爲了資本家營利之需要，而犧牲日常勞動者。

我以爲這是深有意義的，卽在意大利與德意志兩國內，民主制度都是圓滿地撤消了，未嘗稍稍改變兩國內各階級的經濟關係。這一個事實最可以斷然表示出這些法西革命與俄國革命的不同。在德、意兩國，權力外表與實際間的矛盾之解決，非由於改變那些決定各階級間關係的法律原則，而由於取消了各種社會的與政治的制度，在先前的政體下，工人們便是從這些制度以求取得他們自認爲分所應得的讓步的；在蘇俄各階級間的關係是根本改變了，因爲牠使國家而非若干私人，成爲生產工具的主人翁。意、德兩國新政局的實效便是奪去工人們否認國家宗旨係屬適當的法律權利。社會生產品的分配，仍根據與政變前相同的各項原則。實際的不同便是對於控制分配的各項原則不容有爭鬪，也不容有自由的討論。

至於有人假如說這些原則係由國家之中立的仲裁所決定的話，我們一定回答說牠根本不是中立的。法西國家像任何其他國家一樣，必須遵奉牠的基本定律；而因爲事實上生產工具的私有制是維持着的，所以這些定律便是意指遵奉私有利潤的動機而行事。希特勒執政後第一年使他不得不放棄那些染有社會主義傾向的政策而走往右邊去的，便是私有利潤受了威脅的緣故。再有意大利法西國家對於工資之不斷減低(註一四)所以帖然無辭者，也是私有利潤受了威脅的緣故，一旦資本主義的定律規定了下來，那麼國家行動的重心必然是偏向於資本所有者的。若是改行其他不同的原則，這就與法西主義固有的性質不能相容了。

法西主義的重要教訓便如上述。近代任何歷史經驗都沒有這樣暴露出國家的本質的。牠的強制權力必須被用來保障某一階級關係的體系的穩定，這權力不能被用來改變那種體系的。這就是說每當社會制度的作用足以危害那種穩定的時候，國家就要以法律與秩序的名義來攻擊這些制度。但當牠這樣做的時候，牠必然也要保護該社會各種階級關係裏包含的那些特權利益。牠由於牠本身的性質規定，不能在各種階級關係中間保持中立。牠不得不有所偏袒，就因為牠是一個國家。牠的政府必須為那個經濟上操縱着全社會生存所繫的生產組織的階級效勞，好像牠的執行委員會一樣。

這點可以引一個美國的例子來解釋清楚。美國各公司聯合會下面的種種弊端，以及工人組織薄弱的各工業大僱主所行施的巨大權力，促成了一九三三年國家產業復興條例內訂立一款，規定每項工業內勞方得選擇任何人，以爲牠與僱主談判時的代表；從該條例推論起來，這就是指勞方如果有意，可由尋常的工會爲代表。大家知道僱主方面的反對以致該款實行時遇到極大的困難；而在太平洋海岸一帶，當碼頭工人已經大多數通過，推出運輸工會爲這種代表方式，而碼頭與輪船公司拒絕『承認』運輸工會的時候，一九三四年七月間舊金山地方就有一次總罷工爆發了。(註一五)

這番罷工經過四天就瓦解了，而牠所以瓦解者，就因爲州政府以法律與秩序的名義，用了全力來擊敗罷工的目的。至於罷工的人們是企圖取得法律有意頒給他們的一個權利，卻非所計。再有舊金山僱主們拒絕承認運輸工會，乃是存心規避法律加於他們的一個義務，亦非所計。最後，美國法律的前提原謂法律應該平等地無差別地施之於一切人等，不問其爲僱主或被僱者（因爲根據國家宗旨的定義，國家各法院對於他們是中立的），亦非所計。

一旦勞方收回了牠對於舊金山社會的服役，牠就使該社會的繼續存在發生動搖；總罷工的目的就在此。這是一種企圖，用了收回服役後的壓力，第一要使僱主們讓步，第二則逼迫政府出來着令僱主們讓步。再則，我們必須注意，舊金山事件的目的是要實現一個法律所賦予的權利。但總罷工，在牠的性質上是對於公共秩序的一種威脅，因爲牠停止了爲社會生活所必需的各項服務，而國家的目的便是要保持公共秩序。爲要保持秩序起見，所以牠必須保證各項重要服務的進行，換言之，牠必須使總罷工的宗旨無從發生效力。負有施行國家產業復興條例之責的行政官詹森(Hugh Johnson)說道(註一六)『總罷工便是對於社會的威脅，對於政府的恫嚇，便是內戰，與流血的叛亂。』他所以催迫舊金山勞工運動中的『負責分子』出來肅清他們中間主持總罷工的搗亂勢力。

那麼，這番局面裏牽涉到些什麼呢？僱主們只須繼續不承認運輸工會，也就是，規避他們明白的法律義務，他們可以保得住政府將出而干涉，將罷工打破。工人們如果不屈服就須與政府衝突；當然，與政府衝突是工人們從未想到的一樁革命的行動。我以爲推論起來很明白，即在任何國家內，凡是重要的服務係屬私有，而牠們的繼續性受到威脅的時候，政府就要出而干涉，運用牠屬下一切強制權力以保持那種繼續性；而要反對這種干涉，就唯有革命的一法。國家的干涉當然是用社會公衆的名義，但牠的實際影響卻分明是提供牠的權力給私有制驅使。這就是說，國家維持着一種階級關係的體系，這在實際施行上使牠自己依法頒給工人們的一項根本權利成爲無效了，而依國家中立性的前提而論，工人們是可以指望這種權利之合法有效的。這是饒有意義的，在舊金山能工事件中——這並非獨一無偶的例子——國家絕未採取什麼步驟以促成其合法有效。赤裸裸地說起來，當僱主們受到挑釁的時候，國家立刻像他們的隸屬那樣行動了。而從美國國家所根據的各項假定說來，牠照理不會採取任何其他的行動的。

舊金山的事情只是一個總論的一個例子而已。這個總論是很簡單的，卽一個社會內，凡是有階級鬬爭者，國家的權力將表現於主有該社會生產工具的人們那方面。有時候，鬬爭過程的性質是隱約的；例如當罷工之時，法院可依僱主之請，出立諭示，禁止工人在工廠附近阻人上工。有時候則是顯明的，像在舊金山事件裏那樣；國家的權力是現出在機關鎗與刺刀上面了。無論其爲隱爲顯，階級鬬爭之最後目的唯有奪取了國家乃能實現。因爲此外並無方法可用國家權力以促成各項財產關係上的一種斷然的改變。由此言之，一個社會內生產工具倘爲少數人所有，國家權力將被用來保護他們的所有權；因爲這便是法律的前提，而從法律的定義說來，法律便是國家的意志。

# 四

我們所達到的結論是那個嚴重的結論，即在一個社會內生產工具假如係屬私有者，則最有意義的主要事實乃是擁有生產工具的階級，與享不到那種所有權的利益的階級之間，奪取國家權力的爭鬬。我們的結論意謂國家永遠偏袒前者的利益；而國家爲他們利益行使權威的那些人除非迫而出此，決不肯放棄他們的利益。讓我再鄭重說一遍，那些人採取這種立場，並非出於純粹自私的理由。他們所以這樣做法，乃因爲他們在社會階級構造中的地位驅使他們認爲他們的特殊權利（他們根本不以爲是特殊權利的）即是社會全體的福利。

這裏所取的見解，自然要擾亂許多寬大的心胸的。牠認定了革命之不可避免性，視革命爲社會改革的催生婦，並且牠承認人類進化中有若干階段，其間人類不復根據理性來解決他們的爭議，而要從事於武力來決定最後的運命。這輩寬大的人士記得內亂時的恐怖，清教徒之亂（Puritan Robellion）的悲劇，法、俄人民在革命期間的受苦，以及因運用暴力而必然引起的仇視，嫉忌與殘忍。他們爲自己鄭重指出特別自從工業革命以來，人類物質環境上極大的改良。他們念及社會上比較幸運的分子，用慈善事業減除比較不幸的人們的災難，那一種深切的努力。他們想到我們現時代甚爲通行的那種給人不必要的痛苦的舉措，已逐漸引起更多的注意。他們講到一種較好的社會良心之養成，（可以我們對於國家職能的新態度爲證的，）富人自願接受高水準的賦稅，以及社會上機會之日益推廣。假如這些事情都能够和平地實現，那麼我們爲什麼定要說在現代文明下暴力依然是一種主要的工具，並不亞於較爲不開明的時代呢？爲什麼我們不能聲辯謂人類已更加深切地看到暴力之種種危害，所以他們將接受理性爲最後的裁判者呢？

我以爲這個問題的答覆是明白之至。就是說，徵諸歷史，各種和平地做到的重要改革總是在一個擴張的經濟制度下做到的。凡有擴張的地方，就是有安全的地方；而有安全的地方，人們就有時間與機會讓理性來做裁判。因爲有這種擴張的地方，特權方面所抱定的願望，並不因遷就了大衆的要求而受到損失的。在新的物質福利能够不斷地分給人的社會裏，妥協永遠是做得到的。只有經濟的收縮已到了這種地步，除非大變社會上的階級關係，就不能滿足各項要求的時候，社會就岌岌可危了。因爲社會關係的改變，即是觀念體系的改變，這番改變等於否定那些被迫放棄舊觀念的人們之所謂是非曲直，而這些是非觀念在他們看來是如同生命之意義一樣的。人們可以放棄他們不認爲根本重要的立場，至於他們認爲他們福利與有攸關的任何重要立場，則徵諸古今，他們以一個階級而言，曾未和平地退讓的。

這一點，只須將各項事實隨便檢查一下就能確實看出的。現在沒有一位文明人再維護奴隸制度了；但從前卻費了一場大戰纔使美國南部諸州相信這是一個不容袒護的制度。現在沒有一位文明人再主張對於宗教信仰之不容忍了，但歷次宗教戰爭便是證明我們爲了取得這種認識應付的代價。不列顛共和國(The British Commonwealth of Nations)以各分子間地位平等爲立國的原則，但該原則是費了三次內戰纔得到確定的。事實上，社會正義的重要原則，絕少幾個不要牠們的擁護人出生命來爭取的，雖然在我們看來，牠們顯然是正當的。試舉幾個最簡單的例子，如選舉權，法律上的平等，婦女解放，工作時間的限制，工廠中設置適當的設備，凡此一切莫非犧牲了人類生命而取得的。我們如今還在奮爭着，要確立工業界自由結社的權利。我們還在奮鬬着，要否認黑種人法律上平等的權利。就理性方面而言，我們大多數承認戰爭之無謂；但雖像遵奉國際聯盟會章與巴黎公約時對於戰爭之排斥，然而還存有一種信仰，以爲簽字國家認爲『榮譽』或『重大利益』與有攸關之際，運用武力是正當的。

而且當我們說我們必須信託理性這句話的時候，我們究竟何所指呢？我們要解決爭議的時候，應該信託誰的理性呢？是不是指我們知道常有偏袒常有錯誤之政府的理性呢？是不是指中古世紀一輩思想家非常尊重的社會中『居多數的清明的分子』（Major et Sanior Pars）之理性呢？但在任何一個期間，誰是居多數的清明的分子呢？是否即係多數人的意志呢？我們是否應該採取這個見解，（如我已經論過的，人們根本不肯採取這個見解，）說是少數人必須永遠無條件地屈服呢？假使這不僅僅指多數而言，我們何從發現那些清明的分子呢？在社會的事件上，清明也者不外是我們認爲判斷時適用的經驗之一種作用。清明的分子不見得就是任何一個期間的專家之決斷；因爲專家們既然常犯錯誤，而且社會組織立法方面的事情決不是全屬專家範圍內的事情。那麼在事實上，人事方面運用武力的權利之摒除，分析到底，豈非永遠是指對於現狀承受下去，迄至行使國家意志的那班人準備改變現狀的時候爲止呢？

據說在一個通行獨裁制的國家內，人們對於理性的義務，同在一個民主政體的各項通常假定得到人們接受的國家內，人們對於理性的義務，其間有一種分別。因爲在後述的國家內，人民隨時得以多數決議，改變政府的各種原則，也就是改變國家權力所致力的各種宗旨。在那種國家內，主張改變者的任務就是用議論鼓吹，說服多數人相信他們的見解。他們無權利運用武力，因爲他們不需要運用武力。

這些話顯然是不錯的；但那班將他們全部哲學建築在這種議論上的人們，便是躱避了我先前議論中包含的整個題目。若謂經合理的同意而成立的解決辦法永遠勝於用武力成立的解決辦法，這話算不得什麼大發現。即謂在一個民主的社會內，人們應該耐心忍受他們信爲大惡的事情，因爲只要他們能够得到多數的贊助，他們就有改變他們所反對的法律的法定權利，這話也算不得什麼大發現。據我所知，凡贊成我這裏提出的議論的人們，沒有一個懷疑這些見解是錯的。

當前的這個問題必須從一個不同的場合來解決。我的論點向來是完全不同的一個，即謂在資本主義社會內各項民治制度只要牠們行使得不致毀滅資本主義的基本涵義，即不致毀滅生產工具私有權下的階級關係的時候，牠們將被宣判爲正當有效的。我一向辯稱當民主政治企圖將那種私有權改爲社會公有的時候，資本階級假使力量能夠，就會運用國家權力來壓制各項民治制度。我所以辯稱，在經濟發展的現階段上，各階級間的爭議唯有用武力解決。我辯稱民主政治之維持不輟並非國家爲國家之固有的宗旨，這是意大利，德意志與奧地利的經驗所昭示我們的。這一種政體能夠維持牠自己的時間之久暫，全視乎牠對於一個資本主義制度下的各種階級關係之內在的需要有沒有衝突。唯有當一個資本主義制度一帆風順，能夠滿足工人們有增無已的物質福利要求的時候，這一種政體纔能與資本主義制度相結合。一旦資本主義不復那樣順遂，而轉入了長久的停滯不振的局面，使人明白牠當昔盛時享有的那種擴張已是一去不再有了，那麼牠就陷入了進退維谷的境地，非撤消牠固有的那些階級關係，便須撤消那些民治制度。

如今我們要答覆這番議論，不能說人人應該接受民主政府的定律，因爲牠們可以促成合理的，而非暴亂的解決。不消說得，他們應該如此，但問題是，他們在事實上會不會接受牠們。我們不難表明民主國家比較任何政體有更多的機會來實現社會的正義。但我們這裏論到的國家便非純粹簡單的民主國家，而是資本主義民主政治的國家。所以這是這樣的一個國家，牠的政治的涵義便是每個公民皆有獲得社會上物質福利的平等權利，同時牠的經濟的涵義卻由於牠的資本主義的基礎，因有營求利潤的必需，而限制了各公民取得物質福利的平等權利。因此當前的問題，並非放棄民主政治是否聰明或公正的問題，而是在資本主義收縮的時期，民主政治能否維持下去的問題。

由此言之，對於這裏提出的見解，真正的答覆是要證明這樣的維持是做得到的，凡是這一種普通的證明須得把幾個麻煩的事實對付過去。牠須得解釋在意大利，德意志與奧地利，僅舉最顯著的幾個例子，爲何那些歡迎法西主義的誠懇而正直的人們，竟會對於民主政治的正當性失卻信仰。牠又須解釋，爲何那種信仰的喪失竟與資本主義的經濟危機同時發生。牠又須解釋爲何法西國家似乎非用恐怖手段就不能維持，以及爲何牠存亡所繫的各項壓制差不多完全是對勞動階級的制度而發的。牠又須說明爲何法西主義之來臨，差不多一例是包括着各種社會服務的衰落或停止，勞動階級工業程度的降低，以及否認這些手段爲正當的一切批評之強力制止。除非這類解釋一一提了出來，我們殊難懷疑這裏所作的分析之正確性。

人們有時候說，講來講去，民主政治竟被推翻的國家，只是對於牠的制度經驗猶淺的那些國家。在經驗較深的各國，例如英、美、法、比、斯坎的那維亞，推翻民治制度的企圖都是迄未成功。這話當然是不錯的；但我們必須審慎地探索這裏包含的眞理。這至少是很有意義的，卽這些國家全都忠着民治制度方面的一番重視。這又是很有意義的，卽在這一切國家內，近年行政上都有一個顯著的特色，便是自由的削抑。而最有意義的，卽牠們全都不曾有一個秉政的政府，曾經設法用了民治的制度來修正各項階級關係的，這一點，到底便是對於我的議論之種種涵義的一個眞正的答覆。假如英國或法國或美國有一個社會主義的政府和平地將資產制度的基礎從私有轉變爲公有了，那麼所謂根本改革可用民主政治方式做到的議論就大大地強化了。

那樣的證據很本沒有，而且就是民主各國可供我們考慮的事實，反都使我們懷疑到另一方而去。法西主義對於法蘭西共和國的威脅是深切的；一九三四年二月事變結果使左右各派分開愈遠。美國勞動者在政治上至今猶無嚴密組織，不致嚴重威脅現行的階級關係；但羅斯福試驗中最可注意的事，我們必須記得，便是該總統在這次恢復資本主義健康，而非將牠取消的試驗中，無力制止各大僱主抵制他那些旨在給勞動階級以物質福利的辦法。(註一七)在英國，一個少數的工黨政府，雖並未企圖什麼社會主義的立法，已被指為威脅了經濟穩定的基礎；而那繼之執政的舉國一致的政府(The National Government)不僅是把擁護資本主義制度的各政黨熔於一爐，而且出發於那個假定(美其名曰犧牲均等 equality of sacrifice)，以為使牠上臺的那個危機證實民主政治要求取得的有增無已的物質福利應該停頓，或者說是撙節。

這些話還是言之未盡。資本主義民主政治所以尚存在於英國者，乃因為牠那番結合的有效性還未經過嚴重的試驗。我們所當注意者，即事實上一九三一年來的種種事變，使工黨愈加趨向於一種徹底的社會主義，而與這種趨向並行者，即保守黨黨員顯出一種重要的趨向，要疑問英國憲法向來根據的各項假定。如改組貴族院，使牠有權展緩通過工黨佔多數的衆議院所擬訂的社會主義的立法；已經束之高閣逾二百年的國王否決權（Royal Veto）的恢復；關於解散議會的權力以及加封貴族的權利，國王如能得到反對黨派的贊助，使議會同意於他的展緩之請，可以無須依照內閣的諮議行事；這些提議是非常有關係的。（註一八）這因爲每一個提議所擬的辦法都是僅僅對付工黨，而非對付牠的政敵的。每一個提議都是擬將各種憲法上的障礙物，放置在社會主義立法的途徑上，而並不阻撓一個反社會主義的政府之各項宗旨。

關於英國的局面還有兩點可說，因爲這兩點可以促成一個頗爲重要的普通推論。有人時常對我們說，（註一九）自由黨與工黨間宜有一種聯合，因爲雙方都是旨在維持民主政治的，聯合之後可以贏得選舉權力，藉此保障民主政治，不使受極端右派的侵犯。可是自由黨領袖們常常解釋說，他們雖然贊成大大推廣國家職能，但他們反對社會主義；換言之，他們不願運用國家的權力以改變階級關係的根本基礎。職是之故，要做到這種聯合，工黨將不得不擱起牠的社會主義的信念，而集中精神於自由黨的社會改良方針。可是這一個步驟又未必是工黨中多數分子所贊許的，誠以一九二四年來工黨經驗的全部教訓，指出任何政策凡不改動階級關係的根本基礎者，都是不够但我們不妨假定工黨願意，至少暫時如此擱起牠的社會主義信念，與自由主義的勢力相聯合，以求取得選舉的勝利。在我們當前的種種條件之下，這種選舉勝利之後，牠的目的究能實現多少呢？除非當牠就職時有一種迅速的經濟復興的話，牠勢不能舉辦任何社會改良的大計劃，因爲這些計劃的所費不貲馬上會造成一種局面，與牠一九三一年間失敗時候相同的局面。事實上，工黨假使出而辦理資本主義制度，牠必須老實接受資本主義的各項假定；而這些假定根本認爲在一個商業不景氣的時期，國家不能舉辦所費不貲的社會改良。這樣一個政府，牠當前的條件既不許牠實現牠藉此獲得政權的各項宗旨，我們殊難看出牠將何以長久保持牠的那些贊助者的信心。

而且即使牠登臺之際，佔着一個迅速的經濟復興之種種利益，牠也未見得能够大有作爲。根據牠與自由主義聯合時的條件，牠不能行使社會主義的政策。所以牠就不得不限制牠自己，只能從資本主義制度方面爲勞動階級覓取最大可能的利益。假使一個政策雷厲風行了，就有較好的住宅，較好的工作條件，改良的教育制度，進一步的工會活動等等，我們殊不必低估這個政策的價値。然而除非貿易復興是長久可靠的，否則恢復讓步政策的唯一結果不外是給工人們抱定的願望造成一個新的水準，而當下一次衰落來臨的時候，他們必然又要失望。事實上，不管將來是貿易的復興或繼續的危機，工黨假使接受現行秩序的各種假定，便等於接受資本主義與民主政治二者間的那個矛盾，如我以前所論，那遲早要使二者之一喪命的。我不相信工黨能在這些條件上維持下去。誠如選民本身從牠的一九二九年工黨政府經驗上得到的正確的推論，在長時期內，一個資本主義國家的行政事宜，倒不如交在信仰該主義原則的人們手裏來得好些。請工黨來管理一個資本主義社會，是像請一個新教徒做羅馬天主教教皇一樣地愚蠢的。

由此言之，這樣一個建議並不眞正解決得了這裏提出的中心問題。這問題是，讓我們再說一遍，從資本主義到社會主義的那番過渡，加上牠包含的各項階級關係上的一切變更，是否能夠在一個民治國家內和平地完成。我這裏的議論並非說，假如生產工具所有者準備恪守民主政治的各種涵義的話，那番過渡就不能和平地完成；那等於說假如民主政治進行順利，牠是進行順利的；

這算不得深刻的觀察。我所問的是，據我們往昔得到的經驗來看他們在事實上會不會恪守民主政治的各種涵義。我以爲我們所有的證據指出唯有最熱心的樂觀主義者纔能對於這個問題採取一種肯定的立場。要知道他不僅僅必須解釋，或者說是闢除，歐美諸國在大戰期間經驗的意義；他又須表明當一般人民對於國家應該依據的基礎意見決然不同的時候，國家的統一仍能維持下去。

不錯，做這種企圖者不乏能人；我們殊值得對於他們的議論仔細研究一下。格里高萊（Gregory）教授寫道：『假使爲了宣傳起見，西方知識分子要將法西主義視同沒落中的資本主義，那麼至少認清他們絕無一毫理由可以這樣看法。』（註二〇）他採取這種立場根據三個理由。第一，法西主義的本質是權威的；『資本主義制度的本質則爲企業自由與個人有經濟上自我表現的權利。』第二，『國家社會黨黨綱二十五則，與俄國共產黨信條二者間共通之處，比二者中任何一個與資本主義國家哲學間共通之處要多得許多。』第三，『假如資本主義正在崩潰之中，我們應在英、美兩國，而不在巴爾幹，南美洲或意大利尋覓牠崩潰的證據，因爲在後述各地，曾未有一個羽毛豐滿的資本主義制度的存在，至於這話對於俄國更爲適用，自不待言。』格里高萊教授解釋德意志法西主義的問題說道：『德國的社會與經濟制度蒙受了特殊的壓力，但那些壓力與資本主義各種固有的毛病根本不生關係。』格里高萊教授同意謂：『假如猝然間一個工黨多數派出來將國中經濟制度顛倒過來，則未嘗不會有抵抗，但這個所證明者，並非資本主義已經崩潰，反之卻是，許多人民依然相信着牠。』格里高萊教授結論說：『法西主義的發生絕不足資證明資本主義制度的崩潰；這僅是資證明在若干國家內，戰後的局面被認爲不滿人意，而且至少在某幾種情形內——例如德意志——縱令將自欺之處計算在內，非經濟的因素是與經濟的因素同樣有關。』

讓我們將這個議論逐一加以探討。當然，法西主義在本質上確是權威的，正像資本主義確是建築於『企業自由與個人有經濟上自我表現的權利』上面一樣。但我們所要研究者，乃法西主義的權威用在什麽宗旨上的。當我們發現法西主義消滅了自由的工會，保護了資本私有權，而且爲着利潤的獲得而減低了工資與勞動標準的時候，這自然不是違背邏輯地辯稱法西主義所關心的有『經濟上自我表現的權利』的個人，並非勞動階級中人。一言以蔽之，法西的權威是被用於保護資本主義所需要的那一套階級關係，而『西方知識分子』所以把牠看做資本主義沒落中的一種表現者，就基於這個簡單的理由，即苟不運用這種權威以爲之助，這些階級關係就不能維持下去。

再者，法西主義與共產主義黨綱間的類似之點，在口頭上，確是怪相近的，假使法西的黨綱在揭櫫之際是反社會主義和反工會的說法，牠就不會敢於要求勞動階級的擁護了。但我們不必從法西主義的存心來判斷牠，所重要者卻是牠的實際的設施。我想格里高萊教授不見得以爲做墨索里尼後盾的意大利那些將領（註二二）以及做希特勒後盾的那些德國實業家如胡根堡（Hugenberg）與崔孫（Thyssen）們，他們所以如此做者是因爲他們期望墨索里尼與希特勒會將政綱中共產主義的成分付之實施的吧。不消說得，法西政府確曾經干涉過『企業的自由』，但在德、意兩國那種干涉的性質都是資本家們爲了資本主義復興起見而作的干涉。格里高萊教授有權判斷謂這種干涉是走錯了路線的干涉；但當他研究那種干涉加於經濟制度與勞動階級的地位的影響的時候，他就無權推斷謂這種干涉是認眞的或者誠意的企圖實現法西主義之正式的黨綱了。

至於要我們判斷成熟了的資本主義，像英、美兩國那樣的，而不去判斷較不發達的資本主義，像巴爾幹或南美那樣的，這也無裨事實。因爲一種經濟制度的測驗到處是一樣的：這是測驗牠有多少能力去充分開發牠的生產力量之一切可能性。從那種測驗判斷起來，我們假如說到英、美兩國資本主義的『崩潰』，斷然不是不合理的說法。在英國二百萬人失業了，南威爾斯(South Wales)與東北海岸區(The North East Coast)等經濟區域荒蕪了，大宗輸出貿易如棉與煤，鐵與鋼與輪運業，宣稱牠們是瀕於破產了。其他各種工業都是籲請政府頒發救濟金藉得苟延殘喘；像這樣一種局面，而在朝的一個政府，是宣稱牠相信私有企業之必要的，這誠可頭腦清楚地稱之爲一種崩潰了。再有讀過羅斯福就職後不久發出的對於美國形勢之描寫文字的人(註二二)未有不是被迫應用一個與『崩潰』意思相仿的字來描寫牠的，假使他被禁止應用『崩潰』一字的說法。

格里高萊教授承認一個『猝然』性質的工黨多數，假使牠『來將國中經濟制度顛倒過來』，牠是會遇到抵抗的；但他將視這種抵抗不是一種崩潰的證明，而『反之』是證明大多數民衆對於資本主義的信仰。

我們殊不容易知道格里高萊教授所謂『猝然的工黨多數』究竟作何解法。選舉的勝利在失敗的政黨看來，大多是『猝然』的勝利。就戰後時期而言，路易喬治的政敵們對於一九一八年選舉便是這樣看法。工黨對於一九二四年與一九三一年保守黨的勝利也是這樣看法。難道一個政黨，牠的主要黨綱已有數十餘年成爲公衆熱烈辯論的題目的，一旦被選民們多數推選上臺的時候，便是一個『猝然』的勝利麽？或者這是看該政黨所得多數之多少，而決定牠的勝利之性質的麽？假使格里高萊意指後述的情形，我以爲這是明白之至，任何政黨除非有把握得到輿論方面的充分擁護，決不會自以爲有權利『將經濟制度顚倒過來』的——這是格里高萊教授對於社會主義政策的和氣的按語。這很清楚，一旦公衆不復予以擁護牠的政策內容就會完全不同了，因爲緊急的輿論反對將使這些政策的實施困難到辦不到。

不過對於社會主義政策這樣看法的心理態度倒是有趣的。這位教授應用的修辭意謂推行社會主義便是造成騷亂的嘗試，而且做這種嘗試的議會多數黨假使是一個『猝然』的多數黨

——不管『猝然』一字作何講法——反抗是在情理之中的。這裏很明白地，格里高萊教授接受了我的議論之整個關鍵。因爲他承認有這種可能性，在某種並不十分明定的環境下，人們將寧可鬬爭，而不遵奉民主的制度。但他這樣想，以爲他們寧可鬬爭，就證明資本主義並未崩潰，這點他是完完全全錯了。這個結論是與前提不相干的。一個原則，一個制度，一個觀念，並不因爲許多人深信着牠的眞理，寧願爲牠作戰的緣故，而便是正確的；一九一七年革命後俄羅斯有許多人願爲君主政體觀念作戰，但這並不能說那個觀念並未崩潰。而且一個社會主義政策的推行，在格里高萊教授那樣的超然而且批評的心胸看來是『將國內經濟制度顚倒過來，』那麼揆之情理恐怕比較有所偏袒的那些依附該制度的人們，更未必會以和平所賴的那種善意來看待一番社會主義的實驗了。

格里高萊教授的辯護辭最後主張謂法西主義的種種緣由不能溯之於資本主義的崩潰，因爲牠們是表現着一個大戰後的局面，這在某幾個國家裏非經濟的因素是像經濟的因素一樣重要，而且像德國，那些『特殊的壓力是與資本主義固有的毛病毫不相干的。』這裏，我們必須切實認識格里高萊教授在做些什麼。他建設了一個概念上的資本主義，牠的性質在每一個社會內是有賴於『自由企業』與『個人有經濟上自己表現的權利』兩個原則之實行。這個概念的資本主義，純粹的資本主義觀念，自是不同於一切現行的資本主義社會的，因爲在那種概念下，每當自由的企業或者自由的經濟上自我表現被立法或習俗所障阻或限制的時候，結果發生的毛病不能歸之於資本主義的實行，而當歸之於背離了資本主義的緣故。至於這個粹純觀念的資本主義從來沒有存在過，而且我們設想不出在什麼政治環境裏牠會有存在之一日，這卻非這位教授所計。適如理想主義者認爲現實各國的設施不宜被據以批評國家之爲國家，所以格里高萊教授以及與他思想相同的人們，一樣認爲資本主義各國的設施不宜拿來批評純粹理論上的資本主義國家。這因爲他們已經用了他們永遠不會被迫驗諸事實的各種範疇，將後述那種國家的概念規定了下來。照這種見解說來，一切國家干涉，不論是有利或不利於資本主義者，都是背離了典型；而干涉之種種效果，所以也不能邏輯地歸之於典型的作用。

但假使我們假定，像我們在人生中不得不這樣假定的，說是資本主義就是資本家所做的事情，那麼我們必須將資本家利益控制的那些國家之習慣，視爲資本主義的特徵。職是之故，當資本家運用國家權力來保護他們利益的這種事情，其發生並非例外，而是極爲普通，像現代經濟國家主義與干涉主義的趨勢所昭示我們者，我們就必須假定謂這種事情是現代形態下的資本主義之本質使然。要知道一個觀念全視乎牠變成什麼，而不在乎牠原來想成爲什麼。一套動性的繼續發展的觀念像資本主義者，不能按照牠最初各階段的習慣永遠地牢釘下來的，猶之一位博物家能够把牠送入博物院陳列的標本永遠地牢釘下來一樣。再者，假使資本家當他們的安全大成問題的時候，他們運用國家權力的方式便採取了法西主義的色彩，如是，則我們除卻認爲二者是因果關係以外，不能有其他結論。資本主義遇到了艱難情形，就利用資本家在任何社會內的優越地位，行使國家權力專事壓制牠的敵人。爲了使牠可以恢復牠的利潤獲得的各種環境得能保全起見，牠就進行那些辦法，如減低工資，取消工會，禁止罷工等等，牠相信這樣可以促成那種恢復的。但當牠進行這些事情的時候，牠就將社會投入了法西國家的掌握中了。

我們要鄭重聲明的卽在這番分析裏，我們絕未假定謂非經濟的因素沒有助成德意志或其他各地法西主義之生長。歷史的唯物論並不像格里高萊教授所想像的那樣是一個一元的歷史構成論。我們所須說明的無非謂經濟上的困難給了法西主義生長的基礎，苟無那種經濟的困難，則其非經濟的因素將始終是有趣味的意識上的奇特性，不會有能力用了國家權力來逼迫人們接受法西主義的。大戰前的德國國內不少所謂『種族主義』但只有像馬克缺價那樣深刻的經驗纔能使一個清醒而有智慧的民族加以重視。按任何文化模型的一切不同的因素間具有一種交織的相互影響，是乃馬克斯（Marx）與昂格爾（Engels）在他們理論分析上隨時鄭重言之的。（註二三）歷史的唯物論所主張者，不過是說經濟的因素規定了那種昂格思所謂『基本的必然性』，其他一切觀念都要在牠的結構之內才有意義。反猶太主義並非一個全屬經濟的現象，但無論何人研究了大戰後德、俄兩國的比較的經歷，他除掉用經濟的字眼來解釋兩國政治情形之不同以外，我以為他是不能解釋清楚的了。一言以蔽之，格里高萊教授企圖將歷史的唯物論納於一個簡單的公式，說是唯有經濟的原因可以解釋各種事變，這種企圖正是這位批評家誤解了他亟於駁斥的那個主義之又一明證。

## 五

讓我們就在這個背景裏，揭開牠似乎包含的關於國家性質的那個理論。開宗明義，我們先要提醒我們自己出發時所立的那個定義。據謂一個國家便是因爲擁有一種強制的權威，在法律上高出於爲該社會一部分的任何個人或集團，而結合的一個社會。(註二四)由此言之，國家乃一種行使權力的特殊方式。牠所以爲特殊者，就因爲牠是最高的，並且牠所以爲特殊者，又因爲牠是強制的緣故。社會上任何其他權威，除代表國家者外，都不能行使一種相同的權力。說得粗暴些，唯獨國家纔有這種法律權利可以殺可以囚禁牠的人民，並且可以運用牠的武裝勢力逼迫人民承受牠的決議。當然牠通常並不這樣行使牠的決議的；至少在普通情形下，人們自動服從牠的意志，無須牠行使什麼武力的。但那種武力永遠潛伏在那裏，只要國家權威一受挑戰，牠就可以呼之卽出。

如我已經指出，這種國家權力不得不由人來行使，而那些負責行使牠的人們便組成了國家的政府。他們的職務便是運用國家權力以達到國家所以建立的各項宗旨；而如我已經所論及，這些宗旨大概說來便是給予牠的人民之要求以最高可能的滿足。從這點推論起來，國家權力的根據，以及在正式法律範圍外行使強制權威的權利，是以滿足人民要求這個責任爲條件的。再者，我又說過，國家宗旨的履行，唯有當牠的舉措是無所偏袒的時候纔能做到。對於人民的歧視是不能辯護的，除非能够證明這種歧視能够給予被歧視者以及表面上蒙受利益者同等的好處。

以上所述似乎使是我們必須從而出發的各種假定，其理由我在本書第一章內已經提出了。這些假定所形成的一個國家概念能够被歷史經歷所測驗的。因爲當我們看到了各國實際上怎樣行事的時候，我們對於牠們的性質就有一種洞察，可以闡明我們所根據的各項假定了。假如我們能够發現使國家設施必然有所偏袒的各種情形，這種發現至少可爲改革牠們的一個手段；換言之，牠使我們知道國家無所偏袒地行事之後，怎樣能够最高可能地完成牠的宗旨。簡言之，我們種種假定的範疇乃是一個實驗的範疇。我們必先知道，然後再判斷牠們付諸實施的途徑，牠們實施的結果，藉此知道牠們是否完成了我們期望牠們做的那些期望。

在本章內我始終辯稱任何現實國家的性質，可以牠特有的那種經濟的階級關係爲主要的說明者。因爲當我們知道了那種階級關係的時候，我們也就知道所以運用國家權力的那些實在宗旨了。我已說過，國家所做的事情便是將那種强制權威供該社會內主有生產工具的那個階級的驅使。要使社會能夠自謀生存，那些工具是必須利用的。牠們愈被充分利用，社會就愈有豐富的生活。但那些工具的充分利用並不一定是一種公平的利用，公平與否要看那種所有制度下的階級關係，是否容許生產品有一種平等的分配而定。至於本書的論題始終謂國家的職能是要保護任何期間某一種階級關係之一切涵義。這樣做時，牠就保證了生產的繼續性，這對於社會生活的維持是必要的。但這樣做時，牠也就保證了那種階級關係下包含的生產品之有差別的分配。

我已經指出每一個社會內各經濟階級間都有一種鬬爭，要爭取較大的物質利益，也就是爭取較多的生產品的分配。任何社會內，生產的力量既然有賴於和平，所以國家必須維持法律與秩序以達到和平之目的。但這樣做時，牠必然是維持着牠所代表的那種階級關係內包含的法律與秩序。換句話說，在封建社會內，國家所維持的法律與秩序便是爲保全封建原則所必要的法律與秩序。在資本主義社會內，國家維持着爲保全資本主義原則所必要的法律與秩序。在蘇俄那種社會內，生產工具是公有的，蘇維埃國家的法律與秩序就被用來實行這種公有制下面的分配事務。

這就是說，國家永遠是供社會內擁着生產工具的法定所有權利的那個階級之驅使的。牠所訂立的法律便是爲他們利益着想的法律。牠維持的所有權便是他們的所有權。由此言之，假使一國內所有者爲少數人，法律便是偏袒少數人之利益的。假使所有者爲社會全體，那麼法律便是偏袒整個社會之利益，而也許是不利於某一個人之特殊利益的。

我又已指出一個社會的那一種階級關係何以是形成社會普通意識的重要因素。舉一個例，在一個建築於自由勞動上的資本主義國家裏，各項宗教理論將與一個建築於奴隸勞動上的資本主義國家，染上不同的色彩，被加以不同的解釋。就拿基督教來說，其始不外是被壓迫階級的一種宗教，牠所揭示的理論是與奴隸制度不相容的。但牠歷史上很早就開始收容了奴主階級中人做牠的信徒。假如牠堅持主張他們必須解放他們的奴隸，作爲信教的條件的話，牠就要促成一番經濟革命，不相容於當時生產制度內包含的各種關係。這樣一來，凡是以維持奴隸制度爲利益的人們就要視牠爲仇敵；而這種敵意既然還有羅馬國家全部強制權威爲後盾，牠勢不能被他們所敵視。所以牠解釋謂奴隸以服從主人爲義務，並且辯護牠這種違背原來態度的行動，說是第一、奴隸制度爲一種純屬外在的標記，與國家信教後取得的得救不相關的，以及第二、凡屬奴主都有善待奴隸的責任。經過這些調整以後，牠的被羅馬帝國接受爲官定的宗教就很圓滿了。再則，牠自身既然變成了一個強大的組織，擁有不少財產，這些財產的價値又全靠着奴隸們的經營，所以牠原先反對奴隸制度的情緒就益發隱而不彰了。

那麼我們不妨說在任何社會內，主要的生產工具假如操在私人手中者，國家的權力就同等於私有財產的權力。我們每逢這種典型的社會，我們總發現國家權力的行使終究是操在那輩人手中。他們決定了法律的內容。所以國家權力應爲什麼目的而運用的問題也經他們解決了。既然他們對於那些目的之概念，將由他們在階級關係網內的地位而決定，他們將設法從這個網內取得他們所能取得的最大的物質福利，這就是他們的善惡觀念所由建築的基礎；而且他們要將國家法律制定得可以保證他們取得那種物質利益。但其他經濟階級既然都要這樣做法，所以任何善惡概念凡有社會上最高強制權力，也就是國家，爲其後盾者，就會控制那個社會。職是之故，凡建築於這種階級構造上面的任何社會，都必然含有一種奪取國家權力的鬬爭。因爲凡取得牠的人們就能够將他們的善惡概念勸令其他人們接受。

我已經指出這種善惡概念並非固定不變的。我們的知識日增，於是我們的生產方法有改革，我們的生產能力亦有進步。各項階級關係必須適應那種改革與那種進步。因爲這二者規定了人們自以爲有權從那種生產制度盼望取得的東西，並且人們將以爲牠們在任何期間的全部願望就等於公道正義。再者，很明白的，在一個階級關係網中，凡處在相同的普通地位的人們將抱有相同的普通願望。所以他們將具有一種利害的團結，一種相同的正義觀念。他們在階級關係網內所處的地位愈是分離得遠，則他們的正義觀念也愈加相差得遠。而且這些觀念既然永遠在爭取領導權，所以國家在人民間所能維持的統一要看牠們分離的程度而定。一旦分離太甚以致相反的見解之間無妥協之可能的時候，國家的統一就被打破了。不消說得，打破國家統一，就是中斷和平，停頓有規則的法律程序。統一的打破又阻斷了生產程序，使社會生活岌岌可危。這種情形發生的時候，國家統一就非恢復不可，而欲圖恢復，則唯有重新肯定國家的各項宗旨（假使鬭爭勝利者爲先前行使政權的人們）或者另行規定那些宗旨（假使勝利者爲他們的政敵的說法。）

唯有階級鬭爭的那種矛盾纔能打破國家的統一。其他一切對抗，無論爲宗教的，民族的，人種的，凡促成公開的衝突的，可以改動政府中的人物，但決不會打破國家的基本統一，而將階級關係另行規定的。南美各國情形始終無甚改變，雖然牠們政府之革命變動，相繼不絕。德國希特勒的勝利，只是政府的更動而非國家的改變；牠這種革命在本質的意義上，並不同於一七八九年的法蘭西大革命，或一九一七年的俄羅斯大革命。這因爲，就希特勒的勝利而言，在他攫得政權以前與以後，德國始終保持着同樣的階級關係；換言之，在本質上，牠並未實際變更各項國家宗旨的定義。

法蘭西與俄羅斯兩個大革命正是做到了這種另立定義的工作。廣言之，法蘭西大革命肯定了有產者分取生產過程下的產物之權利，不管他們出身貴族與否；俄羅斯大革命，廣言之，肯定了勞動階級分取生產過程下的產物之權利，不管他們是不是生產工具之所有者。法蘭西大革命運用國家權力，取消貴族階級的特權，而達到了牠的目的；牠組成了一個新的法律平衡，其間所有權爲所有權便是各項權利的基礎。俄羅斯大革命運用國家權力，取消生產工具的私人所有權，而達到了牠的目的；牠將所有權的權利從個人轉移給了人民組成的一個國家。由此言之，法蘭西大革命．運用國家權力以維護一種善惡概念，這概念是爲着生產工具所有者之利益的俄羅斯大革命也運用國家權力以維護一種善惡概念這概念也是爲着同樣的利益的；但就俄羅斯大革命而言，不管維護的手段是否得計，牠那種利益是同等於國家全體分子的利益的。

這話無疑是眞實的，卽國家永遠聲稱是一個中立的公斷人，不偏不倚地求取社會全體之福利的；牠企圖解決生產制度内固有的矛盾之努力，至少在名義上，永遠說是要求取社會全體之福利的。但這裏的分析假如是正確的話，則當生產工具爲一個經濟階級所有的時候，那種中立性的聲稱永遠是靠不住的。要知道政權作何用法既係由所有權決定，則所有者苟爲少數人，政權運用者亦必爲少數人。他們的善惡正義，是非觀念，將着色於國家的一切設施。國家既將私人所有權維持在少數人手中，牠必然地不容其他人等獲得所有權的產物。國家乃一個法律工具，要使私產所有者對於生產資源的權利要求，高出於那些不擁私產者的要求之上。根據這個觀念，只要生產工具並非社會公有的時候，在關於物質福利的各項事件上，國家是永遠不能中立的。

再有一點我們不妨重申一下。每當被擯於所有權的全部利益以外的那個階級認爲可能做到的生產力量之開發，被國家所維持的階級關係制止了不得實現的時候，階級的矛盾——就是各經濟階級對於社會生產品如何分配辦法的意見參商——就要成爲社會的衝突。政府人員方面可以因爲其他情由而起革命，但國家之中唯有因爲上述的情由纔會發生革命。職是之故，在任何國家內，那個不得享受所有權的充分利益的階級，假使牠的物質福利得到一種繼續的增進，那裏我們預料不會有革命發生的。只有當那個階級盼望的物質福利，經了一個時期，未得在牠認爲可能實現的水準上實現，又當牠將那種失望與國家所維持的階級關係連繫起來的時候，那時我們應該預料有革命發生了。任何階級凡是意識到了那種連繫，將從意識到的時候起，向着奪取國家的路上前進。因爲奪得之後，牠希望可以另行規定制度，以實現牠自信應當得到的物質福利。換句話說，一個階級希望從奪取國家後來推行牠的正義觀念。

這種見解曾經共產黨宣言(The Communist-Manifesto)中一句名句發揮盡致。『現代國家的執政者，』馬克斯和恩格爾這樣寫道，『簡直就是經理布爾喬的平常事務的一個委員會。』這句話裏的涵義是大可注意的。國家可從兩個觀點來看。一方面，牠看來像是一小部分人，有最高的強制權力爲後盾，發施命令給社會中其餘的人；另一方面，牠像是，頗有類於理想主義者所想的，貫澈社會四面八方，無孔不入，驅一切制度與人民，爲牠的目的行事的一個勢力。這兩種形相只是一個程序的兩方面。國家爲頒布命令的一羣人的委員會時，牠所關心的根本就是規定爲生產方式所依據的那些關係；而國家爲這種普遍貫澈的勢力時，牠規定一切制度與人民對於那些關係應取的行爲。是故我們應該從國家程序的內容裏尋出一切社會習慣之最後的解釋，那裏一切習慣影響了生產方式所產生的種種關係。國家關心與那些關係有關的一切行爲，並且設法控制這一切行爲，使牠隨時無背於統治階級的利益。

## 六

如上的這一番分析，在許多研究政治的人們看來，也許是否認了他們認爲現代國家的根本經驗的種種。把歷史解爲階級鬬爭的璺璺成績，把國家看做不過是任何期間統治階級的工具，把一切法律說是在本質上染着那個統治階級的利益的色彩，這對於我們社會組織的各項原則是深深地曲解了。我們被告訴說，人類追求着比較前代承襲下來的傳統的組織更佳的一種局面，而造成的變化之紀錄便是歷史；對於國家的正確看法便是把牠看做促進理想的一個構關。我們知道有許多政治家鞠躬盡瘁，至誠至公，以爲國家盡力，那麼爲什麼假定謂節鬥努力的結果是維持了一個階級的福利而非整個社會的福利呢？不管以前時代的法律是甚麼情形，現代的法律假定謂一切人民在法院前都是平等的，而例如英國當代法官的清正不阿與獨立不倚乃全世界所讚賞不已的事情。任何現代國家不會將人權壓制在財產利益之下，這可以拿現代立法的全部性質來表明的。當國家正切切關心於我們食品的性質，兒童福利的保護，工業不安定下失業者的保障，教育機會的規定——這一切服務都是化着少數人，即納稅人的錢，——這時候把國家看做階級工具真是修辭學上的誇詞了。

這還不够，晚近一世紀中已看到各無產階級地位上有那樣顯著而且不斷的改良，那麼靠着我們日有進展的征服自然，以及日見深刻的社會良心，我們可以希望將來將有更大的改良。我們再不妨注意國家怎樣地爲了社會的利益侵入了商務企業，鐵路、銀行、無線電等等的範圍，那些在昔日都被看做私人營利的合理的範圍的。我們隨時隨地爲了普通消費者的利益而削抑獨占事業。我們禁止工業中工資過低的勞動。各項立法，如工廠法，工人賠償法，工作時間限制條例，以及工業程序中禁用含毒原料等等，全都表明國家關心要將私人營利壓制在公共福利下面。輿論既然日見開明，我們可以預料那種關心亦將日見發達，而牠的日見發達，將使國家有一種有增無減的趨勢，要使牠自已從偏袒社會中特殊利益的立場裏解放出來。職是之故，我們把現代國家各種職能分析得愈是深切，我們愈不致於認爲牠的舉措行事不過是階級敵對的表現。

這一種見解的動人觀聽是無須我多說的；但牠的動人處遮蓋不了牠所患的毛病。牠未嘗解釋爲什麼人類對於社會正義的觀念一時代到一時代要有變遷；爲什麼，舉一個例，奴隸制度見容於一時代而不見容於另一時代。牠完全沒有引起注意到這個事實，即牠鄭重言之的那些得益，都是必須經過蒙受其益的那些人的一番苦鬪的。這費了六十年的辛苦奮鬪，纔使國家應爲人民初等教育負責的觀念在英國確定成立；而專家意見認爲智慧發展上必要的高等教育，能夠蒙受其益的人數至今仍是稀少得可憐。(註二五)我們對於工作時間已經加上某種限制；但試舉幾個顯明的例子吧，商店夥計，家庭僕役，和農業勞動者的地位依然是深深不滿人意的。工廠法與工人賠償法至今仍是僱主與僱工間衝突的舞臺，縱或不及十九世紀的如火如荼但其生動逼眞則無以減；實體的差別是我們如今不再爲原則而戰，卻是爲了牠的實行之水準與性質問題。(註二六)我們約束了工資過低勞動與貧民窟；但關於何謂工資過低與貧民窟狀況，意見上依然相差懸殊。(註二七)我們用了失業保險與公共協助將失業者維持在某種生活水準上面；但他們自己所述這種維持下的生活情形，將使任何觀察者不免深切感到不痛快的。(註二八)

事實上，我們可稱爲一種社會良心的養成者，不過是階級鬭爭帶來的對於既定願望的觀念改變。生產工具的所有者受了那種鬭爭的逼迫，不得不在某幾點上，有時甚且在重要的幾點上讓了步；不過他們只放棄了外邊的防線，並未退出中央的重鎭。社會內取得物質福利的有效的手段依然無異於資本主義制度原來的情形——便是，財產的私有。各種正義概念依然不得不在那個基本定律所規定範圍內發生作用。當我們被告訴說是我們無此財力將離校年齡提高至十五歲的時候，我們正在開始一場新的軍備競爭；(註二九)當恢復一九三一年經濟減削的時候，我們卻有額外稅納稅人的要求；當停撥住宅補助金的時候，我們對於造船業甜菜糖業與牧畜農家卻有大宗的津貼（這些津貼發給時都沒有對於其中僱用的勞動者的工作狀況加上什麼限制；）這當然很明顯，可知各種價值的矛盾，其深刻並不亞於往昔任何時代。所改變者只是矛盾中心所在的各項宗旨。至於矛盾依然是在那裏。

再者，牠的決定也依然有賴於各經濟階級左右國家行動的那種力量。而當國家是被那個利用生產工具以達營利目的的階級所統治的時候，我們殊難看出除了這種目的所包含的考慮以外，尚能有任何其他考慮，來決定我們的社會良心所許可的事情。一個經濟擴張的時期無疑將推廣社會良心的界限；但戰後期間的歷史斷然表明牠的界限已隨利潤的收縮而收縮了。換句話說，只要一個社會的各項法定關係是旨在保護牠的階級構造之涵義的時候，那個構造的必然性將規定我們的社會良心能夠展開的界限。如我設法表明者，這些界限的伸縮性已經德、意兩國的經驗表示得明明白白，而要變更社會良心的界限的話，唯一的辦法就是變更那個規定牠們的階級構造。

講到這裏，很值得把法律上平等的觀念檢討一下，這是最極端的例子，足以表示一個號稱有普遍性的原則，怎樣在牠的實施上被那種遵奉該社會的基本定律而行事的必要所窄狹化（即喪失其普遍性，）在該社會內牠形式上是被當做有普遍性般實施的。我們不必聲辯說一切法律都是階級鬬爭的產物。這是明白之至，有許多法律，例如關於商務事件者，以及更多的關於程序的法律，所代表的原則是與階級鬬爭風馬牛不相及的。但我以爲，這同樣是明白之至，即階級鬬爭這個觀念在每個重要關頭貫澈着那些法律觀念。叛變法除被解釋爲保護現狀以防反動外，就不可解了。我們說這是法律與程序的一重保障；但牠所保障的法律與程序，乃是維持着一種特殊的階級關係以防推翻的威脅。再有我們各法院遇到工會案件所取的態度，除被解釋爲表現出一種心理，這心理從未擺脫那種信仰，即相信工會便是危害一個建築於生產工具私有制原則上的社會之平衡；除被這樣解釋外，牠也就不可解了。美國各法院遇到勞資爭議而運用的禁令（註三〇）(Injunction)，便是階級戰爭的一個武器。美國最高法院對於社會立法的態度，泰半建築於那個半自覺的假定，如牠的偉大的法官霍爾姆斯曾經提起的，（註三一）即謂第十四項修正案（The Fourteenth Amendment）已將赫伯特斯賓塞的社會靜學（Social Statics）一書訂在憲法構造之中了。英國貴族院——牠並不違背牠自己的決議案——已在羅伯特與賀浦武德(Roberts V. Hopwood)(註三二)案中決定了各項法律解釋的原則，意謂一個依法得給付『牠認爲適宜的工資』的地方當局，必須『合理地』運用牠這種任意權；而『合理地』也者跟着又被解釋——或說是蹦除——爲意指不得較當地該類工作通行工資水準多逾一成以上的工資。推事巴利(Parry)已經昭示我們早先對於工人賠償條例的各種解釋足令牠的旨意完全無效，因爲牠們都是出於司法界憎惡集團主義立法的心理，這種心理在一個資本主義社會內是很容易瞭解的。無論何人考慮了拿破崙時期的謀叛審判(註三三)或是晚近一二十年來美國『自由言論』獄的環境，(註三四)就不難主張謂司法界不能超越他們所處社會中的階級構造。

我們也決不要忘記這個事實，即人們利用法律給予他們保護他們權利的機會時，財產是一個決定的因素。涉訟法院的能力，縱然法律上有扶助貧苦的辦法，至今仍是一個嚴重的金錢問題，至於法律的民事方面，更有牠的森嚴的各級上訴制，富人是斷然佔着便宜的。廣言之，僅當接受法律機會的價錢能够平等償付的時候，纔能有法律上的平等，而現在並沒有什麼公道辦法來糾正這種不平衡。在我們這種階級關係的社會內，那種不平是根本固有的。而且那些階級關係又包括這種普通定例，卽那些最精幹的律師僅爲一輩力能出貲的人所僱用。凡是功成名遂的律師——這在英、美制度下，司法官多半從其中選任的——一生都是消磨在主持我們社會上統治階級之利益的。所以自然他照例是抱着該階級的觀點，他的智力泰半也是爲該階級所用了。勞動階級把律師職務看做保守主義的一種保護機關，確是很有理由的。(註三五)

事有必須說明者，我絕不是責難律師或法律制度的善意。我只是說，一旦他們經營的那個社會的各項定律包含了不平等，他們所發施的影響大致是傾向於維持這種不平等的。而且，像我們國內的情形，法律旣有那麼大部分根據着判例，所以律師的心思自然以承續過去爲念而不欲離開過去了。法官所定的法律絕少是新穎的法律，除非像大理院長霍爾特(Chief Justice Holt)和曼殊斐爾勳爵(Lord Mansfield)所訂的法律，牠應付的一種局面是很少甚或絕無先例可援的；而每當那位法律家像大理院長馬雪爾或愛賓格勳爵 (Lord Abinger) 在普利斯特里與福律(Priestley V. Fowler)案中那樣，(註三六)遇到了私產權利岌岌可危的試驗的時候，他的行動的重心總是傾向於擁護這些權利，而不是攻擊這些權利的。從來法律改革的大運動，泰半起於法律界以外的人，或者像邊沁(Bentham)那樣雖爲法律界一分子而與之關係極淺的人，其理由便在於此。一個法律制度職在使該社會各項定律發生作用，假如牠反使牠們發生了根本的轉變，那眞是奇事了。

自由主義的思想家常常提出兩重意見來否認上述的情形。他們辯稱現代的國家，特別是那種民主的國家，乃一個法治國(Rechtstaat)；牠是以法律統治爲根據的。並謂這種法律統治不僅可以約束普通的人民，抑且可以約束那個行使國家權力的政府，那輩司法人員是與行政當局分離的，獨立的，庶幾乎法律可以大公無私地行之於事理以及人民。

但法治國家的觀念是一個純粹概念上的觀念，這是一個屬於本質而不屬於實在的範疇。牠使一個國家的統治人物受他們制作的法律之約束，但牠仍使他們可以運用那些主管的機關，以制定各項法律。希特勒的國家是與英國或法國或捷克一般無二的一個法治國家，意思謂獨裁的權力是由法律命令頒給這位元首的。英政府是受各項法律規則如人身保護命令(Habeas Corpus Act）等等的約束，及基塞爾旅館（De Keyser's Hotel）一案（註三七）所規定管轄物産權利的各項原則的約束；但牠有權遵照『非常權力條例』(The Emergency Powers Act)（註三八）在牠認爲適當時，將上述一切法規停止執行。牠能夠犯下嚴重的違法事件，像阿布利安（O'Brien）（註三九）案中那樣，決定謂依照賠償條例（Act of Indemnity），牠不應因此受罰。法治國家的觀念總要被這樁事實所修正，卽國家能秉其主權，改變法律的內容。在形式上，主權的本質裏是含有合法的絕對主義的觀念的；而在一個危機中，法治國家旣定願望的各種必需，對於牠的統治者認爲那個危機所昭示的各種必需總是要退讓的。不消說得，一九一九年創訂魏馬憲法的那輩人士，沒有一個預料第四十八條會被用做建立希特勒國家的基礎的。

我們也不必否認司法權與行政權分立的價值——我相信這價值是極大的——而後始能看出牠的重要性在這方面是確實有限制的。這因爲第一，法官必須經常應用的各項學理是由他們所解釋的那種立法授予他們的；而在一個資本主義社會內，那種立法是表現着那個社會的各種基本宗旨的。第二，法官是由行政權力當局所任命的，而法官們在國家內的權威愈大，則執政者將愈加愼重，務使牠委充司法職務的人物的一般態度，大致上是牠所能夠信賴的。無論何人只要將美國最高法院人選任命的歷史分析一下，就能夠證實這個結論的正確了；擬議的那位人物對於各項政治與經濟問題的態度總是他當選與否的重要關鍵。（註四〇）而且事實上，做律師的人常是有產階級中一分子，所以他事事總是同情於該階級的一般見解的；（註四一）英國工黨在這方面遭遇的困難是人所共知的。凡是法官『自由考慮』主義成爲一定制度的地方，像歐洲大陸的情形，牠在法律解釋上總是發施一種極其保守的影響，這點是很有意義的。（註四二）

若要充分領會司法權與行政權分立價値所以有限的意義，我們値得談一談美國最高法院的運用，因爲世界各國經濟發展之受司法判決影響者，概不及美國之甚。無論何人檢討了該法院最初五十年的歷史，就可以從弗列吉爾與貝克（Fletcher V. Peck）（註四三）和達特毛斯大學（Dartmouth College）（註四四）兩案爲最著的那類判決中，窺見該法院的態度了。按在那些案件中，法官們都是旨在保護私產的特殊利益，使之不受各州立法機關的侵犯，各該機關被牠們的選民的經濟困難所迫，而通過了通貨澎漲，減削債務，以及取消各項財產權利。這個由馬雪爾卓然發軔的司法國家主義時代，顯然是表現出聯邦主義者努力要保證商業繁榮的各種條件，俾不致被那些因革命戰爭而貧困的人們所干涉。這點可以闡明基邦斯與阿格登（Gibbons V. Oglen）（註四五）一案中那個商務條款以及憲法中『契約義務』（Obligation of Contract）條款裏最高法院的見解。

這最初五十年代表美國歷史上一個工業社會模型方在出現之初的一個時期。該階段必要的工作，是由馬雪爾暨他的直接繼任諸人完成得很好。從一八三〇年直到內戰，最高法院必須做的事情，只不過是將牠已經規定的憲法主義的各項條規付之實施而已。真的，牠對於西方各項土地與貨幣制度實驗的態度，表明牠把私產的特殊利益，和差不多是基本法的觀念併爲一談了。（註四六）斯高特（Dred Scott）一案的判決書表明工業與農業資本主義間的爭持仍有待於解決。（註四七）但當這種爭執一旦已明白決定以後，像在山麥地阿（San Mateo）一案（註四八）以後的情形，就可以昭然看出，尤其是在法官費爾特（Justice Field）的裁判中看出，該法院的主要動向在於保護日趨擴張的工業之各項必需，即使牠的判決是像郭脫（Choute）在樸羅克與農民信託公司(Pollock V. Farmers' Loan and Trust Co.)一案中所稱『將使六千萬的大隊的公民爲之怒髮冲冠，』亦所不計。(註四九)到了一八八〇年最高法院便已變成經濟的放任主義之熱烈主持者了。

牠繼續如此者有二十餘年。在這個期間，牠的最大目的無非是使企業經營不受州政府或聯邦政府的限制干涉。牠形成了契約自由，適當的法律程序，警察權力合於情理等等概念這一切都是要保護商人，可以毫無阻礙地追求他的利潤。斯密士與恩姆斯(Smyth V. Ames)(註五〇)雇主義務(The Employers' Liability Cases)(註五一)，洛煦列與紐約(Lochner V. New York)(註五二)樸羅克與農民信託公司(Pollock V. Farmers' Loan and Trust Co.)(註五三)這些案件的判決都是表明在當時主要的經濟型態下，法官怎樣選擇了各項定律，來建築他的結論。這些裁判之有關法律而無與政治，正可以闡明在一個資本主義社會內憲法不可避免地要適合資本主義的各項需要。

而且這是值得注意的，該法院最近三十年間的歷史並未改變牠的工作的根本重心。美國人民對於龐大的資本主義的種種設施，所抱的那些懷疑與躊躇之處，那種加以管理的企圖，像施行修孟法（Sherman Law）那種限制托辣斯的運動，甚至像法官霍爾姆斯所抱的（註五四）對於司法控制立法的懷疑，莫不反映在該法院的判決詞中。牠已經低首於參戰那種非常大變之前，又已經低首於大不景氣之前，雖較國會來得遲緩，帶有試驗性質，但牠已經低首了。活躍的共產黨運動之出現，使牠深深激動像企業界所受的激動一樣，但較有節制。（註五五）牠顯出資本家不明白和平主義者能够同時是熱心愛國者的那種特徵。（註五六）牠承認雖然遲疑地，（註五七）羅斯福立法的合於憲法。無論何人檢討了該法院最近三十年間的工作，而特別是最近十五年間的工作以後，我以爲將有意做一個籠統的結論。他將感覺到美國與年俱增的對於一八六五年至一九〇〇年時期那種無約束的資本主義——反映在該法院裁判裏的一種資本主義——的抗議聲浪，如今已經透進這羣法官的心胸。但牠尚未知道怎樣把一方面的資本主義的各項需要，與另一方面的社會管理的各項需要，交織成一個和諧的憲法結構。近三十年間只有兩位法官是抱着一種哲學見解來應付這個任務的。法官霍爾姆斯對付牠，是根據這個原則，即一個立法機關所要求的事情必須給牠如願，除非牠的願望是顯然違背了憲法之明白意旨的；（註五八）再有法官勃蘭德斯對付牠，是根據這個原則，即一個資本主義構造是可以展開的，只要牠的各單位爲型不大，能够根據公共利益加以有效的約束。（註五九）但這兩種哲學能否解決美國資本主義陷身其間的那些嚴重的矛盾，仍須靜待後效呢。

我所以這樣分析美國最高法院的態度，並非因爲牠與其他各國法院之態度有什麼不同的緣故。恰巧相反，我所以分析牠者，正因爲最高法院的特殊職能使牠不得不制作各種明白的假定，那在其他各國常是規定在實際立法之中的。而且在該法院歷史上昭然若揭的一椿事實，便是牠的法律的內容是不會與人生的內容相差太遠的。法律與人生二者都受相同的壓力之支配；二者的形式都被社會最後的經濟背景所決定。換句話說，法律從來不是置身局外那樣不偏不倚的，而且從來不是對於可能發生的結果漠不關心的。恰巧相反，各法院正是那種戰局中的一個基本的工具。牠們形成了社會的輪廓，只是比立法機關或執政機關來得較爲疎闊一些，也許因爲牠們是較不直接一些；但牠們是奉行同一宗旨的。牠們使階級矛盾的結果發生實效，而這種矛盾是形成了他們工作的環境的。

## 七

所以，說到最後，若要否認本書所根據的議論，必須能夠表明現階段的階級關係並未阻礙社會充分運用牠的生產力。假使有法子表明資本主義永遠能夠從牠的危機裏尋出一條走得通的路，而且自從一九二九年來全世界深受其殃的一種不景氣，不過是到復興之路上的一番逗留，而非膏肓重病的一種症象，那麼很明白地，復興以後就可以造成一種新的生產平衡，其間勞動階級的物質福利要求將在一個高的新標準上得到滿足，而跳出資本主義制度當前的矛盾。我已經辯論過了，凡能夠做到這一點的地方，勞動階級是不致企圖另行規定社會上的階級關係的。唯有當一個階級在牠的立場上深信在現行的階級關係之下，那個高的新標準雖然隱約地可以望見，事實上無從達到的時候，於是纔會發生革命了。

設法證明那種復興是做得到的企圖，具有好幾種方式。有一派思想企圖證明不景氣之所以發生，是由於我們未能遵照資本主義各項定律的要求行事；唯有回到那些定律上去，我們纔能做到復興的條件。在一個資本主義社會內，經濟福利之條件是一個嚴格的放任主義的政策。

這個理論的弱點在於牠的完全抽象的性質。牠的資本主義是非資本家們的資本主義，而是屬於一個理想的世界的，至少在我們的生平這世界是從未類似過我們所知道的現實的世界。不僅牠的那些建議在性質上是革命的——因爲我們殊難明瞭我們怎樣能够不經過一塲革命，而可以放棄現代國家所有一切社會的責任——而且牠們都是以達到政治安定爲條件的，這個我已經說起過了。(註六〇)但我們要達到政治安定，決不能離開社會的經濟狀況，因爲政治的安定乃社會所依據的那些經濟的因素之一種作用。那輩放任主義的經濟學家告訴我們，說是他們理想中的資本主義可以產生我們所求的那種新的平衡，只要我們付出牠的實現所需的代價。但既然(一)那種實現的代價便是放棄晚近三四十年間的社會立法之類的東西，而且既然(二)那種立法，無論怎樣不智，終是我們經驗到的現實的資本主義施行之產物，我們按之情理，殊可懷疑人們是否願意付出這筆代價。

另一派的思想在研究態度上比較實驗些；像沙爾得(Sir Arthur Salter)與肯尼斯 (Keynes）所鼓吹者，牠以爲一種規模宏大的國家實驗與統制，就可以使營利的動機受制於我們的需要之下。牠特別指出各種新式企業發達的意義，其中最可注意的便是公營的公司，一輩私有財產者變做了一個股票持有人，甚或變做了若干年後付訖本利的一個股票持有人，並無權利參加管理那個企業的。只要推廣國家管理的範圍，彷彿照羅斯福總統應付他的工程的樣子，那麼我們便可以有把握進入一個經濟福利的新階段。（註六一）

歸根到底，這種論調是建築在幾個有趣的假定上面。第一，牠是建築在這個見解上，以爲在各階級的經濟鬭爭裏，國家能夠做一個僅僅關心於全體福利的不偏不倚的公斷人。所以牠從這種見解推論起來，以爲一個社會的各項經濟定律並不把國家推到那些定律所指示的方向上去的。牠又推論到法律有力量跳出資本家的利潤慾，可以照牠的淵源與程度而把牠分爲『善』與『惡』，『過分』或『合理』各種範疇；至於範疇則由不偏不倚的國家之判斷決定。牠看出要回到放任主義時代的舊習慣是不可能的，但牠假定資本主義與社會主義間有一個中庸之道的可能性，由國家爲了全體利益來主持，而不必改變階級關係的根本構造。

我已經舉出各項理由，說出為什麼我以為這種見解是與我們必須對付的各種事實不相容的。牠假定可以有一個不偏不倚的國家，能够超出牠須用力量來解決的各種階級矛盾，這在現實界是毫無根據的。按我們現社會的性質而言，也許有些國家願意為了社會和平起見，比較他國出更大的代價；但再進一步的事實我們就拿不出了。經濟學上的『善』與『惡』不能適用為假定的那種範疇；牠們在經濟學上，意指『有利可圖』或『無利可圖』。任何人考慮了資本主義的歷史，包括牠的帝國主義的形態在內，將覺得難於相信，牠的內在的營利動機，竟會突然接受牠過去全部歷史上曾未接受的各種倫理的限制。我以為這種對於倫理的限制的要求，有一個制命傷的弱點，就是牠認為這些倫理的東西是與經濟過程不相關連的，而非這種過程的作用所產生的。倫理上的正當者永遠是與經濟上的可能者息息相關的。我們開發非洲的歷史斷然足資證明這一點。我們曾經訂了委託制的各項原則，以保障該處土人的利益；但一旦在土人保留地上發現了黃金，我們竟可以用盡人類的理智，尋出各種理由來侵犯那些保留地。我們竟可以騙得我們自己相信土人應該接受我們的觀點，即我們最所關心的乃是他的福利。（註六二）難道那些在一九三〇與一九三三數年之間改變了肯耶（Kenya）地方土地政策的整個重心的人們，能够眞正可被信託將國家運用爲一種公正不偏的工具的麼？

但那些人是誠心誠意的；他們是在盡力做事；他們是眞心爲着全社會的福利的。不消說得，他們是這樣的人，並且在這樣做事；假如有人以爲我懷疑政治家們的動機，那麼此書之作完全是白費了氣力。我的論調是大不相同的一種，我認爲善惡的觀念決非絕對的，而永遠是與經濟環境相關連的。我又曾論過，在這種環境裏每個階級在經濟制度裏行使的任務，將大致形成牠的善惡觀念。這樣論法便是否認有一個公正不偏的國家之可能性；因爲這是不憚贅言的，一旦物質福利的要求權有所不同，則擁有生產工具的那個階級，無疑地確信牠自己是爲着仁施的宗旨的，就能運用國家權力來推行牠的觀念。但這樣運用那種權力並不會使社會中並不擁有生產工具的那些人生出同樣的確信的。

再者，這第二派思想的論調，並未眞正答覆了這裏提出的理論中包含的那個根本的辯難。我的理論始終說，每當一個社會的階級關係使牠不能分配生產過程下的產物的時候，那些物質福利的願望不斷地遭到失望的人們就要設法改變那些階級關係；我又主張說，除非所有權階級自動地退讓——歷史上最爲罕見的事——結果的形勢將爲一番社會革命，我並沒有主張說那番革命是必然會成功的；我僅僅說革命的企圖是不可避免的。

我相信資本主義的歷史如今已進入這一個階段，階級構造與可能生產率之間的這種矛盾，已不是現行的社會秩序所能解決的。因此我並不接受羅斯福總統所下的診斷，他說我們現在的種種困難，皆由於若干商人的反倫理的設施；他根據這種假定行事，便以爲除去那些設施以後，就能恢復經濟機體的健康。（註六三）我也不像肯尼斯那樣相信，（註六四）以爲一切大規模的公營企業都有一種內在的趨勢，會得造成一種倫理的習慣，將私人利益壓制在一種抽象和客觀的社會福利之下。

我們的困難無疑是出於深刻的原因，不像上述這些理論所說的淺。路易喬治曾經講過：『我們的經濟制度一定有些根本的毛病因爲豐富反而造成了稀少。』（註六五）那正是我們必須從而出發的主要事實。我們的生產能力是大大的增進了；單舉一個例子吧，國際勞工局局長告訴我們說：『假使該國（美國）一，三五七家皮鞋廠中有二〇〇家全日開工，牠們就能够滿足現在的全部要求，而其餘一，一五七家儘可以收歇了。同樣地六，〇五七個無煙煤煤礦中只要一，四八七個就能够生產所需要的全部煤了。』（註六六）任何一國以及大多數工業程序都有與這相同的情形。這使我們有了廣大的無業可得的人口。這驅迫我們從賦稅項下津貼全部實業，以限制牠們的生產率。這驅使我們如醉如狂地不顧一切地向國外尋覓市場，像日本之於滿洲，竟干冒與半個世界開戰的危險以求達到這個目的；而爲了保護國內市場，不受外貨侵略起見，這又驅使我們走上經濟國家主義，以致自一九二九至一九三二數年之間，各資本主義國家生產額減少了百分之三七。（註六七）這不是像過去那種不景氣所造成的一番暫時的現象。牠在英國持續了已經一十四載；使是世界各國中技術設備最爲良好的美國，不景氣亦已歷時五稔，今日（註六八）尚無耐久的改善的表示可以看到。

據國際聯盟的調査（註六九）說，我們的局勢是自有現代統計以來任何期間無此前例的；甚至那些並不懷疑我們階級關係所依據的各項普通原則係屬適當的觀察者也這樣說。數年前倫敦時報（註七〇）上寫道『這是仍屬疑問的，不知道所增加的生產是否能够永遠吸收得掉那些被撤的工人是否馬上有新設的工業來僱用他們，這是大成問題的。換句話說機械軼出了人類的貽禍將至什麼程度，以及社會情形的調整是否刻不容緩，都要等着瞧呢。』而這個『大成問題』的問題發生的時候，正是不問我們的生產力量已有極大增進，勞動的所得，亦卽工資與薪給的部分在戰後期內始終不斷地跌落的時候；（註七一）這一種矛盾具有何等意義，當無待我之贅言。

這還沒有說盡。一輩對於現制度無疑抱着善意的保守的觀察者告訴我們說，卽使失業的人都被吸收了，他們所生產的商品，以實際市場的消費能力而論，將怎樣銷去，實屬談何容易。講到美國，據倫敦時報駐華盛頓的訪員告訴我們，『假如僥天之幸，竟能回復三年前最高的生產額，現在一千二百萬的失業大衆中間仍將有百分之四五無工可做；』（註七二）該報又稱英國失業大衆倘被吸收，『不過是促成一個新的危機。』（註七三）羅賓斯教授（Professor Robbins）以一位深信正統思想的信徒的全部權威告訴我們，不問個人生產量的新標準是怎樣，而從事於工作時間之減少是不成爲救濟辦法的，除非工人願意接受工資之再減。（註七四）移民也不復是一種救濟辦法，因爲沒有一個國家再願意負起增加失業人數的重擔。這種局面的嚴重性曾經麥唐納向下議院毫不含糊地表白過；他警告該院說，即使繁榮回復，英國仍不免要維持『大隊的男女，爲數或有一二百萬，這些人在我們的社會裏無論在那方面說來，都是多餘的廢物。』（註七五）

這種局面的涵義在本質上明明白白是革命性的。我殊不以爲這輩人士提出的是正經的救濟辦法，像潘雪（Lord Eustace Percy）所主張的回到一種比較簡單的生活，將運用政權以求經濟福利的權利，換取促進宗教情緒的特殊權益。（註七六）還有那位著名的法國政治家所主張的國家職在制止各項發明的利用，『以免機器吃掉了人類，』（註七七）我也不相信是抓到了問題之中心；希特勒政府已經着手這種政策，但善於經營的企業家殊不以之爲然。（註七八）這眞是荒唐，以爲造成了全部現代文明的科學，如今竟應該自認爲人類的仇敵。假使現在的階級關係使我們不能有效地利用各種生產工具，像實際上便是如此，那麼我們除了改變那種階級關係外，別無他法。而且因爲我們的工業社會組織嚴密的緣故，所以這一種改革不是枝枝節節可以做到的。我們不得不滿足數百萬男女已經抱定的期望，他們是把他們那種『工業廢物』的地位和現代機器的生產可能性兩相比較的，我們不得不滿足他們，因為要記得肯尼斯那句名言的意義，他說人們不是永遠靜靜地挨餓的。

肯尼斯還有一句話在這裏也是有無限的意義的。他指出資本主義的根本性質限定牠必須比較任何其他制度來得格外成功，然後牠纔能保持人們的信心。(註七九)我們現在發生的懷疑，正是這種根本的懷疑。資本主義在擴張期間是能夠保持這種信心的，因為牠的成功使牠能夠表示寬大，須給政治解放，給予人民一種似乎是與牠的發展相當的生活程度。資本主義在危機期間就不能夠做這些事情了。更有甚者：既然人們對於牠的根本懷疑愈趨愈甚，牠就不得不用暴力脅服來代替先前的和平協議。既然牠自己的安全處於動搖地位，牠就愈加要靠國家權力來規定一種行為方式，這方式在半世紀前是被大多數人民視為事之當然的。但如我已經討論過的，經過了一個時期，凡是建築在武力壓制上的制度，假如要保持自身的安全的話，必須能夠把牠自己轉變為一個使人心服的統治，要知道安全永遠是經濟福利的先決條件。

危機中的資本主義若要得到這種安全，唯一的辦法便是發明一種新的意識形態，使人們心滿意足於牠在衰落期内的物質程度。但新的意識形態不是可以平空發明的。像我設法表明過的，這些意識是與新的階級關係一同生滅起落的。如果有人說法西主義就是這一種新意識形態，那麽我以爲這個答覆就够了，因爲法西主義非但遠不及此，而且仔細檢討之下，證明牠不過是一個雜湊的垃圾桶，其中包藏着各種各樣内容懸殊的哲學之殘遺。

這一點從那些領袖們本人的宣言裏可以明瞭。墨索里尼那封信是大家知道的，他在信裏要求皮安岐（Bianchi）爲該運動立一個存亡所繫的政綱；（註八〇）而那些抄襲黑格爾與索勒爾（Sorel），柏格遜（Bergson）與馬基耶弗利（Machiavelli）的雜拌兒並未給牠一個理論的地位。一九二一年的時候，法西主義主張共和政體，國際軍縮，沒收教會財產，以及沒收龐大的戰時利潤；牠要求土地撥歸農民，工業統制權撥歸工人與技術家的工團，牠擬議取消證劵交易所，解散各銀行和有限責任公司。（註八一）牠是仇視各教會的；（註八二）牠是決計要墨索里尼本人寫道，『掃除這些命定必毀的廟宇。』（註八三）牠口口聲聲堅持謂實際設施必須和這個理論亦步亦趨的。我們簡直沒有指出的必要，如今牠絕不是共和制，牠並未稍事軍縮，牠對於土地與工業財產絲毫沒有動手，牠不僅與羅馬教會訂了一個協約，許該教會管理婚姻以及許多教育事務，而且牠如今，用墨索里尼自己的文句，(註八四)視宗教爲『人類精神的最深刻的表現之一種，所以不僅應予尊重，而且應該維護與保護的。』折穿了牠所有一切辭藻的修飾，意大利法西主義簡直只是迫人服從一個旨在保護現行階級關係的國家。

德意志的情形亦沒有兩樣。那裏也有着一古腦兒消化不良的理論。有的是種族主義，有的是別開生面的關於基督教意義的理論，有的是嶄然新穎的關於法治國意義的概念。(註八五)那裏有弗德爾(Feder)的著名黨綱，是一九二〇年通過的，是一九二六年所宣告爲不能改易的。(註八六)不勞而獲的收入應該取消；利息那種『奴隸制度』應該打破；一切戰時利潤應該充公；一切托辣斯應該收歸國有；一切大公司應該遵照分派利潤的原則；公家需要的土地應該無賠償加以沒收。但在希特勒沒有上臺的時候，他早已私下解釋這個黨綱是僅爲『外交手段關係』提出的；一位有錢的資本家被告訴說，(註八七)『我們必須學那忿恨不平的社會主義勞動者說話，……否則他們就對我們不放心。』希特勒在他的自傳中寫道：『德國人做夢也沒有想到，假使要得到大衆的服從，必須把人民領到錯路上去。』（註八八）一旦國社黨大權在手，他們黨綱內一切假面具都卸下來了。在第三德意志像在意大利一樣，他們關於國家種種新宗旨的門面話是滔滔不絕的；但除了牠對於猶太人的攻擊以外，希特勒政府似乎根本沒有想要干涉社會上現有的階級關係。

總而言之，一經分析，法西國家不外是一段不高明的神話。等到辭藻上必要的大吹大擂演完以後，我們永遠看得出資本主義的根本基礎——生產工具私有制——是始終沒有搖動。國家在形式上是有了一番變更，赤裸裸的獨裁更代了議會的民治，但也盡在於此了。那裏也許有一種主張，墨索里尼的『國家爲一個絕對者的概念』的無數變化之一種，說是個人必須隸屬於社會全體的福利。但當我們檢討了這些高論的內容，就可見得牠們只是一件外套，用來遮掩新當局意識上的貧乏的。法西主義是像任何其他制度一樣必須表明牠是勝於其他各種行使國家權力的辦法，能夠更加充分地開發生產組織之可能性。然而從牠的歷史看來，牠並未給人這種證明，因爲除了牠的修辭以外，牠是換湯沒有換藥。既然牠是建築在生產工具私有制的維持上面，牠就『包羅着』——（Implicates）用威廉詹姆士（William James）的名詞——現行的階級關係構造而牠那樣比議會民主政體更爲強暴更爲有聲有色地運用國家權力以統制那些關係，照牠所訂的各種假定來說，是不能尋出新的宗旨來運用這權力的。一個國家的本質並不因爲採用了一種新的術語而有變更，同時以新方法達到舊目的也不會變更這些目的之性質。

那些方法也不是新的。運用武力以壓抑反對政府者在世界歷史上是很老很老的一種技巧。運用這個方法的有東方的專制魔王，希臘的暴君，能夠指揮軍團的羅馬皇帝，統治中古時代意大利城市與日爾曼小郡的諸侯。這種局面裏可稱爲新的也許是新當局信誓旦旦的旨在消滅墨索里尼所稱自由之『臭屍』而就此把至少從希臘時代以來，向爲人類行爲的最高貴的動機的那種東西結束了事。可稱爲新的也許還有若干外國觀察者竟有能力從法西主義的經驗裏發現一種足以爲人事開一新紀元的創造的綜合性。再有我以爲也是新的，至少從十六世紀以來是新的，便是那種堅持主張，說是人類理智必須不分皂白地帖然信仰於一位領袖，而這人的意旨與行事是不容他們檢查的。在這時期以前，這已成爲西洋文明的普通的假定，即與普通人商量，讓他有報告他的經驗的意義之自由，乃達到賢明的社會行動之一條正當途徑；因此推論起來，有沒有能力滿足那種經驗下的期望便是各國適當與否的測驗。在法西主義新當局下面，既然否認那種經驗爲正當，抑且否認那番測驗之可以舉行。我們被邀回到一個信仰時代，這種信仰的正統性的佐證，並非要求以神意爲憑藉的一種神學（註八九）而是殘酷無所底止的一種暴力。我以爲這是大可懷疑的，究竟這樣一個信仰時代所必需的種種條件，是否具有能夠維持一個耐久社會秩序的性質。

# 八

我們現在可以試作幾個積極的結論了。假如這裏所作分析是正確的話，我們可以跟着說國家的本質在乎牠運用強制以施行主持政府的那部分或幾部分人們的意志之力量，因爲國家的權威是由政府付諸實施的。同時政府的意志又是被社會內階級關係的性質所最後決定的。假如生產過程下生產品的分配對於各個不同的階級是不同的和不平等的，那麼國家權力總是要被用在保護生產工具所有階級的利益。那種所有權的性質將決定那些保證生產繼續性的規則。牠又將決定當那些規則被違背的時候，法律與秩序應爲什麼目的而保持。牠將以牠給予社會的最後的影響，形成與法律秩序之保持相關連的一切制度的行爲。所以牠將擬訂一個觀念系統，藉使人民相信牠所奉行的那些宗旨的完成卽是社會的福利。只要牠是一個成功的經濟方法的時候，牠將能夠贏得人們接受牠的觀念系統。當牠開始失敗的時候，牠的觀念系統以及牠的善惡概念都要見得不很動人了，而且假如牠不能令人相信牠有再告成功的力量，——這是牠利用牠的生產方法的可能性之一種職能，——則見擯於那個私有制度，不得攫取經濟權力的一輩人，就要設法改變那個制度了。

我已論及，那些人要這樣改變的話，必須利用國家的最高的強制權力。他們必須運用牠來另行規定那個私有制度，意思也就是另行規定該社會的階級關係。這就要改變法律之最終的宗旨，按法律關於財產事件，永遠要將法律權利頒給某種分配生產品的方法。在任何制度包含的那種權利背後，是有國家的全部力量供牠驅使。國家使法律的空洞的權利成爲實在，就因爲牠滿足了法律的要求。每個國家的性質所以是被牠所滿足的那種權利決定的。這權利貫澈了並且着色了社會上的一切關係。

這個見解絕不因爲晚近七十年間西洋文明親歷的種種變遷而有遜色。我們已經目覩消極國家變爲積極國家，或者用一種不同的說法，我們已經目覩十九世紀的警察國家變爲二十世紀的社會服務國家。我已經論及這番演變中的重要原則，即一向是各經濟階級間爭取國家權力的爭鬭之一種作用。變遷乃是一個資本主義社會爲了保持生產工具私有制而不得不償付的代價。從事實的佐證來說，牠當牠償付這種代價而同時能夠滿足生產工具所有者的權利要求的時候，牠始終是願意償付的。但當資本主義的利潤要求與社會服務國家的費用之間發生了一種矛盾的時候，社會服務國家的各項假定也必然要被攻擊了，因爲若要繼長增高地實現牠們，勢將使資本主義爲之破產。

但社會服務國家形成之際，已經產生了若干觀念，人們願意爲牠們鬬爭的觀念。正如資本主義當飛黃騰達的時期產生了政治的民主制度作爲牠給予牠所推翻的那個制度之最後的答覆，所以社會服務國家產生了社會的民主制度觀念來答覆一個似乎只重財產的消極國家或稱警察國家。到了十九世紀後期，我們喚做資本主義民主政治的那個奇特的綜合體就成爲西洋文明下大多數人民所接受的理想。牠成立了政治的平等。牠給予牠各分子，運用政權來改良物質環境的權利。他們改良物質環境的方法，大概便是利用國家徵收賦稅的權力，頒給他們自己種種好處，爲他們工資所得所不能自給的種種好處。他們漸至於自認爲有權從國家得到這些好處；而且那個經濟制度的生產力量既在擴張之中，他們漸至於自認爲有權得到遞增不已的好處。

如我已經解釋的，資本主義民主政治當牠在擴張的時期內是進行得很圓滿的。但如牠的種種假定不變，牠永遠必須能够有利可圖地出售牠的貨物。一旦牠不能獲利，那麼賦稅的來處，以及頒分的種種好處都是勢必減落，除非資本家情願放棄他們的利潤的要求。但這種要求既然是資本主義民主政治所根據的那種假定，既然——換一種說法——在那種社會裏通行的善惡概念是建築於這種要求的正當性上面，則非減少這些好處，即須改變社會的種種假定。而且既然在西洋文明的廣大領野上，人們已慣常將政治的民主制和牠的全部涵義，認爲即是最理想的國家形式，大多數人將願意見牠繼續下去。資本主義社會如果不屈服於大多數人的要求，便須運用國家權力來取消政治的民主制。取消以後，牠就能够維持資本家的利潤要求而無須滿足一輩選民所要求的繼長增高的生活程度。換句話說，當資本主義的經濟的寡頭制和牠的民主的政治基礎間之矛盾暴露出來以後，這種矛盾在可能做到的地方就從取消這種民主的政治基礎而解決了。

這種演進的意義之認識，在政治哲學上並非是新近的事情。亞理斯多德早就明白地看到牠；（註九〇）當哈林頓（Harrington）把經濟權力為政治權力的性質之先決條件這句話作為他的政治體系之基礎時，（註九一）他也看到牠了；麥地孫（Madison）說『黨派之分唯一永久的起因在於財產』（註九二）這句話的時候，他的政治見識之基礎也就是牠。亞歷山大亨密爾頓（Alexander Hamilton）堅持主張謂民主政治與一個商業階級的統治是不能相容的時候，（註九三）他是不錯的；而當馬考萊（Macaulay）警告下議院謂普遍選舉制將毀傷私產之安全的時候，他說得一點沒有過火。就是階級戰爭導源於資本主義經濟這個觀念，也有一個長久光榮的歷史，直自西思蒙第（Sismondi）（註九四）和聖西蒙（Saint-Simon）（註九五）以降；實在的變遷是在於這個兩重的事實，即這個觀念隨馬克斯與恩格爾成為一種運動，並且隨資本主義的衰落，這種運動成為一個準備為牠的原則作戰的軍隊了。我們對於牠的邁進不免驚心者，一半因為我們久已習慣於擴張期中的資本主義，一半由於——一樁新而可怕的事實——我們知道假如我們使用了科學所發明的種種武器，牠們的毀滅力量竟可使我們文明之構造掃地無餘。

這樁事實我現在不去管牠，不過在本書最後一章裏，我將論及牠所包含的若干推論。這裏只須指出資本主義民主政治的問題——除非渺茫的經濟復興竟然到來的話——惟有取消資本主義或則取消民主政治乃能解決。前者爲一個經濟革命，後者爲一個政治革命。前者便是包含生產工具的公有制，而非私有制；而在這番轉變裏又包含着階級關係方面的一番改變，接着也就是社會上其他一切關係的改變。這就是我們生活方式上的一個革命，其深刻性可以比擬十六世紀的那些改變或十八世紀末貴族政治崩潰所引起的種種改變。至於取消民主政治就不會牽涉這種階級關係上的根本改變。但牠在另一方面將不許人類中間的大多數享受我們久已習慣的種種福利，我們久已認爲資本主義生活方式存在的主要理由的那些福利。這很明白，這種不許是要付一筆重大代價的，而且這也是明白的，結果國家將靠牠所能運用的武力，而不靠牠所能得到的自由服從，以行其施政。

但這裏成爲重要的乃是這些推論所產生的那個國家論。讓我們先從消極方面來表示牠們。

我們辯稱國家不是超階級的。牠並不超越各項特殊利益，並不代表社會整個福利。牠並不是傾向於滿足牠的人民之欲望的。人民爲了保持他們身爲道德動物的尊嚴而不得不要求的各項權利，牠並不設法使之實現。牠維持法律與秩序，並不把牠們當做人類要求最大滿足所必要的環境牠並不使牠運用的武力成爲合理，牠那種武力並非用以服務一個社會，視其中的男女對於人類所能希望獲得的共同福利是有平等的權利要求的。

那麽根據這個見解說來，國家是什麽呢？牠是最高的強制權力，用來保護任何社會內各項定律所包含的種種後果的。那種權力是由政府以國家名義行使的，因爲國家當然非由人來經營不可。假如國家的各項定律是資本主義的話，按照邏輯說來，國家必然是保護一個資本主義制度所需要的種種後果的。這並不是說國家將保護思想家腦海中製造出來的一種資本主義的理論的概念。這只是說國家將保護資本家們提出的各種社會福利觀念，在一個他們的利益首須滿足的社會內，那些觀念是必然的推論；因此在一個資本主義社會內，國家權力將與資本家的社會福利觀念站在一條線上。其中儘可以有與那些觀念相參差的地方，而且竟可以容忍那種參差的意見；

但那種不同的意見，若要成爲社會行動的重大原則，唯一辦法便是將社會的資本主義基礎改變。而那個基礎既係國家所維持的，必要時運用武力予以維持的，那麼跟着說來，反對方面若要轉變社會的基礎，就非奪取國家不可。

正就因爲這椿事實，所以現代國家裏軍隊應該僅對政府負責，是這樣的意義重大了。因爲只要他們對於政府的忠誠之心可以無問題，政府大致上能够將牠任意決定的決議，推行於一般人民。按現代情形下，一般人民都不是武裝的，而且沒有方法像國家那樣大規模地武裝起來，因此凡與國家決議參差反對者永遠是處在守勢的地位；一切現代革命的成敗，所以繫於軍隊態度者亦即在此。而在資本主義國家內，軍隊幹部必須大多數屬於資本家階級分子者，亦即在此；那些分子的意識形態通常可爲他們忠於政府的保證。這話對於一個共產國家當然也是正確的，我們可以注意蘇俄革事人民委員從蘇維埃軍隊中高級幹部共產黨黨員比例的遞增而覺賞他的黨。(註九六)再有德國亦然，希特勒黨徒中發生了一番鬬爭，爭論軍隊究應爲離開他們黨的力量之一種力量呢，抑應爲與之交融的一種力量呢，這並不是偶然發生的。(註九七)社會中強制權力與人民大衆的分開，在財產制度造成的一種不平等利益必須保全的時候，是為維持法律與秩序所必要的。馬克斯議論中說在一個無階級的社會內，我們所知道的那個國家將歸『凋落』（Wither away），其真理便是如此。因為我們所知道的國家，其職能從來不是把法律與秩序保持為全國人民所見皆同的絕對的善；國家的職能向來是要保持一個特殊階級社會各項宗旨內包含的那種法律與那種秩序。而一個階級社會的性質既然永遠是被生產工具所有者的利益所規定的，所以跟着說來，所維持的那種法律與秩序，在每個重要關鍵上，必然是為了那些利益，而且僅僅為了那些利益的。假如生產工具是社會所公有的說法，那麼跟着說來國家權力將保護全社會的利益而非其中一階級的利益。在這樣的情形下，我們向來知道的國家的各種習慣，顯然將經過一番深刻的轉變。一個共同的政府機關依然是必要的。但牠所從出發的各項定律將不復包含運用最高的強制權力來維持有產階級的經濟利益了。不管在該社會內依然還有多少矛盾，但這一點及其一切涵義將被掃除了。

還有值得我們注意的便是這番掃除所包含的東西。我們試舉言論自由為例。至少在民主各國裏，大多數人民都認言論自由是應予保全的；同時大多數人民可認爲牠的作用應有限制的。按之常例，那些限制便是懲罰任何威脅法律與秩序的言論。我們常常說，違法者並非因爲他的言論的宗旨所在而受罰，他所以受罰者，是因爲他的議論的修辭造句方式也許會，或者事實上當眞破壞了公共的和平。然而，在一個資本主義社會內，我們所謂「公共的和平」實際上便是資本主義各項定律所依據的那些法律條件。我們稍爲檢討各法院審理的關於言論自由的案件，就可知道違法者極大多數都是資本主義之批評家，因爲法官或地方官在他們的言辭中看出有威脅資本主義安全之處。而且我們稍爲檢討這項法律施行的解釋條例，至少顯出其中有以備不虞的一部分條例，誠如戴雪(Dicey)教授所稱英國情形，假如牠們嚴格施行起來，可使政治討論無成立的餘地。(註九八)

這還是言之未盡。法律的懲罰爲一事。但輿論的懲罰，雖然較爲間接，是同樣地眞實的。只要僱用之權操於私產主人手中，那麼他就有權力把職業作爲正不正的一種作用，『正』字作何解釋，完全逞他的意思決定。輿論界一個大報會經鄭重說道(註九九)一個公開表示反資本主義見解的人，『將感覺到非常難於找尋工作，將被摒於許多公共職務之外，而且雖在職業界中亦將倍感困難。有錢的人們高興時可以賞給人家事業、榮譽與工作，但對於他這種人就目爲異端而加以斥逐。這番情形對於少數學問高深者既大致是確實的，對於廣大的普通人更顯然是確實的。我們試想一想書記階級，他們泰半仍是一盤散沙，其中我們知道有無數人都是絕不敢懷抱『危險思想』，更不說是加以表示了，就因爲恐怕觸怒了僱主、顧客、主人們。至於工人們所以能從這種不斷的壓迫下把他們自己解放出來，那是因爲他們大夥兒一起工作並且有強大的工會做後盾。但像最近幾樁案子所表示的，我們發現法律並不一定保護他們行使自由言論與公共集會的初步權利。這還不夠，貧窮與失業所包含的高壓力使平等權利的論調，在他們看來不啻嘲諷……而且我們一離開各大工業區域，我們就發現在許許多多區域裏，就是自由選舉權也沒有這會事。且不論通行的報紙十之九以上爲私產者所有，能夠利用做一切慣見的宣傳，僱主階級操縱的賞罰與經濟權力實使公意爲之抹殺，民治爲之蒙蔽。』

這段話的證明在社會生活的每一個形態裏可以找到。美國教育界的自由，是像大家所知道的，常常被商人的勢力所侵犯，他們使犯有『急進的』見解的教授們撤職而去。(註一〇〇)每一個工會領袖的自傳中間，幾乎都是記述着一俟他爲了促進勞工同胞的組織而活動，便怎樣地難於保持他的飯碗；托爾普特爾烈士們(The Tolpuddle Martyrs)這樁極端的例子只是一部慘史中一件小小的事變而已。我們具有鐵一般的證據，表明僱主們用了什麼方法小心監視着他們工人中發生的『不端的』思想，以及他們給予不端這個觀念的特殊註解。(註一〇一)講到報紙新聞的歪曲眞相，這一樁如今極其高超專門的技術，已經有許多書籍加以論列了；而二十世紀的宣傳藝術，其程度之高深實可以抵銷十九世紀普及教育之成績了。(註一〇二)

因此，當我們說起擁護自由爲超過其他一切原則以上的一個原則的時候，我們必須當心給予我們的概念一個確切的意義。任何社會之中，假使有一個階級不僅有意制止自由的表現，而且有權力加以制止，並且最後竟有能力運用國家權威來達到制止目的者，那麼實際的自由就無存在的餘地。自由思想的機會永遠是經濟獨立的一種作用；而且一個社會內經濟獨立是與財產所有權不能離開的，牠在事實上便是把思想自由只許給牠全體分子中的極少數人，只許給有產的人。只要一個工人的被開除，並不因爲他是成績不佳，而是因爲他的政治或經濟的意見引起了僱主們的不信任之故，他們的關係就使工人受到可以危害他的自由的那種束縛了。這就是資本主義下的自由，在勞動階級看來，永遠不像僱主或知識分子所見那樣眞有其事了。知識自由的種種涵義對於他們是各各不同的，以致他們對於自由作用的解釋有時也是判若霄壤了。

但格里高萊教授寫道，資本主義是建築於『個人有經濟上自我表現的權利』（註一〇三）就我們知道的實際情形說來，這種話是很難拿牠當眞的。本辥文尼亞州（Pennsylvania）裏一個鋼鐵市鎭的工人的『經濟上自我表現的權利』是不頂高的。（註一〇四）按照現代那種工資水準，工業就業時期的不穩定，工人選擇工作的範圍的狹小，（沒有失業保險，）他的教育的訓練的有限，戰後遞增不已的對於他的遷徙的障礙，這在他當然要懷疑『經濟上的自我表現』這話對於他所處環境是否確實相符了。而假如有人以爲上述諸事都是違犯了資本主義的『純粹觀念，』我們的答覆顯然是說這些違犯都有資本家親自參加訂立的各種法律加以保障的。『經濟自我表現的權利』必須行使時毫無懲罰，纔能成爲眞實。但在一個資本主義社會內，對於享受不到財產所有權下種種特權的一切人等，這個自我表現權利是到處被懲罰包圍着的。

這樣說來，任何國家，凡生產工具操於私人手中者，都是因此而重心有偏的。牠儘可以用普遍的字句說明牠頒佈的各項權利；但牠限於有產的人眞正能夠享受牠們。牠的令人服從的要求從這一點看來，且不論牠實行這種要求的實際權力——一種完全沒有道德的基礎的權力——分明是牠能夠使牠的各分子相信在這一種統治下他們的命運可較其他統治下爲佳的那種勸誘能力之作用。我已論及，那種能力永遠繫於國家滿足人民要求的力量。假如國家的組織爲獨裁制，牠遇到的要求範圍將比較狹於民主制的國家。但只要牠是一個有組織的國家，牠的適當性終是要看牠能否滿足人民要求而定的。

職是之故，任何國家決不因爲牠是國家而卽有令人民服從之權。牠並不就是牠自稱要做的，也不就是牠設法要做的，而是一般人民對於形成他們政治義務的基礎的那番努力所下的判斷。這就是說我們每個人都是自己決定政治上的是是非非；牠們是從我們埋身其間的那番經驗裏產生的。我們從那番經驗裏演繹出來我們認爲合理的一種要求水準；我們期望政府實現那種要求水準。當牠不能照做的時候，我們就竭力設法使牠接受我們的意見。假如我們的申訴得到了注意，我們大概將因此滿意，因爲國家的善意已經提出了證明。假如我們的申訴竟被置之不理或被壓抑下去，這些申訴就開始形成一個考慮周詳的主義。在一個民主政體下，像在英國那樣，就有一個政黨出來擔任。在一個獨裁政體下，像俄國那樣，申訴不平的人們中間比較強悍的分子就要陰謀叛亂來消釋他們的怨憤。但政黨也好，陰謀也好，其目的則一。他們都是行在改變那些不給他們滿足的原則，而另訂給予他們滿足的原則；而且牠們在進行之際都會發現那種法律原則的改絃更張，一旦涉及社會構造的基礎的時候，就等於征服國家本身。

我已經說過一種搖動社會構造的基礎之企圖是一種特殊的冒險。因爲這樣企圖時便要攻擊那個基礎，即一切社會制度與觀念的性質泰半由此決定的那個基礎。在獨裁制下，國家的征服分明必須是一種革命的冒險；這種統治的性質使一個反對牠的宗旨的人民，捨革命外別無他法。所以這很明白，在這種統治下面，一個反對的分子的政治義務始終僅屬於形式的法律範圍。服從是一種心理態度；而唯有赤裸裸的強制力纔能使人們維繫於他們中心不服的各項宗旨。所以任何國家若要將牠的要求建築在一種深刻的基礎上，而非形式的基礎上，那麼牠唯有以同意贏得服從，而不以強制勒令服從。牠要得人同意唯有以滿足絕大多數人民的要求作爲牠的宗旨。假如繼續爲一獨裁制，牠就自己放棄了可以使牠的服從之要求在道德範圍上成爲合法的唯一方法，也就是不能使牠自己建築在人們的自由同意之上。

這種情形在一個民主制下是否有所不同呢？我個人的意見以爲這種不同在若干條件下是很大的。假使一個國家內人民所享的各項基本政治權利，眞足以使反對意見變爲正統意見有做到的可能，那麼我相信每個人民在從事革命以前都有義務要竭盡國家憲法上供他選用的方法。我承認資本主義民主政治的本質是重重地阻礙着他的。我也承認這番話是一種審愼行事的勸告，而無關於最終的道德的權利。但我相信憲法手段裏包含的種種利益比革命手段裏包含的種種利益，雖然來得較爲遲緩，卻較爲深刻。

不過這種話是講到了政治的手段而不是政治的哲學了，這裏我只要提起兩件與本文有關的事情就够了。第一，關於這個問題，卽各項基本的政治權利在事實上是否眞正享受到足令社會基礎的和平改變有做到的可能，在這方面那輩反對該社會各項涵義的人的意見，至少是與接受牠們的那輩人的意見一樣地正當有效的。我們可以判斷他們採取革命一途是錯誤或不智。但是我們不能判斷他們在道德上是錯了，除非我們能夠證明在他們的宗旨裏或是方法裏有道德上的不對之處。一九一六年起而反叛英國的愛爾蘭人們，我以爲從他們此舉毫無實際成功的把握說來，他們是不智的；但我不以爲我們居然能從道德上誅責他們此舉。他們破壞了法律，但英、愛關係的全部歷史已不容他們對於法律有道德上的義務了。當人們被他們相信是不對的經驗驅而至於那種態度的時候，他們的疾苦不平總有充分的眞實性在內，可使人們無理由從道德上誅責他們。

我不得不注意到第二件事，據我判斷起來，是一樣地根本重要的。因爲社會階級構造的改變向來絕少不是用革命方法做到的，所以那些人們推論謂我們的經驗未必異於過去，是故革命的期望乃理之當然，爲革命而準備乃手續所應有者，他們這種辯論是主張和平改革者未嘗圓滿答覆的。事實是有產者除非不得不讓步時，是絕少肯讓步的；許多維新改革都是來得太遲，不能滿足牠們旨在改善的種種不平。事實是，有產者當他們的地位安全已入危險境界的時候，又是絕少肯容忍批評的。他們的善意應該有的證明，是像法官霍爾姆斯所說的妙句（註一〇五）當他們遇到交織着死的恐怖的種種觀念的時候，也要能够容忍。他們沒有提出那種證明。恰巧相反，挑戰愈是逼近，他們愈是要求國家充分行使牠的壓制的職能。在目前經濟危機時期內，世界各國情形顯然都是如此。因此推論謂資本主義民主政治是與其他國家方式一樣不容有和平的轉變，乃是完全合理的推論。假使各國只因為安全無恐而容忍，那麼一旦不安全了，牠們必然變更憲法使和平的改變成爲不可能的事。

而且這裏牽涉的問題不僅是容忍的問題而已。一個民主的憲法永遠是一樁有生命的東西。牠一方面依賴於牠所根據的文字，同時一樣地，或且更甚地，依賴於牠實施時的精神。假如爲了現狀的利益而拿牠爲所欲爲，這就使相信牠實施時的精神的那輩人心懷攜貳了。一個民族之政治統一泰半是種種習慣、常例、不成文的諒解，以及憲法的程序之一種作用，所以當着重要關頭，假使拿牠們倒行逆施，是最足以毀傷統一之基礎的。然而我們所有的證據顯見每個有產階級都願意企圖這種危害和平的不祥的倒行逆施。那正是英國司徒皇朝（The Stuarts）的重大錯誤；那正是法國資產階級所以不願接受路易十六(Louis XVI)的誠意之根本原因牠打碎了俄國人民對於尼古拉二世（Nicholas II）歷次憲政的試驗的信仰。在我們晚近的歷史上這類倒行逆施幾乎發生危機的相同的例子亦不為少。貴族院對於一八三二年改良法的態度；貴族院否決一九〇九年的預算案；保守黨諸領袖應付一九一三—一四年烏爾斯特(Ulster)事變時，故意搖動軍隊忠心的企圖；一九三一年舉國一致政府產生時的神祕的環境；一九三二年為了狹隘的黨見而放棄了自從小皮得(Pitt)寫給屠鹿勳爵（Lord Thurlow）那封名函(註一〇六)以來向被視為集體的內閣責任之基本理論的東西(註一〇七)；凡此種種事變都使人們對於大變時期維持和平的力量減少信仰。犯着同樣毛病的有美國聯邦主義派在一七八九年的運用叛離國家法（The Alien and Sedition Laws)(註一〇八)，以及約翰亞當(John Adams)在一八〇一年關於司法人選上最後一秒鐘的運用總統權力。(註一〇九)德意志共和國最後數年間魏馬憲法第四十八條的援用也是強姦了憲法精神。

一言以蔽之，凡行使一個憲法的人們，訂出了若干施行規則，而望他們的政敵加以遵守。只要當權的那個階級大體上是與訂出那些規則的人們無分彼此的時候，那些規則是被尊重的；但每逢一個新階級行將掌握政權的時候，那些久已習慣於勢位的人們就有一種嚴重的趨向，自以爲有權爲了他們自己的利益而將那些規則改變。有時候他們歪曲了明白規定的解釋，有時候他們根據國難的理由把廢棄的公式復活起來；有時候照希特勒那種獸性的直率，像一九三四年秋他就任德國總統時候那樣，爽性把牠們完全作廢。那種態度是大有害於憲法那樣細緻的機械所必須依據的那種善意的。我們每易忘卻政府歷史上那個多數原則的演進是何等艱難而且遲緩，以及牠的順利進行的種種條件是何等錯綜而且複雜。一個階級當民主政治的宣判不利於牠時，恫嚇要做（且不談實行企圖）破壞憲法的舉動，便是要引起民主政治程序的停頓，以致危害文明生活上許多精神的造詣。

（註一）Essays in Government (1824), p. 8.

（註二）Ginsberg, Studies in Sociology (1932), Chapter IX.

（註三）April 24, 1907. Speeches, Vol. III, p. 17.

（註四）欲知羅威對於勞動階級的見解，可閱一八六六年三月十三日他在下議院所作演說詞。

（註五）欲知這些演說詞，可閱 The Clarke Papers (ed. 5th), 4 Vols. 1891—1901, especially Vol. I, pp 227—35.

（註六）關於各經濟階級的問題欲得一種敏銳的論斷，以及有關的豐富參考材料，可閱 T. H. Marshall in the Sociological Review, Vol. XXV, p. 1.

（註七）Political Economy (1848), IV, 6, 2. 在本書中穆勒當然是對於人口過剩下了警告。

（註八）我已在拙著 Democracy in Crisis (1933) 一書中對於這個問題詳加討論。

（註九）參閱拙著 Liberty in the Modern State (1930), Chapter II.

（註一〇）Hans Seel, Der Beamte in Neuen Staat (1933), p. 9.

（註一一）Professor Carl Schmitt, 見 The Times, July 28, 1934.

（註一二）閱希特勒，我之奮鬥。

（註一三）閱他的 Political and Social Doctrine of Fascism (1933).

（註一四）閱 L. Rosenstock-Franck, L'Experience Corporative en Italie (1934).

（註一五）關於此次罷工欲得一種生動的紀錄，可閱 The New Republic, of August 11, 1934.

（註一六）New Republic, August 1, 1934, p. 309.

（註一七）關於羅斯福的實驗，可閱 Charles A. Beard and G. H. E. Smith, The Future Comes (1933);

C. L. Dearing, The A. B. C. of the N. R. A. (1934); George Soule, The Coming Revolution (1934).

(註一八)關於這些建議欲得一個詳盡的討論，可閱拙著 Labour and the Constitution (1932).

(註一九)閱 Manchester Guardian, August 18, 1934. 內有關於 Mr. A. L. Rowse 所作演說的各項討論之報告，這可以看出許多年來的一個論調。

(註二〇) The Independent, August, 11, 1934, p. 28.

(註二一)關於墨索里尼與意大利軍隊的關係，可閱 Salvemini, The Fascist Dictatorship (1928), pp. 60–162; 關於希特勒與德國大資本家的關係，可閱 Mowver, Germany Puts the Clock Back (1933), pp. 117—18, 122, 127—8, 131, 146—7; 及 E. Henri, "Hitler Over Europe" (1934).

(註二二) F. D. Roosevelt, On My Way (1934), pp. 3—5. 欲得相同的一般意見，可閱 E. K. Lindley, The Roosevelt Revolution (1933), Chapters I—III.

(註二三)例如，參閱一八九〇年九月二十一日恩格爾寫給布洛赫(Bloch)那封著名的信。

(註二四)見本書第二章第二節

(註二五)閱 R. H. Tawney, Equality (1931), Chapter III, 以及該章附註。

(註二六)可閱關於訂正商店職員工作時間的議案所引起的討論 Parlimentary Papers (1930—1), Vol. IX, Rep. 148.

（註二七）這見之於一九三四年關於鐵路工資的討論以及關於 Sir Hilton Young 肅清貧民窟議案的批評可閱一九三[illegible]年十月倫敦時報的通訊欄。

（註二八）閱 H. L. Beales and R. S. Lambert, **Memoirs of the Unemployed** (1934); E. Bakke, **The Unemployed Man** (1934).

（註二九）Lord Irwin in the House of Lords, Hansard (House of Lords), Vol. 93, pp. 495—6.

（註三〇）F. Frankfurter and N. Green, The Labour Injunction (1930).

（註三一）Adair v. U. S. (1908), 208 U. S. 161.

（註三二）(1935) A. C. 578.

（註三三）Cockburn, An Examination of the Trials for Sedition in Scotland.

（註三四）Chafee, Freedom of Speech (1920).

（註三五）參閱拙著 Democracy in Crisis (1933), pp. 128 f.

（註三六）(1837) 3 M. & W. 1.

（註三七）可閱該項特別報告書 The Case of Requisition, edited by L. Scott (1920).

（註三八）條例原文見 Keir and Lawson, Cases in Constitutional Law (1929), pp. 335—7.

（註三九）(1923) A. C. 603.

（註四〇）關於此事的有力證明便是一九一六年參議院對於任命勃蘭迪斯爲法官時所作的調查並閱 G. Myers,

History of the American Supreme Court (1912), 但該非須審愼使用。

(註四一)同 Mr. Winston Churchill in 26 Hans. Deb. (5th Series) 1911, p. 1022, and Geldart, "The Present Law of Trade Union" (1911), p. 14.

(註四二) F. Neumann, Die Politische und Sociale Bedentung der Arbeitsgerichtlichen Rechtssprechung (1929).

(註四三) (1810) 6 Crouch 37.

(註四四) 5 (1819) 4 Wheaton 518.

(註四五) (1824) 9. Wheaton 1.

(註四六) C. G. Haines, The American Doctrine of Judicial Supremacy (1932), pp. 400 f.

(註四七) (1856) 19, Howard 383.

(註四八) County of San Mates v. Southern Pacific Railroad (1885) 116 U. S. 138.

(註四九) (1895) 158 U. S. 601.

(註五〇) (1898) 169 U. S. 466.

(註五一) (1908) 207 U. S. 463.

(註五二) (1905) 198 U. S. 45.

(註五三)同上

（註五四）參看同著 Studies in Law and Politics (1932) p. 146 f.

（註五五）Whitney v. California (1927) 274 U. S. 357.

（註五六）U. S. v. Schwimmer (1928) 279 U. S. 644.

（註五七）但此事該法院在本年度（一九三四—五）仍未有定論。

（註五八）Noble State Bank v. Haskell (1911) 219 U. S. 104.

（註五九）閱 Frankfurter (ed.) Mr. Justice Brandeis (1933), 特別是其中 Mr. Max Lerner 那篇卓越可佩的論文。

（註六〇）本書第一章。

（註六一）參閱 Sir Arthur Salter Recovery (1932) 可為此種態度最高表現之一。

（註六二）Sir Philip Cunliffe-Lister, December 20, 1932, Hansard (Fifth Series) Vol. 273, p. 912.

（註六三）閱 On Our Way (1934), pp. 250 f.

（註六四）Essays in Persuation (193 ) p. 314.

（註六五）Speech at Cambridge, Manchester Guardian, April 17, 1933.

（註六六）H. B. Butler, International Labour Review, March 1931, p. 301.

（註六七）World Economic Survey, 1932—3. League of Nations (1933). p. 71.

（註六八）一九三四年七月

（註六九）見該書 p. 82.

（註七〇）一九三〇年三月八日

（註七一）關於美國，可閱 Paul Douglas, Real Wages in the United States (1933)，關於英國可閱 Colin Clark, The National Income, 1924—31 (1933).

（註七二）一九三二年十一月二日

（註七三）Times Trade Supplement, July 23, 1932.

（註七四）見上書 p. 126.

（註七五）Hansard (Fifth Series), Vol. 273, pp. 33—4, November 22, 1932.

（註七六）Government in Transition (1934)，最後一章。

（註七七）M. Joseph Caillaux, in the Times, March 2, 1934，並參閱 The Times, March 10th (leading article).

（註七八）Economist, February 14, 1934.

（註七九）Essays in Persuasion (1932), p. 307.

（註八〇）一九二一年八月二十七日的信，載於 Message et Proclami (1929), p. 39. 參閱 Political and Social Doctrine of Fascism (1934), p. 10.

（註八一）Carlo Avarna di Qualtieri, Il Fascismo, p. 17.

（註八二）參閱 Salvemini, 見前 p. 178, n. 1.

（註八三）Popole d'Italia, April 3, 1921.

（註八四）Political and Social Doctrine of Fascism (1934), p. 25.

（註八五）參閱希特勒登臺後 O. Koellreuter and Carl Schmitt 的文章。

（註八六）英譯文印行於一九三四年。

（註八七）E. Mowrer, Germany Puts the Clock Back (1933), p. 150.

（註八八）同上 p. 257. Mr. Mowrer 指出這個有趣的事實，即在希特勒語會第十二版內這些文字都除去了。

（註八九）據說希特勒一向自稱並且被稱為「神意」的行使者。

（註九〇）Politics, Book V, Chapter I, 14.

（註九一）Oceana 及 Prerogative of Popular Government.

（註九二）The Federalist, No. 10.

（註九三）參閱 Parrington 的卓越的議論。Main Currents in American Thought (1927), Vol. I, pp. 292 f.

（註九四）Nouveaux Principls d'Economie Politique (1819).

（註九五）Lettres d'un Habitant de Geneve (1802); 參閱 Bazard in Doctrine Saint-Simonienne (1829) 6 me Seauce (ed. Halevy, 1924), p. 235.

(註九六)參閱伏羅希洛夫(Voroshilov)在俄羅斯共產黨第十七屆大會上的演說。

(註九七)按一九三四年六月三十日 Röhm 和他的同人被處死刑事件，其實從未經審判爲此。

(註九八) Law of the Constitution (ed. of 1915), p. 240.

(註九九) The New Statesman, August 18, 1934.

(註一〇〇)參閱 the "Bulletin" of the American Association of University Professors 對於此類案件具有詳盡的敘述。

(註一〇一) R. W. Dunn, The Labour Spy (1924).

(註一〇二) H. D. Lasswell, Propaganda Technique in the World War (1927).

(註一〇三) The Independent, August 11, 1934.

(註一〇四)參閱一九一九年鋼鐵工人罷工美國 Inter-Church Federation 的報告書。

(註一〇五) Abrams v. U. S. (1919) 250, U. S. 616.

(註一〇六) Todd, Parliamentary Government in England (1889), Vol. II, p. 325.

(註一〇七)參閱拙著 Crisis and the Constitution (1932), p. 59—64.

(註一〇八)關於本题的詳盡的討論，可閱 A. J. Beveridge, Life of John Marshall (1916), Vols. II and III.

(註一〇九) Life of John Marshall (1916), Vol. II, p. 559.

# 第三章　國家與國際社會

## 一

任何國家不能夠單獨生存。牠是多個國家合成的社會的一分子，其中每個國家從理論的立場說來，都有同樣的權利與義務。每個國家都被包羅在一個國際關係網內，為要控制這些關係起見，不得不有各種規則的訂立。任何國家理論，凡不顧及這個國際社會的存在所包含的種種事實者，概不能自稱完全。

這樣說來，一個國家論在一方面必須是一種國際法哲學。牠必須解釋為什麼各國應該自視為被國際交涉的各項規則所約束。牠必須建築牠自身於各種圓滿地適合我們所屬那個世界的定律。牠在基礎上必須相當廣闊，足以說明溯自三百年前格老秀斯(Grotius)首先對於國際法各項問題作科學的研究以來，我們在國際關係上看到的那些巨大的變遷。這一種哲學的基礎若要稱得上適當，則牠們所規定的各項國際交涉的規則，必須保證那種繼續適用性，使國家在牠自己的社會內能以牠的法律爲與牠接觸的其他一切組織的行爲之準繩。

在國際法理論的歷史上，國家爲無上主權的那種概念不可避免地佔着一個中心的地位。因爲這很明白，既然國家是一個無上主權的組織，牠除了牠自己的意志以外，是不能受任何意志之約束的；而照邏輯說來，要爲一個國際社會訂立各種規則，使牠的各分子僅遵守牠們所同意接受的約束，這眞是一個嚴重的問題。國家各種內部關係的本質，便是牠以主權地位得以牠的意志加於牠領土內一切人等的那種權利。但在領土範圍以外，牠的本質之邏輯迫令我們假定謂要使一個國家違背了牠的意志而受約束，（譬如當另一國家向牠提出牠所不願接受的條件的時候，）唯一的辦法只有戰爭；因此從那種主權論說來，國際關係的最後裁判者便是戰場上的勝利。

這個主權觀念以兩種方式出現於國際法上。一方面牠是一個邏輯的概念，牠的正當性是純粹形式上的；從這方面我們得到了國際法的實證論，牠假定萬國公法的一切規則都是專從國際習慣或條約上蛻化而來的，因爲唯有國際習慣與條約纔是代表各國的意志的。這裏牠是以無可疑問的正確性，從主權性質上推論，謂國家的意志必然就是法律的唯一的來源。假如我們不是這樣假定，則國家的意志將被牠所未曾同意的各項規則所約束；於是在定義上，牠就不復成爲一個主權的組織了。

另一方面，主權觀念在國際法上是一個哲學的觀念。這是爲實證主義者的理論辯護的，即稱國家具有一種絕對的道德價值，非我們所能超越的；所以國際法的正當有效性必然繫於牠的是否促進那種價值。而促進與否既然只有國家能夠判斷（否則牠就不復具有絕對的道德價值了），那麼跟着說來，國家在判斷牠應否接受一種擬議的國際法規則之約束的時候，牠只須顧及牠自己的利益就夠了。就牠的假定的性質而言，牠這樣專顧自己利益，便是實現了牠所能達到的最高的宗旨。因爲當牠取得牠自己的利益時，牠也就是取得牠包含的那種絕對的道德價值。

造成國際法的正統的學者，沒有規避上述這些結論。他們與黑格爾一樣，假定謂國家爲那種『客觀的精神』，唯有從國家裏『個人能夠達到他的客觀性，他的眞義和他的道德，』（註一）他們因此很正確地推論，謂法律的統治及於國家邊疆而止。黑格爾說，其他國家的權利『並不在一個有權力統治牠們的普遍的原則中得到實現，反之牠們的權利只能通過牠們的特殊的意志得到實現。』（註二）國家高出於那個普遍的規則；國際法不過是一種外在的國法。牠的效力不過是從那願意實行牠的國家或多數國家之意志上得來的。職是之故，只要國家保持着牠們的主權的時候，若要創設一種國際的秩序，各國做牠的構成的部分，那是辦不到的。拉森（Lasson）在一段著名的文字裏寫道：『國家永不能……隸屬於一個法律的秩序，或者一般地說來，隸屬於牠自己意志以外的任何其他意志……牠乃是一個利己性的無限制的意志。』（註三）考富曼（Kaufmann）所以主張除掉強權卽公理這個規則以外，不容有約束各國的普遍的法律規則者，正是根據這個理由；從這方面推論起來，戰場上的勝利便是國家所能有的最高的理想。（註四）誠以戰場上的勝利無異保存了自己，而這點根據定義說起來，就是爲絕對的道德價值取得了勝利。

這種態度一向是被普遍接受的；例如大家知道，牠決定了英國理想主義者政治理論的觀點。當博山克講到國家說，『牠在一個更大的團體內並無一定的職能，但牠自己便是最高的團體……要有道德的關係，必先有一種組織的生活；但有組織的生活是在國家內部纔有，在各國間與其他團體間的關係上是沒有的，』他事實上便是在主張，謂出了國界以外，必然是無政府的狀態，除非各國能够成立協議或以戰爭決定牠們間的爭議。這種主權信仰貫澈了一九一九年國際聯盟的整個概念。這種信仰又使各國在軍縮問題上非常難於得到協議。因爲我們一旦承認戰爭爲國際運命的最後裁判者，那麼邏輯地說來，每個國家所能同意的軍備限制必須在牠自己的判斷中爲不背於牠的最高的自身利益的；而且每個國家既然是那種自身利益的最後保護人，牠所能接受的軍備限制自然僅是那種充分保證牠的戰場上的勝利的。而且我們假如舉着某些名人那樣，認和平爲戰爭的另一方式，（因爲幕後永遠是有運用武力的可能性在那裏，）那麼國際關係的每一形態上都要感受同樣的困難，無論其爲關稅或移民，金本位的運用，或是勞動的時間，各國間如果要有所行動，便必須先得到協議纔能動手。

實證主義者的理論一遇到國際生活的種種事實，就捲入了嚴重的邏輯上的困難了。這不僅由於牠自己的信徒主張謂各國無論願意與否應受國際法的約束（註五）——一個與主權觀念不相容的理論。這也不僅由於實證主義者爲了要解釋國際法有拘束效力起見，不得不承認一個國際法律秩序的假定其間每個國家不論大小強弱都有牠的適當的與平等的地位；——這一種學說給了國家種種非牠所能自主的義務。（註六）除非我們用遁辭遮飾，我們很難把這種見解與國際法庭的設施調和起來。（註七）除非我們再用遁辭更難把牠與國際司法常設法庭章程調和起來。（註八）再有那種與時俱晉的認識，以爲如今不復能視國家爲國際法的唯一的主題；（註九）這種認識在本身上是大有礙於實證主義者的見解的。同時又有從許多國際附庸與非主權國家之存在而造成的種種不便的問題。（註一〇）實證主義在一九一四年大戰期內曾經風行一時，如今則已轉入惡劣的境遇了。這因爲牠的假定不僅與種種事實不相容；並且違背了我們現代國際關係演進的全個趨勢。我們已經迅速地到了這一點上，我們若是假定國家有無上主權，那麼事實逼迫我們設立的那些國際制度，我們就要推斷爲無存在的可能了。

這是饒有意義的，卽這種演進正逼迫法律哲學家們在完全不同性質的基礎上，去建築國際法的定律。如今的趨勢不是從國家出發，而是從國際社會——最高的人民組織(Civitas Maxima)，在這種社會裏，國家已降到一省的地位了。國際社會的各項規則於是被視爲最高無上；牠們在邏輯上是超過國內法各項規則的。(註一一)從這種基礎說來，每當國內法與國際法衝突的時候，國內法必須讓步；因此一個國家破壞了國際法的一條規則，其情形等於一個個人破壞了他本國的國內法的一條規則。如果不能使犯罪者對簿公堂，那並非法律本身的缺點。這是由於在世界社會裏面，國際法至今還沒有完備的有組織的制裁之故。這所以各國企圖要塡補國聯會章裏的許多漏洞，像一九二四年的日內瓦議定書卽其一例。這所以要成立巴黎非戰公約那類文件，其間個別國家放棄牠運用武力以實現牠的意志那種主權權利。這所以會產生多個國家對付一國侵犯的集體安全觀念。末了，這所以漸漸產生一個效忠世界的學說，像工黨所正式提議的，(註一二)使個人可以合法地抵抗他的國家作戰的意志，(除非這是有國際聯盟的權威所主持的戰爭。)

我本人毫不懷疑，認爲唯有這樣研究國際法哲學纔是符合我們的時代的需要，因爲過去三十年間的種種事實已經悲慘之至的爲人人有目共覩，知道主權國家與人類文明是不能相容的。但假如那些較老的國際法理論，不管是考夫孟那班實證主義者，或是黑格爾那班理想主義者所揭櫫的，都是過分牢牢地着眼於往昔之客觀的歷史的條件，那麽我們可以合理地說主持較新的見解的那輩人都是過分歡喜用祈求的語氣大做美妙的文章。因爲我們簽訂巴黎非戰公約任意條款時，我們照例附着意義深遠的種種保留案，(註一三)而關於一切根本重要的事件，這些保留案仍許每個訂有保留案的簽字國家做牠自己的裁判者。將來也許有一個英政府會說動議會通過一個和平條例（這是很應該通過的，）但任何議會既然無法約束牠的繼任者，所以牠的廢止永遠是一種法律上可能的事，甚且不止是可能而已。以往曾有種種企圖，要將國聯會章修正，使牠的那些制裁自動發生效力，但這些企圖均未成功，泰半是由於那些自稱矢忠國聯會章的會員國家之舉動而致。國聯會章裏一致同意的原則在最近的將來，是絕無取消的表示。世界各國莫不高唱說是軍備不加減縮就無從認眞談及集體安全計劃，然而一九三二年的軍縮會議假使曾給我們任何教訓，那麼就是說我們現在的世界是沒有眞正軍縮的希望。國際聯盟莊嚴地譴責了日本在滿洲的對華侵略，但牠的譴責的效果，無異於一個基督教牧師會議所通過的決議案。我們雖可以把主權國家送出國際建築的大門之外；但牠依然能從後門進來，重新盤踞牠的舊日的重要地位。

大家認爲整個問題的重心，端在使任何國家不能運用戰爭爲牠的政策之一種工具。我們可以同意說只有幾個國家決然願意運用那種工具。我們可以製造各種工具使牠的運用的可能性減至最低限度。我們可以證明在現代情形下，戰爭根本是不合算的；而且戰爭這個工具對於戰敗者與戰勝者在經濟上是同樣地爲害無窮的。(註一四)我們可以確信戰爭結果，在戰敗國家是一定地，在戰勝國家是或許地，要促成國內組織上的社會革命。我們可以靜待那種個人信仰的生長發展，相信作戰在道德上是不對的，所以各個公民當國家從事戰爭時是有拒絕爲國服務的一種義務的。(註一五)我們甚且可以注意到若干有名望的科學家們的意見，以爲從服務人類的立場上看來，他們責任所在，不得從事那些可使國家獲得更加強有力的作戰工具的科學實驗。(註一六)即使這一切都是確實如此，一個有效能的國際社會的種種條件，在我們目前所處的局面裏是尚未具備呢。

而且關於這個問題的一切討論，必須回到這些條件的種種涵義上去。一般公認主權國家是與一個有效能的世界秩序之成立不能相容的，然而每次有人去認眞破除國家主權的時候，總是恰在重要關頭遇到掣肘的。爲一國最高利益的保護人的國家，每當攸關那些利益的地方，總是認爲牠必須做牠自己的行動的裁判者。牠當然要堅持說這種態度的動機完全不是自私自利的，如果要懷疑他們的誠意，那是判斷錯誤。如果有一位顯要的英國海軍上將主張說一個強大的英國海軍乃世界和平之最好的保證，（註一七）我相信他轉這個念頭的時候，他是完全誠懇的。但他並未檢討那種和平是幹什麼的。他不自覺地假定，謂英國以其意志加於其他各國上面，確是爲着全世界的好處。同樣地，那些聲稱英國之在印度是完全爲了印度利益計的政治家，我也毫不懷疑他們是十分誠懇的。但這依然是重要的，美國人與日本人對於英國海軍的作用，並不抱着與裴迪勳爵（Lord Beatty）相同的見解，而我們的政治家，特別是在近年來，並未能够得到印度人同意於他們的英國在印度的責任觀念。這種情形不僅在英國爲然。例如美國與尼加拉圭的關係，荷蘭與爪哇的關係，戈林將軍（General Goering）對於德國軍用航空的態度都是如此情形。凡是攸關的利益有不同的看法之處，主權概念變了只是一種法律上的藉口，拿來實行一方面的見解的。

職是之故，我們必須從我們在本書中已經揭示的國家的基本性質的見解上出發，來看國家的主權。國家的存在是要維持某種階級關係體系；而在國際的方面，有如在國內的方面，牠都是被牠自己的內在的邏輯所迫，不得不促進那種體系裏包含的利益。所以國家保障的那些『最高的民族的利益』必須永遠被牠自己的經濟組織的內容所規定的。因爲正是這種內容最後形成了國家的目的；牠所要求的國家將爲做到。假如牠所要求的唯有戰爭能夠辦到的話，國家無疑將用盡一切外交手段，然後運用那個可怕的手段；但當外交手段用盡的時候，牠就要發動戰爭了。不消說得，牠這樣做時，將是爲了『民族光榮』或是牠的『文明使命』或是『爲求世界民主政治的安全』或是任何其他說來非常高貴的目標的緣故；而且無論何人檢討了各民族作戰期間的心理，一定要承認這些口口聲聲的表示中是含有多少誠意的。但當每一個表示仔細經過了切實的檢討，牠們總是顯出爲當開始戰爭時交戰國內統治階級要求獲得某種重大經濟利益的企圖。那個意識的上層建築總是以這種重大經濟利益爲基礎的。

我不以爲這個結論是不符這個事實的：即開戰的緣由絕少顯然出於經濟的動機的。我也不以爲這個結論是被另一事實所削弱了，這事實就是：統治階級的經濟福利時常是，從外面看來，與被牠統治的各階級的經濟福利連在一起的。按塞拉奇伏(Serajevo)一顆流彈促成了世界大戰這個事實，並不能遮掩這次大戰本質上為各衝突的帝國主義間一場鬪爭這個事實。美國一九一七年參加大戰為對於德國無限制潛水艇政策的一個抗議這個事實，也並未抵觸那個更為重要的事實，即美國貸給英、法的金融債額這時為數奇重，美國不能坐視牠們失敗完事。英國之盤據印度實際上是牠在那裏的商務利益的一種作用，而如近來經濟史上所表明的，這些利益是與那些因為我們的印度商務關係而被僱用的工人們的利益，有重大的連繫的。但這種重大連繫並不比我們對美輸出貿易與賴以為生的許多英國工人的利益間的連繫更為重大。然而我們未嘗因此推論謂為了保護英國在美利益起見，我們應該佔據美國。

因此，我的見解在本質上是簡單得很，雖然牠在一個複雜世界中的表現是錯綜之至。我的見解即謂在一個資本主義社會內，國家必須有無上主權，藉此保護資本主義的種種利益。到了最後地步，這些利益必須用戰爭來保護，戰爭便是國際關係上主權的最高表現。職是之故，只要國家的有效宗旨，從牠的內部看來，是要保護資本主義的各項原則，那麼從牠的外部說來，牠必須保持以戰爭為國家政策的一個工具。假如國家主權與一種有效的世界秩序是不相容的生活方式的話，那麼資本主義與一種世界秩序亦是不能相容的，就我們經驗中的資本主義制度之必然的作用說來，戰爭是根深蒂固地盤踞在該制度中間的。

## 二

上面一段話，資本主義的擁護人當然是切實否認的；而開宗明義，我們殊不妨檢討他們提出的議論的重心。格里高萊教授寫道『我們沒有一絲證據，可以表明資本主義必然會促成戰爭——資本家登峯造極的十九世紀並不是最富於武裝衝突的時期，而且隨便怎樣說法，難道十八世紀中葉以前就沒有過戰爭麼？』（註一八）再不然，我們就被提醒謂十九世紀最堅決反對戰爭的人士，正就是像柯布登（Cobden）與布萊脫（Bright）那些最關懷於充分發展資本主義民主政治的各項假定的政治家們。資本主義民主政治的整個理論的根據，便是努力要使國家干涉極度減少。認牠與戰爭有因果的關係——戰爭爲國家干涉的最高表現——便是否認了牠的那些基本的前提。柯布登在一八四二年這樣寫道：『自由貿易使國與國間交涉圓滿，互相依賴，結果必將奪去各國政府把人民投入戰爭的那種權力。』（註一九）而自由貿易正是資本主義理論的最重要的條件。

但我們必須分析者，並非一種概念的資本主義之純粹理論，而是我們所見所聞的資本家們的習慣。這很明白，在一個資本主義社會裏，假如資本家不去求國家幫助，國家也不去幫助資本家，則這種經濟制度的種種實施不會促成戰爭了。假如我們所見所聞的資本主義向來是這麼一種，格里高萊教授一派的思想家就有權利說資本主義絕對不是必然包含着戰爭的。然而他們所說的資本主義從未存在於經濟書本以外，牠只是他們的概念的想像之產物。我們所知道的資本主義在牠的歷史的每個階段上都要求國家保護牠的種種設施的。牠曾經要求了，而且得到了，關稅稅則，津貼，貿易攤額，外交部援助牠的國外商務經紀人；運用國家的威望（換言之，便是調動牠的武裝軍隊的權利）以保護牠在外國認爲正當的種種權利要求。埃及自被英國佔據以來的歷史，非洲晚近六十年來的歷史，中國、墨西哥、以及中美洲各國的歷史，除非解釋爲能以國家武力做牠的企業的後盾的一個資本主義之作用，否則就不可解了。我們不妨以爲國家從事那些干涉行動是不幸之至。我們不妨說經商者假如不求國家幫助，而專賴他與不與通商的權力，實屬聰明多多。然而事實依舊是事實，假如他當眞這樣做法，我們所見所聞的那種資本主義，一方面既可以造就一個較好的世界，同時也是與今不同的一種資本主義了。說來說去，我們在建築我們的論點的時候，我們到底是要應付現實，而非應付假定。

再有這個議論，說是資本主義以前的戰爭多矣，所以資本主義不能成爲戰爭的緣由，這實際上也不很相干。這地方所說的資本主義意思只指牠的正統期間英國的放任主義政治經濟的那些論點而已。這個議論於是繞着圈兒進行。牠出發時候解釋說，一個資本主義社會便是以企業自由爲其特色的社會。牠所謂企業自由，意思便是國家不加干涉的商業經營。所以當牠遇到國家出而干涉的時候，牠就搖搖肩膀說是不論爲害如何概不能歸罪於資本主義。很明白的，例如我們這樣界說資本主義，那麼結論在邏輯上是無可置辯的，因爲牠已經包含在前提中間了。

但像我所聲稱的，這種資本主義除掉在十九世紀裏曾有幾年牠曾出現爲一種半眞半假的趨勢之外，牠是從未存在於世。我們實際所見所聞的資本主義在性質上是全然不同的。這個現實的資本主義，表現牠的本質在美國的關稅上，在軍事的與半軍事的探險以從事非洲商業的開發上，這個是以大量金錢津貼德國農業的資本主義，這個資本主義在海地與尼加拉圭與聖多明各製造了並且推翻了許多政府（以各政府對於牠的設施的態度爲轉移。）無論何人概不得抹殺了諸如此類的不勝枚舉的事件，藉此挽救一個與牠們的斷然無疑的涵義相矛盾的理論。不錯，十九世紀以前曾有許多戰爭，朝代的，宗教的，政治的動機都在其中佔着重要的關係。但雖在那些戰爭中間，若將牠們的宗旨仔細審察一遍，總可見經濟的鬭爭是一個關鍵。戰爭的動機總是與國家對於經濟力量的追求不能分開的。這種追求有時候是間接的，像一個國家覓取一個形勢重要的邊界的時候便是；或者是混合的，像法國恢復亞爾薩斯洛林的願望中間，從歷史傳統而生的情調與法國重工業的利益是頗爲平均地連在一起的。可是任何戰爭的解釋，假如不能對於牠的發生，尋出一種經濟的原因，這種解釋總是不够的。

今日的情形確是比過去來得嚴重多多，這因爲有兩樁事情使然。第一是國家觀念與民族情調的結合；第二是國家行政技術的無限改良。第一樁使國家能運用民族主義引起的一切情調，激情的，排外的，只有一部分是合理的情調，來支持牠的政策。第二樁使國家能够組織全國以從事戰爭，其規模之大，程度之深，雖像拿破崙那樣絕頂的行政家也是會未做到的。是故當資本家營利的意志——這是他的生存的目的——支配着國家政策的時候，他因此運用的武力之巨大，是空前所未有的。直到一九一四年的大戰，英國派到戰場上的軍隊數目從未超過十萬人以上；在那次大戰裏，牠爲軍事目的起見動員了全國成年人數三分之一。新式戰爭對於現代國家生活的影響的深刻性是與現代歷史以前任何時期性質不同的。在我們那種文明裏，我們再也不會有珍妮奧斯汀（Jane Austen）所著的那類古典的小說，其中男女英雄能夠儀態萬方，盤旋起舞，而不必驚心觸目於戰爭對於他們的環境的影響。

由此言之，我們必須檢討實際情形下的資本主義，而不是各種曾經出現的趨勢果眞圓滿實現以後就會如此這般情形的資本主義。我們所見所聞的資本主義，是生產工具屬於私有的一種制度，而生產的有力動機便是這種私有制度所形成的利潤。如我所設法表明的，這種制度包含一種特殊的階級關係體系，而牠的各種習慣的根本要點，便是國家權力係被用來維持這些階級關係的涵義的這一樁事實。所以國家的全部努力都是用來保全有產者的利潤權。只要這種制度的定律不變，牠就必然是這個樣子，這點我已經論過了。凡有妨礙利潤的獲得的，國家權力就被用來壓制牠，只要牠是壓制得住的話；因爲社會之中，生產工具的所有階級與無所有階級之間，永遠有一種鬬爭，要爭取多多分到生產程序下的產品。在一個資本主義社會裏，國家對內的職能便是保障法律的各種最後原則，規定給予有產者的生產品的一大部分。而且，又像我所聲辯的，一切社會的活動都是從這個基本的事實取得牠們的形狀與色彩的。

按那派否認資本主義與戰爭間具有根本連繫的思想家的理論，大致是以拒絕承受這個國家觀爲根據的。如果供給與需要在公開市場上進行得毫無衝突，所有資本家都瞭解他們顧客的一切欲望，所有勞動者都是完全流動性的，那麼國家干涉就用不着了；各項社會關係將建築在契約上面，而不在武力上面了。但既然資本家無此知識，勞動者無此流動性，我們所現有的，和我們所必須解釋的便是這一個現實社會的種種作用。這社會裏是沒有這種知識與流動性之存在的，所以國家干涉是資本家自己所要求的，並且是被用來促進他們的利益的。他們所以能够這樣做，乃因爲他們的生產工具所有權使他們有權力決定國家干涉應循的方向。我已經分析了國家干涉的種種後果；而且我的意見以爲牠們對於格里高萊教授一派思想的關係，可以簡單地這樣說明：就是據這派思想的意見，這些後果只是一個理想遭了倒行逆施的結局。牠主張謂理論僅能應付純粹的例子，藉此保全牠的假設。可是我們引爲遺憾者，即在我們所見所聞的社會裏，我們並未遇有這個純粹的例子。

如今據我的意見，國家在對內關係上是如此，則在對外關係上亦是如此。正緣牠在國內要用武力保護資本家的利益，所以牠也要用武力保護他的國外利益。牠在國際場合裏的無上主權對於牠的價值，恰就在於遇到極端的情形，牠能够運用武力對付有意干涉牠的意志表現的任何敵人。假如牠放棄了那種主權，牠就要遵守各種規則；而只要牠遵守牠們一天，牠就一天不能拿牠操縱如意的強權來決定牠旨在達到的公理。一個無主權國家的世界是不違背國際組織的全部理想的，這些理想最後便包含在國際聯盟那樣一種制度裏面。但這些最後的涵義是與資本主義所需要的種種階級關係不能相容的，因爲牠們把我們社會所陷入的那些基本的矛盾暴露出來了。

我們必須從而出發的基礎，便是在經濟發達的各國裏面，資本的累積數額過多，國內沒有如許機會予以有利的運用。牠在國內既得不到國外投資所提供的那種擔保品或利潤率，所以牠就移殖出去；而當牠移殖出去的時候，牠就指望國家盡力保護牠免受損失。資本累積何以較國內吸收力量來得迅速的原因，是在於生產與分配的失調。基於我們社會的那些階級關係，公衆的消費力量是與牠的生產力量不相等的。現代工資制度裏的消費者的欲望不是『有效的』欲望——就這個名詞的技術上的意義而言。資本移殖之所以發生，因爲任何社會內財富的分配太不平均，以致牠的資本在國內不能經營得利。假如分配是更爲平均一些，那麼工資階級的需要便成爲『有效的，』結果自然需要更多的資本以爲國內之用。在不平等的社會裏面，資本所有者累積了過多的資金，雖然他們過着一個貪得的社會內特有的窮奢極慾生活，他們依然揮霍不盡。所以他們就要環顧國外以求有利可圖地運用資本的機會。這種資本用在什麼目的上，他們是不很關心的。牠也許爲軍備之用，牠也許爲一位東方帝王的尋歡作樂之需，牠可被用來支持一種醜惡的專制政體之腐朽的基礎，像著名的法國對帝俄放款。只要有利可圖一天，投資者不會十分推敲他所資助的那些事情的性質。

總而言之，在工業先進各國內，資本的迅速累積，以致結果有輸出必要的這樁根本事實，就是指出那裏有一個顯然不平等的社會之存在。這很明白，假如工資水準較高一些，則對於商品的需要將造成國內運用資本的較大需要，金錢可以用於建築勞動階級的住所，而不爲一個破產國家多造一隻戰鬭艦了。事實上在一個勞動階級工資所得僅足糊口的情形裏，資本必然要尋覓量的擴張而非質的擴張，誠以質的擴張並不會造成同等的購買力量，以購買生產的商品。而資本主義的擴張凡係量的而非質的者，則牠所冒的危險包含着略奪攻取的技術，藉此保護投出的資本。其略奪攻取有係直接的，如印度便是；有係間接的，如南美洲便是。這因爲所冒的險常是很大的，所取得的租讓權是很貴重的，所徵取的利率是極高的，唯有軍事力量的隨時壓迫纔能够保證牠們的安全。

同時還有一個理由，可以說明爲什麼國內的情形使資本的輸出不僅是有利可圖，而且是有引誘力的。這因爲在比較後進各國裏有着大宗低廉的本地工人，使所投資本獲利豐富，爲西洋文明下比較嚴格規定的情形下所不許的。長時間的工作，低廉的工資，無須注意現代的衛生與安全的要求，沒有什麼組織嚴密的工會，甚且還有一種無異奴隸制度的包工情形，凡此一切都是極好的獲利的門路，投資者自然想要充分利用的。在這種地方，一切汗血勞動等着供人搾取，而埃及與印度工業，中國廠家以及非洲種植場的歷史，莫不表明牠們是被搾取得淋漓盡致。(3) 至於利潤遭受損失的危險，永遠可以不必掛懷，因爲在私有企業的背後是有外交與武力在照顧，務使商人的心思不致白費。

再者，經濟帝國主義其他各種不容漠視的形態也是值得注意的。商業上的需要要求有平靜安定的區域；這就必須有民政與軍政的管理。因此乃有印度、埃及與英屬非洲統治地的文官制度的成立——僅舉幾個最顯著的例子——我們的中產階級與上層階級的許多後人就在那裏找到了高貴和優裕的事業的機會。這種發展已經發生了若干重要的影響。一方面牠養成了一種眞正仇視各該地自治政府的心理；誠以被統治各民族的民族主義運動勢必攻擊這一種制度的基礎，這種制度使許多年青人每歲得到否則不易得到的一種職務。另一方面，牠包含着在各該地有作適當的軍事佔領的必要，這事本身又包含着更多的職業；因爲國內的輿論自然而然要求保障牠的子子孫孫的安全，務使不受叛亂或革命的威脅。誰也不必懷疑這種事情有許多是必要的，有價值的。不過同時誰也不必懷疑，牠造成了一種特殊利益，阻礙自治的進行，這種自治能力尤以印度爲顯著。

這種經濟帝國主義還有另一個特色，對於牠的最初原則的影響頗爲重要。當市場爭奪戰限於西方各工業國家的時候，這種競爭還是發生於工業的生活程度頗相近似的各國之間。自從遠東加入之後，就添了若干新的因素。例如日本的工廠標準使牠可以擊敗蘭開夏（Lancashire）的製造家，奪去他不少歷史悠久的市場；而印度，不久也許還有中國，那種濃厚的國家主義促成該地的保護關稅，藉令他們本國人民可以操縱他們本國市場。第一種發達的結果不是使競爭失敗者各項工業發生嚴重的失業，便是促成國家干涉，以立法來削弱一種不平均的競爭的力量。這種國家干涉引起那個蒙受不利的國家的反應，便是逼牠採取各種自衛的辦法。這亦是保護關稅發展的結果。牠獎掖了經濟的自給；當國際貿易繼續增進，正是充分利用資本的時候，經濟的自給卻阻斷了國際貿易的通路；按科學上的進步已經無限地增加了資本的生產力。於是整個經濟機器脫了關節；而一九二九年那種不景氣，嚴重地擾亂了全個社會平衡的不景氣，便是勢所必然的結果了。這在如今已是一種無待贅言的老生常談：即在這種局面所產生的利益衝突之中，要避免一種最後的慘刼是委實困難的，也許是不可能的。

從這些論點得到的推論是很明白的。國外投資所造成的利潤，展開了尤其是十九世紀最後三四十年間特有的那種帝國主義。爲要保護這樣獲得的利益起見，每個參加逐鹿的國家都是相率增厚牠的軍備，以保障牠的利益。但軍備增加的結果便發生了相互的疑懼猜忌，這種疑懼猜忌又促成了二十世紀初年間鈎心鬬角的同盟與反同盟；各民族國家以鬬士的劍拔弩張的姿勢相持不下着。殖民地，被保護國，勢力範圍，甚至還有合理期望範圍，這些都闡明這種發展的幾個不同的形態。這都牽涉到國家威望的政治問題，而國家威望又牽涉到一個體制，其間一國的武裝勢力便是牠的權威之最後手段。現實地加以檢討，所謂國家威望的政治也者無非是該國資本家能夠策動國家來維護他已經獲得或者希望獲得的利潤的那種權力。英國之佔領埃及，便是要保全英國債劵持票人的利益。南非洲戰爭無非是爭取金礦而起的一場卑鄙的爭鬬。

任何帝國主義國家都逃不了這些干係。法國的統制摩洛哥便是企圖保護法國資本家的投資。日、俄戰爭歸根到底便是一個腐敗的政府努力要爲一小羣鬼鬼祟祟的朝臣，維護在滿洲的大宗森林權利之結果。爲了美國資本家的利益，尼加拉圭，聖多明各，海地，一概淪陷到了美國郡縣的地位。剛果（Congo）地方慘無人道的暴行，英、美金融家控制墨西哥石油的鬬爭，德國與協商國間在戰前期內近東霸權的爭奪，日本的倂吞高麗和牠最近的創設傀儡滿洲國，這一切都是名異實同，換湯不換藥的舉動。有一羣人追求了而且像他們所想的，尋到了一種特別有利的投資，他們居然鼓動了他們的政府來保護他們的利益；等到末了，政府竟與投資者分不開來，以致對於投資者利潤的危害竟被視同對於國家榮譽的侵犯。在這樣的情形裏，國家的武力在事實上，等於他用來保障他的特殊權利的武器。

這很明白，生活在這種空氣裏的一個國家是被體系的邏輯所迫，不得不視戰爭爲牠的主權權力的最高表現。牠的政治家也許不願有戰爭，但是驅迫着他們的種種勢力不容許他們有所抉擇。因爲這制度的定律假如不變，則不戰便等於危害了資本主義精華所在的利潤獲得。不戰便是取消了國家主權的整個目的。而且國家情調與資本主義投機的聯繫到了一九一四年竟是這樣牢不可分，甚至社會主義領袖們往昔宣誓反戰的，也把反戰的決心拋出九霄雲外，而將那次特殊危機與先前一切戰爭分出了不同之處。到後來他們纔知道他們的解釋是錯誤的，但是那時候要亡羊補牢，挽救大錯，已經太遲了。

這裏我旨在維護的論點，就是說國家權力操縱於資本所有者手中時，國家的主權是不會放棄的。國際聯盟對於牠那許多重大問題所以失敗，就是此故。牠在日本帝國主義的威脅下失敗了；牠在軍備的威脅下失敗了；牠在經濟國家主義的威脅下失敗了。假如有人說這種失敗毋寧是出於會員各國意見參差之故，——一九三三年三月間全體一致的譴責日本正是一樁非常的成就，——這話絕不能駁倒我的議論；要知道失敗的根源就在於牠是若干主權國家的一個聯盟的概念。若要有成功的把握，國聯必須制止各國視戰爭爲國家政策的一種可能的工具。若要做到這種制止，主權觀念的取消是根本必要的。除非把牠取消以後，國際方面是不能有任何認真的結合的。唯有把牠取消以後，國聯纔能認真以全副力量來消弭戰爭的原因。只要國家保持主權一天，那麼國聯爲了弭戰而作的每個步驟，都將被主權觀念固有的後果所阻撓而減少效力。一種國際的警察，潛水艇的放棄，軍用飛機的廢除，運用經濟抵制以抗侵略國家，這一切步驟都是攸關某一國家的國家利益的；牠使要運用牠的主權出而阻撓，使這些事件概不能成立協議。而國際聯盟的基礎既然除卻程序的問題以外，一切議事概須全體一致的同意，所以每個國家的主權權利就可以保障牠所認爲是牠的利益，意思就是說在各項重大問題上概不能有什麼成議。同時資本主義日見加深的危機又產生了一種日見緊張的空氣，結果每個國家雖然洞見戰爭的不堪收拾的禍害，卻仍身不由己地備戰不已，彷彿戰爭是一件牠們無權控制的事情。

因此我的議論很爲簡單，我說資本主義發展之帝國主義形態的各項定律必然地包含着戰爭；我又說一個有效的國際秩序在先天上是與牠不能相容的。那種國際秩序必須符合一個統一的經濟世界之各項範疇，而這個經濟世界已經完全跳出了主權國家以一個政治的範疇地位，加之於牠的種種限制。一個國際秩序想要有效必須控制下列各種事情，如幣制，關稅，勞動標準，移民，原料供應，落後區域的開發等等，但要控制這些事情，牠必須能夠打破現有種種既得的特殊利益；牠們都是運用國家的主權來保護牠們的。在目前這樣組織的世界裏，牠是不能打破牠們的，因爲牠們是從一個資本主義社會的階級關係裏必然發生的。保護牠們的種種勢力正就是在國家社會內保護着本國資本家權利的種種勢力。主權國家在國內既保護着一種法律權利的體系，藉此保障資本家的優越地位，所以國家權力在國外，基於他與牠的關係之邏輯的必然性，必須儘可能範圍內，保障他對於其他國家資本家的優越地位。唯有當這些階級關係轉變了以後，各國的矛盾纔能有任何基本的調和。至於在現行的基礎上，國際關係間縱有最大的善意，也只能展緩，而不能解除，最後不可避免的衝突。

## 三

我以為戰後時期內有好幾樁事情都證實了這種解釋的正確性。這是饒有意義的，即那些準法西或徹底法西的國家，日本、德意志、意大利，一概都是在那裏搜索殖民地利益；還有同樣重要的，即牠們都是明目張膽地軍國主義化的。牠們每一個都面對着嚴重的國內的不安，一個專制政府為了牠所代表的資本家們的利益，而鎮壓這種不安；同時每一個都是進行着一種劍拔弩張的外交政策，藉此企圖轉移國內疾苦的視線。誰也知道，在長時期中日本與希特勒與墨索里尼被牠們國內狀況驅而出此的這一類政策，不可避免地要促成戰爭的；同樣地，誰都看到牠們影響所及，使其他各國都從同盟與軍備上求保障。牠們這類政策加於和平體系上的危害，在階級關係保持現狀不變的時候是無消除之可能的。但這些政策個個都是資本主義在牠的災難的逼迫下的邏輯的結果，因爲牠要挽救牠的危亡，牠必須設法取得一片擴張的園地。世界既像現在這樣組織的，牠欲事擴張，勢必令其他國家吃虧，而其他國家又不能將牠佔據的領土拱手讓人，誠以這樣一來，退讓的國家將益發增加牠自己感受的經濟困難。

戰後期間英國經濟國家主義之生長同樣是暴露着這種局面的。英國保護主義運動遠在十九世紀八十年代已能看到一種復活的朕兆(註二〇)而自一九〇三年張伯倫(Chamberlain)的競選運動以來，保守黨多少是帶些保護主義觀念的。但自從一九〇六年來選民在每次選舉的時候，總是表示反對關稅改革的；近者如一九二三年，當包爾溫專爲了這事解散議會的時候，他竟遭了極大的失敗。這並不是僅有的例子。就是一九三一年人心惶惶中的選舉，結果保守黨得票之多爲近代所未有，但選民是得到了舉國一致政府中領袖人物的保證，說是不會提出保護關稅的問題的；(註二二)自由黨決不會在這種條件下參加一個混合政府的。但該政府成立了曾無多日，自由貿易制度就不見了，而在一九三二年渥太華會議(The Ottawa Conference)上，就採取了各種辦法來展開帝國內更密切的經濟關係，這些辦法是三十餘年來各政府所始終不敢試行的。

這種演變事出非常，殊可加以考慮。按英國是首先受到工業革命之賜的國家，而在自由貿易之下，牠變成了世界上首屈一指的製造國家。牠全靠牠的輸出；假使減削了輸入以限制輸出，那在牠的棉、毛、鋼、鐵、及煤等等的製造家看來，實係一個自殺政策。但當其他國家把牠們的經濟從農業變爲工業性質的時候，牠們開始，像美國就是一個顯例，爲了本國製造家的利益而保護牠們的國內市場；英國一直到大戰雖沒有失掉牠的優越地位，牠開始尖銳地感到其他國家的競爭了。大戰使這種形勢深刻化了。牠不僅使貿易的常軌起了革命的巨變，牠的種種特殊的問題又產生了一種馬上表現於經濟圈內的國家主義。英國於是發覺牠所處的一種地位，是從關稅上的收入可予納稅人以種種切實的利益的。輸出市場的喪失使輸出者的權威遠不逮先前的浩大；同時國內製造家的關心於保護他自己以抵制外來的競爭，卒能在嚴重失業之下，把貿易平衡那個老論調復活起來，而其所取方式又使人們不願張開眼睛來看出牠的根本的荒謬，恰像重商主義時代的那種情形。關於關稅的設立也沒有提出什麼新的議論；商人簡直就承認局面已經大變，使自由貿易成爲不能適用的陳腐廢物了。結果是，不消說得，大大地危害了比利時與丹麥那些國家的經濟地位，因爲牠們的福利是多半靠着牠們之得出入於英國市塲。但這種改變在國內政海上竟沒有引起一絲風波；這表示一個民族，牠的經濟技術向來使牠不得不保持一種國際眼光的，竟被迫犧牲牠的歷史上的事業，而採取那種自給經濟的理想。這種主義便是我們的生產力量與我們的分配力量是深深地矛盾着。而那種矛盾，我們不妨再說一遍，乃是資本主義社會所包含的階級關係體系之必然的結果。

我們現時代第三個可注意的特徵，便是一方面若干經濟學家衆意僉同，擬出了可予資本主義制度延長壽命的種種方案，同時在現行階級關係構造裏，要使他們的擬議發生實際的效力，卻有其不可能性。這是一樁衆意僉同的事，我們必須把一切國外公債交給國際聯盟辦理，唯有這樣，我們纔能防止債務國家的妄用，同時避免強力討債的舉動。我們需要將關稅及各種相同的限制貿易方法加以減削，我們需要一個通行世界的貨幣制度。我們需要將國內投資方式加以改良，並將目前證券交易所造成的投機瘋狂加以制止。我們又需要將工業方法加以重大的改組。我們必須以國際協定來調整各種基本原料的生產；同時制止各種用流汗勞動製造的商品之傾銷，制止這種由政府津貼補助實業的政策，例如英國甜菜糖業便是靠了那種人為的獎勵纔能生存的，而且是不必要地生存的。總而言之，我們能夠規定一個國際經濟政策的大綱，只要和平維持下去，這個政策大綱或能給予資本主義相當程度的復興，而使生活程度有遞增的可能。(註三二)

但本諸我們一九一九年以來的經驗就能明瞭，上述種種方法非今世競爭不已的資本主義構造下所能做到。攸關的特殊利益方面是不顧擔任那些必要的犧牲的；而且他們自恃力能利用愛國情調來保全他們的利益的。沙爾特(Sir Arthur Salter)(註三三)曾預言謂各國政府舉行一個世界會議以求合作經濟行動，結果竟可以裨益少而為害滋多；他一九二五年的預言，竟被一九三三年的經驗證實得歷歷不爽。事實是這樣，我們的階級關係體系逼迫我們用了一個全然不同的時代蛻化而來的一種技術，來處理一個國際社會的各項問題。這個技術與這個目的，既然根本是互不相容的，則其不能成立一種和諧的關係，自非出人意表的事情。

因爲一個國際社會的各項問題必須每個國家的行事能够以共同的幸福爲前提。但只要各個行事都是旨在保全，甚且推廣，特殊利益方面的既得權利一日，則一日不會以共同的幸福爲前提。要知道各國假如要顧全私利，使須有這種工具來使牠的宗旨發生效力因此以實際眼光看來，軍備減縮與現行經濟制度實爲絕不相容的兩種觀念。熱心者看出今世各國沒有當眞要戰爭的，所以就假定軍縮應該是直截爽快的一件事，他卻忘記了這個重要的事實，卽各國雖不欲戰，但牠們各個的經濟制度組織是如此，在長時期中，牠的利益有許多不經衝突就不能保全。只要這種情形繼續如此一日，每個國家的陸海軍事專家必須要求他們認爲必要的那些工具一日，藉此保全這些利益。除了因爲這種情形以外，一九三二年軍縮會議上遷延日久的假惺惺作態就無由解釋了。一言以蔽之，這裏暴露的事實是，每個國家一方面願意大聲疾呼主持一切抽象的軍縮，同時牠並不認眞願意放棄在牠考慮的判斷下認爲爭霸戰時有特殊價值的任何軍器從事解除軍備，使是要信託理性的服人的力量，而信託理性的力量便是拋棄不負責任的任意從事及其所由實施的強權政治。一個國際社會苟欲發生能效，必須把這些拋棄纔行。但就現行秩序的各種定律而言，這是一個矛盾。

這在內外兩方面眞是一個矛盾。在對內的方面，因爲社會的階級構造既然是不許人們有同等福利之權，所以就須另尋方法使大衆滿足，這種方法就只有向國外搾取。在對外的方面也是這樣；若要保護牠的搾取權利，牠就須維持牠的主權，庶幾當牠的威望告危的時候，牠就可以拋開理性而用武力。我們可以抽象地想出一個資本主義，具有國際的規模，跳出了國家的壁壘。然而，歷史既限牠要與民族國家相結合，所以牠不能在牠的假定上做到各種必要的調整。

一個國際社會必須有經濟的世界設計；苟無經濟的世界計劃，我們現在的財力就不能充分利用到最高的程度。但世界經濟設計的意思是，捨較小的利益而取較大的利益，職是之故，我們的各項問題便須以理性解決。但當人們的利益是與抹殺理性的要求相關連的時候，他們是不大肯服從理性的。在這種情形裏，在他們看來，小夥的人們竟比大羣的人類來得重要。一個有組織的特殊權利，要被取消的時候，就抹殺理性，而訴諸牠的制度所能鼓動的種種激情；而在激情表現之前，理性常是束手無策的。爲什麽束手無策呢？這因爲在我們這些階級關係裏，統治在上制定政策的人們總是生產工具的所有者。除非能够證明他們的特殊權利係屬公共福利下必有的副産物，否則他們的地位就不是理性所能衛護的；而現代國家中殊缺乏當眞可以理性來衛護的經濟特權。因此擁有特權的人們，爲了保持特權計，就不得不去利用無知愚昧，激情偏見了；而這種利用最爲圓滿如意的環境，就莫如戰爭所造成的那種空氣了。

當理性作用的結果，給予人們平等的利害的時候，他們是聽命於理性的。一俟理性的作用危害了給予他們特殊利益的一種制度的時候，他們就置理性於不顧了。過去一切社會大改革的歷史都是這樣——宗教容忍的確定，奴隸制度的廢除，婦女選舉的允許，工會的承認，勞動階級的選舉解放。我們現在努力給予我們置身其間的國際社會的各種涵義以制度的形式，也遭遇同樣的情形，牠的那些涵義是與資本主義階級構造所包含的那些涵義相矛盾的。牠的那些涵義只有在資本主義享着和平的時候纔能發生作用；牠又只有在和平爲牠的各分子的重要利益的時候，牠纔能享着和平。但假如和平的結果危害了他們認爲重要的特殊權利的話，他們就不相信和平是他們的重大利益。於是他們就要想盡方法，發動戰爭，藉以維護他們的權利了。他們可以說他們的國家光榮或者民族利益是在危急存亡關頭。他們可以說他們是爲了文明與野蠻抗爭。他們可以說他們是在保全歷史契約的神聖義務。他們甚至可以說這根本不是什麼戰爭；於是這戰爭在他們就算是一些膺懲，或是爲了恢復與他們衝突的那個國家的秩序。這一切花樣我們在今世已經屢見不鮮；而只要我們的社會繼續建築在牠現有的階級構造上面，我們安知這些花樣不再發生於將來。但在每一次都是這樣，不管花樣如何翻新，一旦激情的麻醉力消散了，終掩不住這個事實，即是一種特殊的經濟利益，運用了國家權力來保障或推廣牠的特權。

我們必須依據這種背景來研究一切主張由國際聯盟造成集體安全的方案。牠們預先假定各國可以有一致利害的團結來對抗一個侵略國。牠們假定每個國家深深感覺和平之爲得計，甚至願竭全力與其他國家一同保持和平或恢復和平。但這是一種抽象的解決方式，未曾充分顧到在力國出現的那個經濟秩序與阻礙牠出現的那個政治秩序之間的矛盾是有什麼意義。日本之侵佔滿洲正是那種侵略行爲，應該把集體制度的種種制裁付諸實施的。可是沒有一個列強準備對牠運用任何制裁。道德上的譴責，日本得到很多很多。但牠大概覺得牠對於滿洲的實際保護權，以及由此可得的經濟利益，是儘够抵償國聯一個空洞的決議案了。希特勒的德意志處心積慮破壞奧國獨立的企圖，震動了每個歐洲國家的良心；可是這事曾經慎重設法，不使牠提出於日內瓦，就因爲這個簡單的理由，即每個國家不欲對於德國的侵略，施以制裁。同樣地，我們殊難預測法蘭西或意大利竟會對於牠們各自之衛星聯盟國行使這種制裁；因爲一旦行使了制裁，就會毀傷那些聯盟所以慎重締結的宗旨。這些制裁手段分明是有極大重要性的；但正是因爲牠們有重要性，所以在現行制度下要行使牠們是這樣的靠不住。牠們的行使將含有各國對於國際組織的各項目的有了一種協議，有了願將其他政策的對象壓制了以求和平的一種意志，但這樣協議與意志是現行社會秩序的一切根本習慣所不許有的。難道在一次德、俄戰爭中，我們可以指望波蘭與羅馬尼亞，縱使有國聯保護牠們，竟會實施經濟制裁以對付力量足以毀傷牠們自己福利的一個敵國的嗎？我們儘可以說，國聯能設法賠償牠們所受的損失。但向德國徵取賠償的那番經驗顯出這是不很有希望的事；由情理說來，任何國家凡是並不直接捲入戰渦中間的，恐將以爲中立較屬得計。

## 四

因此，據我的意見，一個切實有效的國際秩序，須從改造現代社會的階級關係做起。這種改造做得愈是切實，則各國愈加無意進行一種帝國主義的政策。若將社會的生產力儘發展得人人能夠平均分享牠的產物，這就可以防止牠的政治權威被篡竊以逞牠的少數分子的利益。牠的主權於是不復成為那種利益的掩飾物。牠的投資方向於是不復成為專事對外搾取罔顧國內需要的一種技術。牠的外交關係將表現一種商業的連絡，不需要一個以經濟帝國為理想的政策所包含的那種黷武主義了。社會主義國家所組成的一個社會，是能夠在眞正互惠與善意的立場上考慮牠的各項經濟問題的，而任何其他國際秩序都是休想有這種地位的。因為這樣一個社會，而非任何其他社會，纔能夠審愼周詳，一致貫澈地計劃牠的生活。資本主義國家的本質內固有的那些國際問題——因為牠們是資本主義的階級關係內固有的——不會去麻煩牠了。牠的關懷和平之心是更加直接的，因為資本主義社會為了自全計，迫而虛造的愛國主義那種特別心理，不會去敗壞地對於和平的默耿之心了。在以人類搾取人類爲生活的那些原則——牠們實施時候是這樣——上面，我們是無從建築一個合作的制度的。

有人辯稱着一個國際秩序的種種制度已經切實有效地組織了起來，這種改造階級關係的運動是不能成功的（註二四）。但這就是假定謂在現社會的構造裏面，這種組織是辦得到的。假如這裏所作分析是正確的說法，跟着說來這個假定便是不能成立的。資本主義的和平，在牠的本質上，只是戰爭與戰爭間透一口氣的功夫；因爲資本主義與民族國家間的那種關係乃是長時期內必然發生衝突的一種關係。所以假使我們有和平的誠意，我們職在促成資本主義的轉變，以這種轉變爲眞能發生作用的一個國際社團之必要的先決條件。

這樣的一種轉變乃能使那種有礙和平根本的主權觀念爲之打破。牠乃能使國際社團之全個旨趣開始發生意義。因爲一個平等的社會並不需要帝國主義的手段，帝國主義乃資本主義構造內固有的財產關係之邏輯的產物。這話不僅驗諸美、法、德等國的經濟歷史，即從英帝國這個正統典型的歷史看來亦可證明非虛。帝國主義之發生於英國，正如其發生於羅馬當年一樣，永遠是要保護特殊權利使之不受攻擊，其手段便是向外發展，對於國內大衆稍爲讓步。一俟保護特權的必要消除以後，投資的進行可以眞正達到一種局面，使公共福利能夠得到切實的注意。關稅，幣制及原料等問題也是這樣；關於移民的那些嚴重的心理問題也是這樣。社會主義社會所組成的一個世界秩序，則因對於設計的結果有同等的關切，是能夠抱着以理性爲先的眞正決心來解決這些問題的。

許許多多和平主義者的努力都是建築在這個論點上，以爲政治家們只要稍爲多一些意志，稍爲多一些毅力與決心，我們就不致遭受戰後期間那些失望的淒楚了。這輩政治家也許可以減少牠們一些；但我不以爲他們竟能不使牠們發生。要知道政治家們的決議不是原則上的抽象的判斷；而是他們在許多無情的物質的勢力交相決定的一個世界裏所作的決議。在我們生存的這個世界裏，若以撤回國聯會員各國駐日的大使，或以經濟抵制爲脅迫，藉此企圖影響日本的行爲，至少在情理之中，是會發生戰爭的；而這種戰爭未必一定會得輿論的贊助的。有人批評約翰西蒙(Sir John Simon)不肯爲國聯冒風險，這話沒有注意到事實上，假使他這樣做了，他大概會促成一場衝突，使國聯本身以及種種其他的東西隨之而滅亡。批評他的人相信他的政策是比他所遇到的事實下應有的政策來得懦怯多多了，這種相信也許是對的。但他們所抨擊的那種懦怯性是屬於一個資本主義社會造成的心理環境的骨子裏的。要有和平主義者所要求的那種勇敢性，他們必須創造一個環境，其間每個國家凡是恪遵牠的國聯會章下的義務的，都會得到其他會員國的自動的援助。但就現狀而論，每個國家的利益，在每次有制裁必要的爭議裏，是這樣的各不相同，以致無從擔保那種自動性。既不能有這樣的保證，我們所處的境地便是在一方面國際聯盟沒有把握對付一個違約的會員國，而另一方面，一個忠貞地遵守牠的義務的會員國竟可因此致禍。

這樣說來，到和平之路只有經濟的民主這條路；除此以外，別無方法可在理性與正義的基礎上建築社會組織。在任何其他形式的社會裏，決定國家舉措的權力總是操在擁有資產的特權階級；而他們在國際方面總是運用那種權力去鞏固而且伸張他們的權威的。於是欲望成了原則之母親，理性變爲國威的僕從。這樣一個社會竟許會以正義爲職志；然而他總不免以正義觀念與牠自己的權威的維持併爲一談。如我所論，牠在國際關係上的舉措與牠對待本國人民的舉措恰是一般無二。牠的利益等於公理的觀念，使牠展緩各項必要的對外的改革，恰像牠展緩必要的對內的改革一樣。唯有轉變整個資產制度，然後能夠革除一個適當的國際秩序上的心理障礙。

這裏也許需要插進一句話，社會主義與經濟帝國主義是不相容的。因爲後者一舉一動都離不開武力；而正就是武力的費用——這在英國今日已五倍於六十年前——做了社會改革經費上的主要障礙物。再者也許還可以辯稱帝國主義的拓展既使全國視線不復注意於社會改革，所以社會改革勢必加以猛攻的那些特殊利益方面，如貧民窟與飲酒業，都發現帝國主義的展開是保護他們的最好的煙幕；這就是爲什麼釀酒業主與貧民窟的房東永遠熱心擁戴一個澎漲的帝國了。然而爲毒之甚，更不止此。因爲一個民族之帝國的利益愈是重大，那麼牠的民主的習慣愈不穩固。牠的各項問題絕少可由民衆監督方式來辦理的，這種情形已從歷次左翼政府設法使我們對肯耶(Kenya)或印度的政策開明化的經過而明白昭彰。無論在用人或理想方面，不去繼續成規是很難的，誠恐破了成規，有損國家對外的威望。但要避免打破成規，結果就使許多重要的公共問題，實際不受立法機關內的公共監督。這樣一來，跟着就使各政黨間的鴻溝縮小，並使行政當局無慮遭人批評其原理，因而增加了不少的職權。狄士累里(Disraeli)說得好，印度的鑰匙是在倫敦；但是一位印度的國家主義者假如知道下議院經常只有一年一度考慮用什麼鑰匙開什麼門，他不見得會怎樣舒服的吧。

在這種情形之下就產生了兩個結果。一方面政黨政府變得削弱無力，同時代議政治這個有力的原則也隨之削弱。霍布森(J. A. Hobson)曾在一部名著裏(註二五)表明了自由黨設法適應帝國主義的努力，怎樣使該黨不復成爲一個獨立的主義。這種努力使該黨可與保守黨融合無間，而追求共同的帝國主義的目標；自從一九〇六年以降，兩政黨間關於殖民地或外交政策事件上甚少重大的差別。而且繼續成規愈堅，則公衆指摘愈少，結果議會對於殖民與外交政策的監督變成了空有其名。稍後當社會主義者崛起爲國內第二政黨的時候，他們跟着被迫或則接受這種繼續性，帖然無辭於帝國主義的手段下面，或則向這種繼續性挑戰，根本推翻爲他們疾惡的那些國內特殊利益之主要的保障。假如他們對於帝國領域，例如印度，要推行民主政治以配合他們的社會主義，他們就要驅使特殊權利方面對於民治原則發生懷疑，誠以帝國與外交事務上已養成了專制的習慣，既得權利方面向來一秉己意行事，很少受到阻撓，這種情形在國內自然有牠的反映。假如經濟的民主制意思就是帝國主義的結束，那麼帝國主義者自然想把民主政體結束。

這些連帶關係是有意義的。牠們顯出帝國主義的習慣在國家統一內造成的鴻溝是怎樣地深。因爲牠爲自衛而需要的政體是沒有平等的一種，而民主政體是肯定了平等的本質的。一個內部沒有平等的社會，對外也不難否認人家的平等。否認之道必須把其他民族的權利要求，看得與自己的權利要求不同；而在長時期內這種不平等的看待方法，就是把人家的要求看得無足輕重。帝國主義實施情形之爲如此，已有牠對待當地土人的情形證明；而從蔑視土人的人權再進一步蔑視一般平民的人權，其間並無多少距離。例如這是可以注意的，一個假充科學的生物學開始既揭出了白種人優秀的理論，接着就一般地肯定了白種富人對於白種窮人的生物學上的優越性。牠用了這種肯定的說法來抨擊白種窮人的社會改革要求；這因爲這些改革的費用，以及牠們的後果，特別在教育方面，是危害他們自己的特權地位的。而帝國主義勢力的壓迫愈是不受民主的監督及其社會改革努力的攪擾，牠就愈加隨心所欲，可以向着有利可圖的地方儘是侵略下去。但牠的侵略愈是深入，與牠競爭的帝國主義就愈少機會，因此牠們間衝突的機會就愈大。而當衝突日見迫近之際，像一九一四以前的那幾年我們所看到的，爲了衝突做的準備就愈加白熱化，無論是軍事的，或經濟的，或心理的方面。在這種關頭，和平變成了呼吸迫促的透一口氣的功夫，而那些口口聲聲矢忠於和平的人們——其中有些人無疑是誠心誠意的——卻正就是被迫爲了不可避免的戰爭從事種種準備的人們。

這種事實可以簡單明瞭地用一連串肯定語來說明。資本主義必須用軍國主義保護牠的勝利品。二者的結合使全國的注意從緊急的國內問題轉移開來，而將國家的收入用在不生產的支出上。再者，這些勝利品的保全需要對於帝國與外交事務上的政策的繼續性；這些事務日漸不受民主的監督。這種情形跟着又養成了對於國內民主要求的不容忍性；而民主政治要求之堅持不已，復促成一種遞增的懷疑，即對於民主政體原則的根本懷疑。當民主制開始在形式的政治領域以外得勢的時候，牠就遇到了挑戰；而挑戰的結果，在環境利於反動的地方，就是各式各樣的專制政治。這種專制政治既解脫了民主的束縛限制，於是更能自由地追求牠的帝國主義的目標，而且也是勢須這樣做法，藉此可以使全國注意從國內疾苦轉移開來。但帝國主義的目標旣日增月盛，就與各競爭國家的那些目標發生衝突；於是當事的列強，照例還有牠們的衞星國家，都是身不由主地走到了戰爭的路上去。

我們不妨指出，凡此一切情形非特可由戰後各年來的歷史來闡明，抑且可以牠們的先驅者的歷史爲解釋。意、德兩國內帝國主義與民主政治的衝突只是最有聲有色的例子，表明爲要保全一個少數階級特殊權利而處心積慮地抵制經濟方面的平等。牠們將多數人的要求犧牲於資產的要求下；而資產方面一旦有了權力在手，立刻想到假使一個強硬的外交政策有充分強大的武裝勢力爲後盾，就能够許牠染指於許多財富資源了。這並非意料之外，希特勒的德意志對東歐虎視眈眈，作領土利益之想，藉此增加牠在本國人民方面的聲威；那個政策裏含有若干切實的經濟利益，在主持者心目中是値得賭一賭的。這也不是意料之外，法西斯的意大利憧憬着非洲的領土開闢；這將使牠的臣民亟亟於開闢一個新的帝國而不復注意於里派列羣島(Lipari islands)的慘景象。這些帝國夢的代價便是戰爭；而且總會有這樣一個時機，那個夢想者的威望與這些帝國夢的實現成爲密切相連，使他非償付這筆代價，卽須被人推翻。在這兩個抉擇之間，他實在是不能猶豫的。

其他民族的歷史在本質上亦沒有什麼區別。就是自由傳統最爲根深蒂固的英、美兩國，也在牠們之中發現對於民主政治的深深猜疑，這因爲當他們開闢新市場的能力愈是式微，民主政體對於經濟特權的威脅也愈見鮮明。在這兩國裏帝國主義利益之控制國家都使國際的空氣中毒，例如英、美的海軍爭霸，與軍縮會議暨世界經濟會議的困難叢生，俱足爲證。這是饒有意義的，在兩國裏，最擁戴帝國威望的人們也正就是最讎視社會主義的人們；這是特別饒有意義的，在英國對於民主政體，尤其是經濟方面的民主政體，加以最大的攻擊者，都是晚近六七十年間曾由印度的經驗訓練成帝國主義的思想習慣的人們。一個帝國主義的社會，旣建築在一個優秀人種統治一個低劣人種的不言而喻的權利上面，自然假定謂牠的權利都是牠迫人服從的那種力量之作用；這是牠所知道的唯一大道理。但從那個假定出發，牠必須有主權之一切涵義，以爲自己辯護。一旦牠放棄了牠的主權，牠就不復能够做牠自己的行爲的裁判者。在那個時候，權力須受原則的支配；

這就是說一個國家如果承認有一種權利超過於牠的利益，那麼主權的全部宗旨便失其效力了。但這是否認了資本主義的必然性，牠依據牠自己的內部的衝動是視強權卽公理的。而一個國際社會的種種定律所要否認者，也正就是那個內在的衝動。

在某種意義上說來，有許多誠心願見一種有效的國際秩序的人們是承認上述的理論的。一九二四年的日內瓦議定書企圖對於違犯國際聯盟會章的任何國家，制裁之運用成爲自動化。（註二六）牠旣經國聯大會動人視聽地一致通過了，卻立刻被英國的拒絕批准打得粉碎；假如牠加以批准了的話，就將放棄牠任意行事的那種主權了。對於該議定書有些什麼批評呢？威廉斯爵士（Sir John Fischer Williams）這樣寫道：『誰也不會懷疑牠的起草人的誠懇，經驗，技巧與好意，然而他們殊未充分顧及各項國際決議，尤其關於實施武力的決議所依賴的種種實際的條件。』（註二七）那些條件是什麼呢？威廉斯爵士說是『最多只能做到把大概原則規定下來，把牠們盡力解釋淸楚，而交託於負責的政治家們的名譽與信用，他們當時機來到就須將各項原則付之實施。』（註二八）

這裏的涵義是明白之至。那些『實際的條件』是說任何國際協定，凡要求一個大國放棄牠的主權者，都是辦不到的。無論何時，如有一種侵犯行為發生，我們必須信任政治家的『名譽信用』，他們須實施他們在道德上受着約束的那些普通的原則。但是歷史的經驗肯定的明白的告訴我們，政治的『名與信用』總要受他們所處的環境的限制的。『名譽信用』一詞在那些於一九一四年必須說明他們對比利時的明白規定的義務的政治家們，是可以有頗相抵牾的解釋的。日本人對於他們的國聯會章與巴黎公約義務的觀念依然與強佔滿洲是不相違反的。意大利當牠認為牠的國家威望需要一種示威行動的時候，是毫不躊躇地破攻柯夫(Corfu)城的。政治家們以『名譽信用』接受了一個禁止毒氣戰爭的公約；但大家知道沒有一個大國不是在從事這種實驗的。就德國對奧地利，意國對阿爾巴尼亞，日本對蘇聯的態度而論，——僅舉幾個『名譽信用』已表現於公然行動的例子，——這殊非過甚其詞地說，若要靠牠做國際原則上的一個制裁；恐不能怎樣達到我們的目的吧。

事實上信託『名譽信用，』根本就是信託理性；我們所翻覆聲辯的就是國際事件上理性的力量。據說我們能夠證明戰爭是得不償失的。我們能從歷史上表明若照現代的規模舉行戰爭，這對於戰勝國與戰敗國同屬制命傷的。不僅牠的恐怖是深刻的；而且牠開了革命的水閘，像在俄國那樣，那種滔滔的洪水使牠的當事者也有汩沒之險。所以我們假如充分顯示了戰爭的明白的不利，我們在長時期內可使人們確信以戰爭爲國家政策工具之徒勞無功。話雖如此，我們不得不遵着現有的條件進行。假如我們跨過了現狀，那就像一九二四年的議定書，只是自取失敗的不切實的理想主義。那只使牠旨在維護的各項崇高的宗旨失卻信用。

但『我們現有的條件』便是那些在本質上限制理性左右人心的力量的條件。牠們便是隨時隨地把理性箝制在利益下面的一個經濟社會的階級關係。假使我們信託了奴隸主人們的理性的力量，我們不會廢掉奴隸制度了。假如我們信託理性力能使販賣婦女與毒物的商人確信這是一種不道德的貿易，我們不見得會廢掉婦女與毒物的販賣的。我們的階級體系使戰爭在某些環境裏對於某些人們有利可圖；假如他們以爲戰爭能給予他們取得特殊利益的機會，我們是無法勸他們放棄這種利益的。擁護理性論者論調之弱點便是那種斷然的弱點，卽在我們現行的制度下，理性要切實發生作用的那些條件是沒有具備的。

要知道『理性』實施時所處的環境，是被各種不顧一切唯求一逞的利益攸關方面所毒害了。這一種環境裏，確實新聞的供給是靠不住的；這一種環境裏，據路易喬治告訴我們(註二九)雖像格雷勳爵 (Lord Grey) 那麽光榮的一位政治家，也打算扣留着重要的消息，不告訴對於他的政策負有職責的那些同僚呢；在這一種環境裏，還有，我們的教育制度，從未適當地授予大衆關於國際事務各種比較重大方面的知識，而沒有這種知識，理性是無能爲力的；在這一種環境裏，再有，外交交涉由習慣依然浸漬着馬基雅弗利 (Machiavelli) 與霍布斯 (Hobbes) 世界裏特有的那些觀念。當我們重言理性的力量時，我們決不要忘記國際關係的世界如今仍建築在倍根 (Bacon) 的那句箴言上『欲達目的而不耐手段者妄也。』格雷勳爵寫給理文公主 (Princess of Lieven) 的信裏說到改革案『我是極重道德的人，無論其爲公爲私；』(註三〇)但是國際間的交涉並不能被這個法則所嚴格規定的。像亞克頓勳爵 (Lord Acton) 指點出來的，(註三一)這個法則是像歷史一樣古老了。我們處事之際，理性所佔地位，永遠要看我們怎樣熱烈地要求着那個須由理性辯護的對象而定。

我們的世界是這樣的一個世界，在我們社會內的階級與階級間的戰爭，是有國家與國家間的戰爭與之同時並進着，後者是在外部世界上反映出前者的。我們若要結束後者，必須把前者所由發生的那些關係廢止。我們關於國際權利的種種觀念，歸根到底，只是那些關係所規定的環境之反映。我們現在應該懸爲唯一邏輯的鵠的之國際社會，所以遲遲其實現者，關鍵便在於此。各國內部的階級戰爭愈是尖刻，牠們對於企圖限制牠們的主權的一切原則與制度必然愈加猜疑。要知道牠們完全靠着那種主權權威，纔可以維持現在的階級關係體系，以對付牠們現在遇到的挑戰。這種起於內部的挑戰愈是猛烈，國家愈是亟亟地要從國界之外設法減少牠的猛烈性。戰爭並非起於一羣惡人的機心，他們當眞有意作惡，也許竟選擇了和平。戰爭是一個不平等社會的表現，這社會是不顧一切以求維護牠的特殊權利。我們若要跳出戰渦，唯有造成一個世界，其間政府的主要職能將不復爲保護資本主義所要求的那種階級構造了。

（註一）The Philosophy of Right (1821), Section 258.

（註二）Op. Cit., Section 333.

（註三）Prinzip und Zukunft des Volkerrechts (1871), p. 22.

（註四）Das Wesen des Volkerrechts (1911), pp. 146, 151.

（註五）參閱 Oppenheim, International Law, Vol. I (1920), p. 116.

（註六）參閱 Kelsen, Der Begriff der Souveranitat (1920).

（註七）參閱 Dr. Lauterpacht 名著 Private Law Sources and Analogies in International Law (1927), especially pp. 60 f.

（註八）Ibid., p. 67.

（註九）Strupp, Eléments de Droit International (1927), pp. 22 f.

（註一〇）Verdross, Die Verfassung der Volkerrechsgemeinschaft (1926), especially pp. 189 ff.

（註一一）參閱拙著 Studies in Law and Politics (1932), p. 267, 以及其中引證諸書。

（註一二）Labour and Peace (1934).

（註一三）見 Dr. Lauterpacht 在 Economica (1930) pp. 138—72 之卓越的分析。

（註一四）見 Sir Norman Angell 那篇著名的論文，參閱他所著 Great Illusion (1933).

（註一五）誠如 Lord Ponsonby 所熱烈主張者，見他所著 Now is the Time (1926).

（註一六）參閱 News-Chronicle, May 29, 1934. Dr. Joseph Needham 及其他人等簽字的一封名貴的信。

(註一七) Lord Beatty in the Times, August 11, 1934.

(註一八) 書名見前 p. 28.

(註一九) Morley, Life of Cobden (Eversley Edition), I. 248.

(註二〇) 參閱 Winston Churchill, Life of Lord Randolph Churchill (1906), Vol. I, p. 290.

(註二一) 參閱 Lord Snowden 對於此事收集的文件載在他的 Autobiography (1934), Vol. II, pp. 991—5.

(註二二) 欲知此類計劃可閱 Sir Arthur Salter 所著 Recovery (1932)，商務有史國綱先生的譯本，名爲世界之復興，他的結論與一九二七年日內瓦經濟預備會議(Preparatory Economic Conference)上一輩經濟學者提出的計劃實際相同。

(註二三) The United States of Europe (1934), p. 35.

(註二四) Professor Zimmern in the Political Quarterly, October 1932.

(註二五) Imperialism (1904.)

(註二六) 關於一九二四年的議定書以 Mr. Philip Noel-Baker 所著 The Geneva Procorol (1925) 一書中議論最爲有用。

(註二七) Some Aspects of the Covenant of the League of Nations (1934), p. 216.

(註二八) 同上 p. 218.

（註二九）War Memoirs Vol, I pp. 15 f.

（註三〇）Correspondence with the Princess Liven, p. 234.

（註三一）History of Freedom (1909), p. 219.

# 第四章　當代的瞻望

一

從外面觀察起來，每個國家都是一個公民組織，旨在完成一種共同的宗旨的；而從牠的國際的地位檢討起來，尤其是這樣的情形。我們但見衆多的公民參預於一個共同的歷史傳統，有若干親切的獨有的記憶使之神聖化，把牠的各分子維繫在一起，其眞實與親密不啻家人父子間的關係。我們但見牠有許多的社會服務，力圖藉此減少貧與富之間的差異。我們但見牠有堂堂的法庭，以不偏不倚的公平對待各階級各分子。我們但見牠有一個立法的議會，不僅最卑賤的人民可在其中佔得一席，而雖最顯赫的人民亦須贏得了他所屬團體的推選方能入門。我們試將今日國家的職能與一世紀前甚或五十年前的國家職能比較比較。我們很容易結論謂這種變化表明社會良心確已深厚多多。從這個結論上自然推論謂一個更深厚的社會良心能使國家確立為旨在實現牠的各分子的共同福利的一個組織。

這是一個容易達到的結論，但也是一個膚淺的結論，不然本書的論點就是全然錯誤了。須知從這裏揭櫫的見解說來，我們在現社會內發現的那種統一，不是出於同意，而是出於強制，而且國家的根本特徵，不在於牠的追求一種共同的福利，而在於牠的迫人接受某種階級關係，而那種共同的福利只是牠的外表的目的，而不是中心的目的。國家的眞實目的是要維持各項保全生產工具所有者在國家範圍內的統治地位之法律原則的，而牠爲了共同福利的任何設施也永遠是以那個主要目的爲轉移的。社會立法並非社會中全體分子對於共同福利所作一種合理的客觀的要求之產物；這是爲了那些保全有產階級統治地位的法律原則而付的一筆代價。牠是隨着有產階級的枯榮而消長的。牠是他們提出的讓與物，藉令他們的權威賴以維持的那些原則，可以不致受到一種斷然的攻擊。

以上所述當然是把一種局面過於簡單化了，這局面，尤其在牠的心理方面，事實上是非常錯綜複雜的。但這樣大刀闊斧一來，就使國家的分析中之主要事實格外顯明，所以是很重要的。牠鄭重說明生產工具所有者對於最後的強制權力之控制，而且牠又堅持主張大衆得到的那些讓與物不僅是每次要以力戰而得，抑且由國家所組織的那個社會特有的財產關係體系內包含的種種定律，規定了牠們的限度的。假如大衆的要求與這些定律發生矛盾，那就必須改變財產關係體系，而後要求乃能實現。這一種改變，根據我們所有的歷史證據說，非經一番革命是做不到的。

封建社會到布爾喬社會的過渡是靠了血戰纔能做到的。除非我們假定謂今世的人類已較過去任何時期來得更有理性，否則我們毫無理由以爲我們能夠不經血戰而能改變布爾喬社會的基礎；至於所謂人類理性增加的那種假定，乃特殊歷史環境下產生的一種幻想，如今已消失在我們的眼前了。十九世紀特殊的經濟情形，因當代驚人的科學發現，而臻於一種驟然大增的生產力。因爲生產有了巨大的過賸，所以就能夠以一種廣大與深刻的規模，分配種種利權，使資產所有者與除有勞力出賣外一無所有者都能滿足。因此而有那種寬大容忍的空氣，使自由主義各項假定可以應運而生。在那不僅可以生產豐富，而且可以分配豐富的地方，那種滿足一般願望的能力使西方文明多數分子認爲不必因比例分配的原則而起什麽衝突。不消說得，這種自由主義的潮流也曾有漲有落；但廣義說來，到了十九世紀末葉，自由主義的理想似乎已爲西歐與美洲的人士所普遍接受了。

牠出現的形式便是資本主義民主政治；那時懷疑牠不足永久和平地爲有裨於人類的制度者，比較上只有少數人；其人數之少在一九一四年顯得非常明白，當時第二國際各黨，不顧牠們對於馬克斯主義原則曾有抽象的崇奉，竟不費多大困難接受了爲資本主義民主政治作戰的義務。直要到戰爭的厭倦與俄國的革命同時交作，揭開了戰爭的慘劇，人們乃開始恍悟資本主義與民主政治之結合是何等地偶然。這番結合不是因爲內在的原則上有一種根本的和諧，而是由於資本主義正當牠的擴張時期而致。牠已將政治權力頒給了大衆；但這是有一個救濟的條件的，即那種政權不得用來割斷資本主義各項定律的根株的。當各項社會改革不致擾亂資本主義體系的各種基本關係的時候，資本主義是肯實行社會改革的。但當牠們有擾亂之虞的時候，資本主義與民主政治間的矛盾就變做了西方文明的制度上的基本特質。

這種矛盾又以種種的方式出現，這種種方式是歷史上每個嚴重的過渡時期所屢見不鮮的。

資本主義各政黨的合作，以求維持資本主義利益的統一陣線；干涉俄羅斯——與一世紀半以前干涉法蘭西一樣，企圖以武力消滅一種據稱是危害法律與秩序的主義毒；溫和改良派的執政，以及當溫和改革的代價覺得太大的時候，他們的被推翻；末了，當矛盾愈趨愈尖銳的時候，像在意、德、與三國那樣，野蠻地排斥民主政治，視為資本主義原則所不能接受的一種嚴重的危險；凡這一切形勢的發展竟沒有可使我們吃驚之處。衆口交稱一九三一年英國的無與倫比的憲法，像一七九三年人們所稱一樣；而當他們正在拆牠的臺腳的時候，他們還在頌讚牠怎樣為自由而努力，這情形也是今昔一樣。他們指謫溫和的改良派褫奪了法律和秩序的種種保障，而同時他們卻在那裏利用這些保障來保護他們自己的利益，反對憲法上的改革。這種過程在各國有程度上的不同，但牠的性質是處處相同的。雖然美國白宮裏高坐着一位自由主義的總統，但國中自由言論所受的威脅竟可達到驚人的程度。(註一)

這種空氣的變化是有明白易知的理由的。資本主義在衰落期間對於一種自由寬大的政策之奢侈是不能負擔的；牠在本質上是不能舉牠的內部中樞以投降而不經過一番戰鬥的。在每況愈下的一個時期內，若要繼續舉辦社會改革，意思就等於要改變財產關係的基礎。這就等於放棄特殊權利。這將使社會從經濟的寡頭制，轉變為生產工具公有，利益平等分享的制度。向來是這樣，當財產的基本觀念發生動搖的時候，有產的人們就要大起恐慌了。政治的民主制遂被目為仇敵；因為政治的民主制是給大衆以形式上的憲法權力的。對於牠的種種涵義的憎惡不滿變成了一種老生常談。牠已經造成的那些既定的願望是被熱烈地否認了。在世界大戰結束後十五年之中，數千萬人為之犧牲生命的那種民主政治，在大部分的文明人士看來，已不復認為一種滿意的理想了。世界各國十之八九公然放棄了牠們採用已久的那些自由的原則，而重新明目張胆地保護各項私產權利。

懸在我們當前的是一場國家權力的爭奪戰。如今明白昭彰的是這個重要的事實，我們社會的階級關係已與社會和平的維持成為水火不能相容了。這些階級關係已把我們的生產力量與我們的分配力量間的那個矛盾這樣暴露了出來，竟使當代的那個大大的怪現象——豐富之中反有貧困——為那些身受損失的人們所忍無可忍。可是如今的有產階級，正與往昔如出一轍，在擇取和平的轉變，與擇取不惜衝突以求特權的維持之間，竟是寧肯爲了他們法定的特權作戰而不肯讓步。那種態度不僅表現於法西主義各國之蠻然推翻民主制度，牠抑且更加明白地表現於英、美兩國之反對社會改革，法蘭西右派之深切疾視民主政治。在上述各國裏，國家雖欲假裝公正不偏，也沒有裝得像。一俟財產權利有岌岌可危之勢，國家的強制本質就格外分明地在牠的舉措上表現出來；而牠所高壓的便是一般大衆。

人們有時候說，那種僵局並非由於資本家之不願改革，而是由於改造家操之過切。但今日資本家的態度，以及譬如二十餘年前，路易喬治提出各種我們現在以爲溫和得可驚的財政改革案時候資本家的態度，其間並無根本的差異。那次預算案遭貴族院的否決不是意料之外的事情。遠在一九〇六年巴爾富勳爵(Lord Balfour)就已經告訴那輩擁戴他的人們說，這是他們的天職應使『那個偉大的統一黨無論在朝在野，依然控制着這個偉大的帝國的命運。』(註二)他說這話的意思，他於三個月後向下議院透露了出來，那時候自由黨政府的流產的一九〇六年教育條例正當舉行第三讀，他宣稱『眞正的討論必須在其他地方。』(註三)這是明白表示財產權利方而可以不顧民意統治全國，而無論何人讀了一些赫赫的貴族對於該預算案的言論終不會懷疑，這些貴族心中以爲他們有保障他們自己之權，可以反對他們認爲把他們財產充公的任何議案。（註四）愛斯葵士（Asquith）警告選民們說，貴族們的主張中隱隱含着革命的威脅，（註五）他這話說得並沒有錯。

當時一位時評家寫道：『保守黨人不能設身處地於他們敵黨的地位；他們不能自知道樣運用一種爲他們獨占的武器，以剝奪政敵戰勝應得的勝利品，實係「不合運動道德」的；而在普通英國人眼中看來，這是最大的罪惡。』（註六）晚近二十五年來，未嘗有根本的改變。因爲現在依然有人聲稱，貴族院的作用是在保障國家，以防止一個工黨政府將社會主義的原則訂入法律之中；而保守黨提出的關於改革貴族院的一切建議，目的就只在於使一個工黨政府不能像牠的敵黨那樣訂立法律。（註七）但這種行爲在任何合理的解釋下，意思終不外是說選民的意志只能在一個議院所規定的限度內發生作用，這議院的整個性質就在於牠表現着有產階級的利益。

貴族院的態度是一種純粹的工團主義的態度。但牠所以爲重要者，並不由於牠本身的意義，而毋寧因爲牠是一種更廣大的心理之索引。那種心理在若干截然不同的場合表顯出來。牠顯見於煤業主人的不僅堅決反對該業的國有化，抑且頑強反抗該業的統一化，雖然大戰以來每個皇家委員團都建議要向這方面改革。牠顯見於棉花業的拒絕——斯丹浦爵士(Sir Josiah Stamp)稱之爲存亡攸關(註八)——考慮牠的基礎之改造，以應付牠們遇到的新競爭的環境；假如特殊利益方面對於牠的友人的勸告尚且悍然不納，那麽牠更不會樂願聽取牠視爲仇敵的人們的建議了。牠顯見於工會改良工人地位的種種努力所激起的反感。這種情形既可以看做走到獨裁制的一種運動，(註九)那麽在一個社會危機的時期中，社會關係上的缺乏善意自是昭然若揭。我以爲我們未嘗不可說英國的資產階級是願與大衆共享繁榮之利益的，但說這話附有一個重要的條件，即關於牠的法定的特權不得有何問題提出。然而經濟的演進所提出來的正就是這些問題。

美國的情形在實質上亦無不同。大總統已干涉到工業範圍裏以求成立一種改良的資本主義。但他發現他自己竟被特殊利益方面對於他的嘗試的原則拒絕合作，因此鬱鬱不得志。他們對於他提出的辦法毫無信任之心；而資本市場的復興既然是他們的信心的一種作用，所以他的成功的一個根本條件是缺乏着。而且，在另一方面他扶助工人組織以求承認的努力，竟遇到了普及全國的抵制。舊金山的總罷工事件，一九三四年棉織業罷工事件，只是美國商人反抗改革的普遍決心之一二重大表現。再者如我所已經提及的，這種改革的壓力同時有一種日見其深的顯出緊張時局的對於民治觀念的仇視心理，與之相輔而行。羅斯福的政敵舉着自由之旗而戰；但他們所謂自由意即永久保持他們的權利，將美國社會永久保持於這次危機所由發生的那種狀態裏。（註一〇）

事實是這樣，在我們目前達到的環境裏，我們必須跳出了資本主義制度的各項定律，然後纔能做到重要悠久的改革。那些老式的讓步只在資本主義收穫的邊際相當地廣闊，可以讓步而無礙於那些定律的時候，纔有做到的可能。我們現在不是這種時候。我們現在達到的經濟演進的階段，是馬克斯早就看到的，他曾預言謂資本主義的矛盾，結果將造成一羣永久不散而且日見增多的，沒有可以獲利的工作給他們做的工人。技術造成的失業，金融資本有增無減的權力，經濟帝國主義的發展，關於這幾方面他的預言均已充分兌現了。（註一一）在現行法定秩序的構造內，我們不能控制這些趨勢的涵義。牠們是深深地織在我們社會構造中間。就現社會的定律說來，牠們眞可被視爲社會福利的條件。因爲對於牠們施行零零碎碎的攻擊，像一九二九年工黨政府的經驗所昭示，並由羅斯福試驗的歷史所表明，是打撥了該制度切實施行所依賴的那種信心。一種費邊社式(Fabian)的改革策略假定在改革之際可以得到那些人的合作，而在那些人看來，該制度不僅是他們自己的利益之保護的盔甲，抑且是民族福利的保證，再者假如這一種策略設法賄賂資本主義使之同意，對於所有權的轉讓許以大宗賠償，那麼牠所付的代價，將使牠無從實現牠旨在增進的福利了。

我在先前的一章內已經解釋過爲什麼我以爲這類合作是做不到的；我已經設法表明，國家的一切制度，這些制度實施時規定的一切意識形態，把牠們冠冕堂皇的門面話拆穿以後，莫不指明是衝突，而非和諧。這裏我以爲値得說明，即這番分析並不是從道德方面譴責那些拒絕合作的人們，通常把牠這樣看法是不對的。資本家所以不能接受與他們歧異的那些定律，乃他們處身的環境使然。就資本家全體說來，他們之不能否認他們奉行的主義，正無異一個通常的依拉克(Ira-

（三）人民之不能疑問回回教的眞理。按之人類積習，除非在危機之中，他們是不去檢討他們所視爲慣常的各項原則的；而當危機之際，時間又太迫促，不容許他們以鎮靜的客觀態度來檢討牠們。我們似乎必須立下決心來認淸這個事實，卽在歷史上，關於財產權利的爭議，都比關於任何其他事件的分析，易引起更激烈深刻的感情。這種情形是自然之至，因爲財產[illegible]的關係是決定了我們社會生活上一切主要的觀念的。我們如今認爲與野蠻[illegible]的各種原則，[illegible]在某一時期被牠們的擁護者認爲是顯然的眞理。君主的神聖權利，宗教[illegible]的[illegible]性，奴[illegible]，[illegible]戰爭的不可避免，凡這一切都曾有人熱烈擁護過，有些至今仍有人擁護呢。假如像生產工具私有制這樣重要的一個原則，竟跳出這個常例之外，這纔眞是怪事。

按我們必須記得生產工具私有原則在一切通常情形裏，對於那個受其利益的階級，是具有何等的意義。健康與安寧，文化的享受，以及各種不僅本身是富於趣味，而且在我們的眼光裏是最受社會敬重的工作——這些就是牠的明顯的利益了。牠使一個人能夠保障他的子女。牠保證他到了老年可以不受勞動階級全都難免的晚景淒涼。牠代表着購買他人服務的那種權力，和讀書遊歷以解除人生單調的那種能力。我們的階級構造之轉變所要推倒的一種不平衡狀態，便是以上所述種種給予那些人已經慣常享受的東西。若要盼望他們自動放棄這些涵義，就是盼望一種超過人類想像之外的大規模的變化。而且這一種期望也不能取得，或設法取得宗教的制裁來做牠的原則的後盾的。恰巧相反，牠的主張不僅極度擯棄了宗教的制裁，抑且大遭那些教會團體的疾視，牠們在多數人心目中正是宗教精神的明白表現。我們只要想一想那些播道的宗教，例如基督教，牠們能夠許牠們的皈道者永遠得救，而牠們所徵取的代價，並不是要根本改變社會秩序，即此可以想見那種假定謂一個控制國家權力的有產階級，竟會贊同消滅國家權力給予牠的一切利益，實係過於樂觀了。凡是感情熱烈地習慣於一種生活方式的人們，絕少情願不經一場血戰而就把牠放棄的。他們因為他們的地位使然，深信他們被邀參加的那個新世界，是遠不及他們已經控制的那個世界來得舒服滿意了。

## 二

但那番轉變據說是有多數人民為牠聲援。有產者為數甚少，無產者則為數絕夥。無產者既日漸意識到他們的力量，照理他們必能操縱得勢的。例如在英國，只要他們志願如此，他們可以選舉他們自己的人取得政權。於是他們就能支配那些工具——分析到底即係國家的武裝勢力——那些有產階級的統治所依賴的工具。於是國家可由多數人的力量所征服；而多數人是服從經驗的勸告的。

我已經相當論及這種見解所包含的各項假定。（註一二）我以為這種見解是與許多重要之至的因素相矛盾的。第一，這是很重要的，我們極難擔保多數人能夠不遭阻擋，如意行事；特別從當代的經驗來說，我們所有的證據毋寧顯出這樣，假如左派的勢力表示有企圖轉變社會的真正決心的時候，他們將被對方先發制人，廢除民主程序，而使他們不能靠了選舉權行事。遇到那種情形，像今日的中歐與意大利那樣，當然只有靠武裝勢力，纔能做到一番社會改造。

而且即使有一個社會主義政府，決心大事改革，居然上了臺，然而牠的種種困難也正是方興未艾。我以為無論何人若把牠的處境考慮一下，總不會看輕牠當前難關的重大的。假如牠從緩進行，則企圖在資本主義各項定律上，實行零零碎碎的改革的任何政府所遇到的種種困難，牠也將一一遇到。牠一方面因爲搖動了社會上的信心，而使牠的敵對方面觸怒；同時牠又未能言必信，行必果，把轟轟烈烈的信仰見諸事實，以致失卻牠的擁護者的注意。假如牠從速進行——迅速行動的便宜是極大的(註一三)——牠就難免遭到抵制與反抗。在那種情形下，牠的權威就繫於軍隊與警察對於當局者的忠誠之心(註一四)以及牠自己的擁護者的忠誠之心；然而這些擁護者是依賴工資爲生的，這種擾亂將直接危害他們的安全。

在這一點上，對於資本主義社會階級構造內包含的種種心理問題之認識，是極重要的。當將近九十年以前，共產黨宣言公布的時候，馬克斯與恩格爾自然側重資產階級與無產階級間的那種歷史的對立；而看待小資產階級爲一個不很重要的因素，勢必在兩大鬭爭的勢力中間擇一而從的。近今的經濟發展使社會構造日見複雜，這樁事件在我們眼光裏就比較在他們眼光裏，來得困難多了。馬克斯就他所有的證據，堅持謂唯有無產階級爲一前進的階級，牠們的主張實現時將消滅資本主義社會的階級關係，這話是絕對不錯的。再有他堅持謂小資產階級命定處於一種依賴狀態，在牠的本質上不適宜於獨立的革命的行動，這話也是對的。

但分析假使就此終止，那是沒有答覆那個眞正的問題的。我們的局面不是簡簡單單，有着少數資本家，對待爲數極衆日見悽慘，被一種忍無可忍的負擔迫上革命之路的無產階級。除了俄羅斯以外，從未有過馬克斯所想像的那種尖銳的階級對立意識。階級的界限是混亂而不鮮明的。資本主義之經濟發展已使一大部分勞動階級成爲布爾喬化，其心理上的影響是很重要的。那輩銀行職員，商店夥計，公務人員，小技術員，公司職員，以及從事於一切私人服務的人們，——單舉幾個比較顯著的例子，——他們似乎曾未感受工會組織的影響，更談不到什麼感受一種無產階級意識的進展了。他們非僅沒有成爲社會主義宣傳的天然資料，卻反而證實爲法西主義觀念的大好播種之所。而且在一個極大艱苦的時期，例如大戰以後的德意志，他們似乎還有許許多多前途絕鮮希望的失業工人加入一夥呢。

這就是說，我們不得不對付的一種局面是這樣的，資本主義在衰落中所有的種種困難，非特未使勞工階級團結一致，反把牠分散了，而使資本家得以與法西相結合，能够推翻各種民主的制度，而保持他統治國家的權力。中歐與意大利的局面便是如此。法西主義在那裏所以勝利，就是因爲牠一方面能夠團結大小資產階級，另一方面能夠分散勞動階級的緣故。牠既操縱了國家，也就控制了軍隊；這事實一再表明這個扼要的眞理，卽一羣沒有武裝起來的工人，是無力對付這些勢力的。我以爲這很的確，大小資產階級間的團結是決不長久的，牠們對於權力國家應該奉行的宗旨，是具有終於不能調和的見解的。現代的巨型資本主義分明需要一種集中的管理，這使牠不能滿足與牠們合夥者的要求，這情形德、意兩國正在表現給我們看。而且我以爲這也很的確，像萬勃倫(Veblen)精到詳細，使人深信地表明了的，(註一五)金融資本的利益在經濟上與心理上都形成了種種習慣，這種習慣使牠與技術家的聯合，非常難於維持長久。須知金融資本，除非能夠支配一個擴張不已的市場——而這一點是經濟帝國主義的情形所不許的——必然以稀少而非豐富作爲牠的政策的基礎。這就觸怒了技術家的心意；而且，不消說得，也是違反小資產階級的利益的。牠將帶來工業危機與失業，恰與資本主義民主政治下的情形一般無二；而危機與失業在長時期中，將打破那種聯盟，卽使資本主義起初能夠擊敗勞動階級的那種聯盟。

我不以爲俄羅斯的經驗有損於這番分析。因爲第一點，那裏的資本主義是生長伊始，牠的實力的淵源泰半來自外國。而牠能夠賴以組織我上面所說的防守同盟的人數又寥寥無幾。（註一六）再有一層，俄羅斯資本主義是在很特殊的環境裏被推翻的。不順利的戰爭與獸性的虐待使軍隊變成了革命的忿懣心理之先鋒。政府機構業已完全解體。任何政府凡是允許把和平與土地給他們的，農民都準備予以擁護。無論米留可夫(Miliukov)或是克倫斯基(Kerensky)都不能號召他們以博一勝。而且二月革命發作的環境裏有一種情形是戰爭失敗以後方纔出現的：一個武裝的無產階級對待着一個沒有相當的自衛兵力的資產階級。這一切情形上面再加了列寧的絕頂的處事的見識，於是佈景遂告完備，大事可以成功，這是目前歐、美的局面所不能比擬的。

從以上所述推論起來，我以爲分明可得到幾個原則。在小資產階級頗佔勢力的任何國家裏，牠在心理上第一總是與資本主義接近而與勞動階級疏遠的。除非勞動階級能夠收服那些技術家，長衫的無產階級，行政人員以及一大部分的職業階級，否則牠企圖以憲政方法克服國家是不見得會成功的；而且牠若對於一個保留着民主制度的國家作強硬的要求，那麽結果只會促成這些制度的撤廢。再有：我以爲這很明白，工人們倘用革命或總能工這類不合憲法的方法去克服國家，而軍隊卻依然效忠於當時的國家，政府的經常機關卻依然有效進行，那麼他們總是要失敗的。這樣一種企圖結果又只會促成民主制度的撤廢與法西制度的代與。這種政變的後果便是墨索里尼與希特勒在他們各自國內成立的那種鐵腕專制政治，直要到法西主義的許多經濟矛盾把小資產階級驅往勞動階級方面去了爲止。

牠將把牠們驅往那方面去，我是沒有疑惑的，因爲我根據一個理由，這在本書全部議論裏早已包含着了。這就是，很簡單的，社會上可能的生產力之開發，需要把小製造家與小商人一律取消。他們在法西主義社會裏的成功必然是得不償失的成功。假如該社會要設法爲經濟的擴張，他們必然要變成大量資本之完全依賴者。但這等於說，假如他們要求生存，他們將被迫而攻擊他們的同盟者，而他們那番攻擊欲求成功，唯一希望便是與他們先前幫同擊敗的那個勞動者相聯合。而在這些情形下欲與勞動者相聯合，唯有同意改變社會上的階級關係，這種改變他們先前是力圖反對的。有了這樣的環境，再加精幹的領導，無產階級是有勝利的希望的。須知任何政府在這種地位上要永久依賴牠的武裝勢力，壓制人民不滿意的表現，我以爲這是不能支持很長的時期的。不滿的空氣變得太濃厚了，將使政府控制國家的權力為之削弱，像一八四八年便是這樣。叛變心理可以大規模組織起來，那輩自認為與資本主義有一致的經濟利益的人們，也漸漸有懷疑與不安侵襲他們的心頭。任何階級凡是這樣喪失了自信心的，都沒有保持政權的希望，除非牠的政敵犯了不可饒恕的策略上的錯誤。

說到這裏，還有一種局面必須提及。我們以上的討論是假定着一種與國外衝突不相關連的國內的權力爭奪戰。但若是我對於資本主義國家的診斷沒有錯誤的話，我們決不能把國外的衝突置之度外。恰巧相反，如我一向所設法表明的，資本主義在牠的帝國主義形態上的固有的性質使國際戰爭成了牠的過程上不能分開的一部分。（註一七）國際戰爭將有什麼影響呢？我以為我們能夠有些把握地說，戰爭失敗在現代的情形下，將予革命一個大好的機會。俄羅斯大革命便是戰爭失敗了造成的。牠既消滅了軍隊的鬭志，牠不僅使牠不復做國家的一個可靠的工具；牠抑且使牠極易受到各種議論的影響，結果終於把牠送到了波爾塞維克一邊去。由於軍隊的切實的瓦解，工人們纔能夠把自己武裝起來；而軍隊瓦解為革命成功的扼要條件，這層是有斷然的證據的。軍隊紀律之廢弛對於米留可夫與克倫斯基們組織穩固政府的企圖，是制命的打擊。因爲紀律已經廢弛，所以伊復夫親王（Prince Lvov）的內閣與克倫斯基的內閣一概是發出了命令，得不到服從。軍隊的瓦解，與民政當局的不能恢復命令權，不僅是相並而行，抑且是直接攸關的。在那樣的情形裏，政權必然落到那一個黨綱與大衆要求相適應的黨派之手。波爾塞維克那番勝利中令人詫異的地方，不是牠在那樣的情形裏竟告勝利，而是列寧竟須與他中央委員會裏的同志們力爭了一場纔能取得舉行最後攻擊的權利。（註一八）

但若要適當地把握到俄羅斯那番經驗的意義，我們必須把牠放在一九一八—一九年德意志革命的鏡頭下面來觀察。在兩方面，政治的崩潰以前都有軍事的失敗。不過在俄國的情形裏，波爾塞維克人攫得政權以後繼之以打破他們所推翻的國家的那些法律原則。他們自立爲國家制度的主人翁，使各項制度符合了他們的需要。他們黜退了他們所不信任的人員。他們取消了一切反革命的組織。他們學到了馬克斯的基本的教訓，革命是不能當做兒戲的。假如反對他們的人沒有協約各國金錢與武器的接濟，他們的鐵一般的優越地位大概決不會遇到嚴重的攻擊的。而且這很可以注意，他們非等到他們斷定國內已充分定奪，新局面可說是相當安全的時候，他們是不與反對方面妥協的。

德意志的局面依了不同的路線而發展。帝國政府的崩潰使國家權力落於一個社會民主黨手中，毫無準備的該黨殊不知何以處置這種權力。牠並無統一的意旨。牠不僅不能領導羣衆，反而爲羣衆所驅使；甚且當牠表面上跟隨羣衆的時候，牠暗中又在與舊制度下的勢力作祕密的結合，若照牠自己的邏輯說來，牠與那些勢力是應無合作之可能的。牠容許大實業家控制經濟權力。牠任憑帝國主義時代的民刑法律安然存在；而且牠也不更動舊日的司法人員，任憑他們根據一切保守的傳統去解釋那些法律。(註一九)牠成立了一個軍隊，充任的那些軍官對於牠亟欲推行的各項新原則，都是莫明其妙的。牠甚至非常尊重公務人員的中立性，不肯多所更動。德國的教會原係一個反動的中心機關，也未受任何攪擾。過了幾年，該教會甚且還得到了種種的新收入與新權利。牠既不肯把牠的政敵的財產充公，牠就讓他們儘量拿去接濟反革命。歷次推翻新政府的企圖，如卡普事變(The Kapp Putsch)或是一九二三年希特勒魯頓道夫(Hitler-Ludendorff)的事變，都是懲罰得非常之輕。牠容許牠的警察總監諾斯克(Noske)當牠取得政權的前夜，表演德國卡汾雅克(Cavaignac)這個角色，而把一個民主共和國唯一可以信賴的勞動階級之統一打破得不堪收拾。總而言之，魏馬共和國(The Weimar Republic)(譯者按，卽指德國戰後共和政府，魏馬係新憲法產生地)過於亟亟討好與牠無妥協希望的敵人們，竟忘記了依靠牠的友人們的必要。不消說得，經濟的危難與外國的需索益發使牠無力維持牠自己；但牠那樣毫不費事的就被推翻，根本表示出牠的一輩主持人物對於他們自己在一九一八年着手訂立的制度毫無信心。

俄羅斯與德意志的比較的經驗——十五年後又被西班牙大同小異的教訓所證實——似乎很明白地確立了這個事實，失敗的戰爭不一定就有勝利的革命。革命的主持人物單把國家攫奪到手是不够的；他們還有這個附帶的義務，必須把牠改變得符合他們期望牠奉行的各種宗旨，愛伯特(Ebert)和他的同僚在一九一八年只做了一番開始的革命姿態，隨卽爲革命所需要的代價，嚇得不敢動手完成牠。他們所創造的制度在形式上是一種完全的民主政治。但牠有一個重大的弱點，就因爲他們未曾涉及經濟權力這個中心問題。戰前德意志那些基本的階級關係也是原封未動；而那個時期正是由於我等已提出的那些理由(註二〇)形式的民主政治，遭逢了一個深切的資本主義危機，不能造成一種穩定的平衡的時候。照德意志戰後演進的邏輯推論起來，新制度非從速將敵人毀滅，把自身整頓起來，就得被牠的敵人所消滅。牠可不然，牠企圖與他們息事寧人，只聲請各種自由形式，而不肯要求那些形式必須從而表現的實體。結果是寫在魏馬的妥協之中。德意志民主政治並不被推翻於一九三三年希特勒之手；牠早就被毀滅於十五年前牠的制作者之手。這十五年的期間只是無法可想地把這座建築原來依據的各項原則一一實行而已。

這裏應有的結論分明是說一番革命如欲成爲勝利的革命，在邏輯上是不容有任何妥協的。國家權力不是那種可以在暗昧不明的形式世界中生活的權威。牠在定義上就是苟非萬有卽屬無物，所以牠無論在形式原則方面或者主持人物方面，均須配置適當，以符合牠必須奉行的種種新目的。苟不如此，便起紛擾，而在紛擾中出現的兩重權力——像一九一七年三月與十一月間出現於俄國者——其最後的結果不以理性決定，而視各衝突力量運策的識見爲準。俄羅斯大革命做到了這種適當的配置，因此一個新的國家無論怎樣苦痛地產生下來，能夠把牠的力量整頓尤實。德意志就不是這樣的情形。政治權力已經轉移到了大衆手裏，經濟權力卻依然操縱在原先操縱牠的人手裏。在一個繁榮的時期中，這也許是一種滿意的分權辦法。這時可以從富足裏面分讓充分的物質福利，以滿足工人們的願望。但德國那時候在事實上正當是一個衰落的時期，重增以戰敗的淒楚。在那種環境裏分權是不堪設想的。企圖維持這種分權的局面，結果只是把領導地位送給了一羣情願償付任何代價以求勝利的人們，一羣與社會民主黨人在一九一八年的行爲不同的人們。魏馬妥協的唯一的結果——一個不可避免的結果——便是把愛柏特和他的同僚當時不肯參預的那番鬬爭，展延到了後來一個歷史時期裏去。

假如這番分析係屬正確，那麼跟着說來，很簡單明白的，歷史固然給予人們許多機會，同時也聽憑他們怎樣去利用這些機會。俄羅斯大革命可爲一羣人充分利用了良好境遇的例子，這羣人已經鍛鍊成鐵一般的意志，只等機會來到就把牠抓住；德國的革命就是蹉跎失去了機會的歷史。因爲德國社會民主黨人雖然有意創造一個社會主義的國家，但當國家權力落到他們手裏的時候，他們未曾準備怎樣使牠適合社會主義的宗旨。他們把政治權威的主要工具留在他們的敵人手裏，德國的反革命從舊朝代被推翻之日起已經活潑存在了。而且在魏馬共和國裏，從來未有那種可使政治基礎充實團結起來的心理基礎。牠既刻意巴結牠的敵人，以求他們同意於牠所成立的那些新形式，牠就沒有顧及他們對於那些形式必然包含的各項宗旨是懷有牢不可破的敵意的。至少從凡爾賽條約簽訂之日起，德意志反革命眞是萬事齊全，只欠成功機會。當這個機會來到的時候，成功之易竟出於反革命派最樂觀的人們的意料之外。但這裏告訴我們的事實，並非資本主義反攻的力量，而是歷史對於那些不知利用她送奉的好機會的人們之報復。

## 三

按在推翻國家權力的任何企圖中間，良好時機的利用，眞是重要到筆墨所不能形容。列寧於十一月起事的前夜寫給波爾塞維克黨人說道：『革命黨人他們今日就能夠獲勝（今日一定能夠獲勝的）而延遲以至明日，他們非特冒着喪失不少的危險，抑且冒着喪失一切的危險，歷史不會饒恕他們的。』（註二二）一個國家中間勢力的消長永遠是一樁無定的事情；而攫取國家的一番成功，永遠是一種時勢的作用，那時大衆的心理（半團結的樣子）已經意識到必須打破那些與他們所提要求不相容的階級關係了。列寧的革命領袖的天才就在於他的最高無上的透闢那種心裏的識見。他比任何其他人物更加深切地看透了革命的種種事變，他不僅看出了資本主義權威是何等地破滅無餘，而且看出全俄羅斯的工人與農民心中對於這種權威，是已經懷着何等地激烈的反感。但他又看出在一個革命的時代裏假如不決定權力的誰屬，是何等地不當的一件事情。一個社會必須恢復了牠的生產程序，然後能够生存。牠需要非常迅速地重新制定法律與秩序的各項原則。一九一七年俄羅斯的局面已到了這樣一個關頭，這時候的抉擇非常明白，苟非由波爾塞維克人奪取政權，即須成立某種軍事的獨裁政府。這種軍事獨裁必然將重建資本主義的階級關係；那正是波爾塞維克主義力圖制止的。假如他竟未能說服他的黨人於十一月七日起事，那麼俄羅斯資產階級的凱旋將爲勢所必然。

資產階級的勝利對於俄國爲禍爲福，這不是我在這裏應加討論的；本書的宗旨不在於判斷而在於分析。而且我們一旦認清了社會上勢力的消長永遠是無定的事情，我們對於政權奪取的研究所得就有極大的意義。這對於英、美等較老的資本主義社會是尤其重要的。因爲在這些社會內，分明只有巨大事變的壓力纔能使勞動階級在一方面認淸牠自己的利害的統一，並在另一方面認淸牠的宗旨與資本主義的階級構造之不相容。這些社會制度所造就的福利，假如不遇到一番大崩潰的話，那麼牠的衰落的影響所及是太不一律了，無從造成革命的環境。牠的衰落並不對於所有一切勞動階級的生活程度給予一種共同的打擊。這種打擊毋寧屬於零碎的性質；結果至少可使那些並不立即受害的人們，寧願保持他們所有的地位，而不肯與他們的同胞宣告團結一致。這裏並沒有像一九一七年的俄羅斯那番偉大經驗的壓力所產生的一種普遍全國的極端主義。受害的意識是零碎的，而非普遍性的。

除了這種意識爲零碎之外，還有許多別的心理因素至爲重要，必須同時加以考慮。英、美、法各國的勞動者兼有產者，絕沒有一九一七年前俄羅斯勞動者那種尖刻的普羅意識。按他當是擁有一座房屋，或者一本儲蓄銀行存摺，一輛汽車，或者一份保險單，那麼他怎麼會有這種意識呢？他既泰半分享到一種普遍地增加不已，迄至最近纔告停止的生活程度，這使他與俄國勞動者不同，他感到一旦生產程序大大破壞以後，他將有所損失，那麼他怎麼會有這種意識呢？而且英、美等盎格羅、撒克森民族國家，以及，十分顯著地，斯坎迭那維亞諸邦，無產階級仍深深感染着民治的一帆風順的傳統。他已經看到國家職能的範圍，因爲他的督促而推廣。他的意向便是繼續運用他那種督促力量。他以爲他根據自己過去歷史而信之不疑的那些方法，將被革命所中斷而不能繼續。例如俄國共產黨員每以英國工人的保守主義爲一怪事，實則他是拿了俄羅斯的標準而非英吉利的標準來判斷英國工人的見解的；在他對於經驗的估計上，他是忽略了時間這個範疇了。

我以爲在比較富裕的英、美兩國，特別是這樣的情形。在美國，關於一個極度變動的社會的幻覺，工人一躍爲百萬富翁的老話，無限財富尚待開發的傳說，至今還盤踞着大衆的心理。這一直至今阻止了任何切實有效的工會主義在美國之成立。這又使社會主義在美國總工會（American Federation of Labour）看來不外是一種外來的東西，不適合那裏勞動階級享到的特殊有利的環境的。小資產階級的歷史的心理在美國之根深蒂固，業經這次大不景氣非常鮮明地暴露了出來。這很明白，唯有巨大的劇變纔能使美國迅速地革除那種眼光。再者，這也很明白，那種心理的作用使美國發展的趨勢大半傾向於成立一種法西局面來保障現行的階級構造，而不致於陡然轉變到革命的立場上去。

這話在較低的程度內對於英國也是確實的。勞動階級對於憲政主義的信仰是很深的；而被資本主義經濟成功的悠久的歷史養成了習慣的那些工會自然不免牢牢相信着他們只要加以督促就有獲得利益的可能。他們不願用，據他們看來，尤其是據德、意的事變看來，一種革命的賭博，以致危害他們自己的安全。英國態度的整個特徵就是牠那種認識，以爲如今保守主義的選舉失敗就等於勞動階級的勝利。那在多數人民看來，不僅認爲和平轉變頗有把握，抑且認爲一個工黨政府假如受到不合憲法的侵犯，牠就有權利用國家的權力自衞。

按任何革命的策略欲求成功，都逃不了要靠大衆的擁護。這種擁護在英、美兩國一概沒有。牠所以沒有，並不是像倡言革命者所謂一方面由於反革命的社會主義者的儒怯使然，另一方面由於資本主義敵人的奸巧手段而致。（註二二）牠所以沒有，乃因爲這些國家的歷史經驗，並未產生爲勝利的革命所必須的那些環境與那種心理。戰爭失敗也許可以發生那種效力，或者生活程度有急劇的低落，爲時又極長久，竟使大衆認爲復興已屬無望，那麼也許可以發生；或者，在英國，倘將憲法肆意曲解，使工人對於憲政主義的信仰因此打破，那麼也許有發生的可能。我以爲這裏的重要關鍵很是簡單，就因爲資本主義之遲緩的沒落，並不怎樣驚人心目，所以在短時期內不能有深切的或者廣大的影響。從這點看來，淸楚得很，這些國家內凡是有意改變現社會階級構造的人們，他們應取的手段分明是儘量可能地利用所有的憲法上的機會。

須知任何其他政策都要陷入一種無可救藥的進退兩難境地。那裏的勞動階級爲牠的經濟地位所使，團結猶未一致，不能單獨奪取政權，而且即使牠團結一致了，牠不武裝起來也是奪不到政權的。而在現代國家裏，非得國家的善意幫助，牠就不能武裝牠自己；這種幫助從定義上說來，就得不到。在另一方面，假如一場選舉勝利將必然證明爲空虛的勝利，那麼本諸普通常識，要證明其爲空虛的，最簡單的方法便是趕快促成勞動階級的選舉勝利。這樣說來，在英國的情形下，革命黨人的策略應該與改良派團結一致，纔可以確實證明改良的徒勞無功。

這裏或許値得簡單地分析一下，爲什麼革命黨人取得那種聯合戰線的努力，已在戰後時期證明爲一場慘敗。按那種努力是在法西主義成爲一種普遍的勢力以後方纔認眞從事的。爲什麼不及早企圖，理由當然很易明瞭。大戰以後第三國際即有世界革命旦夕爆發的假定；若以牠的勢力與改良派社會主義的勢力相聯合，這在第三國際看來，無疑是徒然延長了一個迅速沒落的制度之死亡痛楚。我相信俄國的成功，因爲容易得喜出望外，於是產生了一種過度的樂觀，以爲牠馬上可以推廣到一個更加廣大的歷史舞臺了。

但一旦既開始明白資本主義已獲得一種新的，卽使是幻的，穩定性，於是革命策略所根據的各項定律就顯得缺點叢生了。這些定律是建築在這個著名的理論上，說是社會民主主義就是社會法西主義，這種見解的涵義是有認識的必要的。這也許已由卡爾拉狄克（Karl Radek）在俄羅斯共產黨第十七屆大會上極度尖刻地表示了出來。他說道：『除掉在列寧的旗幟與斯丹林的領導下面的波爾塞維克黨的鬬爭以外，更沒有什麼鬬爭是爲了勞動階級的，無論何人企圖反對列寧黨的普通路線者，就等於把自己加入敵人的營壘裏面。』爲什麼是這樣呢？這因爲，斯丹林說道：『社會民主主義在客觀方面就是法西主義的穩健派。我們絕無理由可以假定謂資產階級的作戰的組織，在牠們的鬬爭或統治期間，倘無社會民主主義的活潑的贊助，竟能獲得斷然的勝利。

……這二者不是相反的，而是相成的。牠們並非對立的兩極，而是雙生的兄弟。」

這種見解之爲虛妄是很明顯的。須知法西主義，如其經驗所昭示者，苟欲取得勝利，必須消滅社會民主主義的各種制度——牠的工會，牠的政黨，牠的合作運動。職是之故，社會民主理論所有一切令人訾議的地方，只是牠過分熱心於依法行事，因此削弱了運用牠的信徒從事革命宗旨的機會，而這番削弱的結果，大衆對於法西主義的抵抗也就隨之瓦解。但社會民主各黨的力量就在於牠們控制着那些尚未準備參加革命的大衆。共產黨人視爲他的基本的工作便是要使那些大衆參加革命。因此他就宣傳那聯合戰線的議論。然而像他所解釋的，他做這種宣傳，旨在奪取他邀請合作的那些組織，那麽牠們自然拒絕這種邀請了。統一戰線的議論結果並未能使大衆不去信賴他們的社會民主領袖，不管這種信賴是何等地錯誤。那些工人們拒絕了幇同消滅他們自己的那些機關，不管他們是對不對。

這種見解之不適當，當然可從德國的經驗裏最清楚地看出來。因爲那裏的共產黨用了社會民主主義便是社會法西主義的理論，作爲牠打破德國勞動階級統一的正當理由。牠依着這種策略的方向進行，企圖從下面造成一個聯合戰線。牠對於社會民主黨的領導連根帶株一概加以攻擊。但當魏馬統治奄奄垂斃的末日，牠必須與社會民主黨聯合的時候，就因爲牠先前造成的讎恨太深，雙方不能及時有團結的行動，予希特勒以強烈的抵抗。這種理論之所以致禍，就因爲那個假定說社會民主黨實爲法西主義機關的一部分，乃一個虛僞的假定；因此，從這個假定而得到的推論，說白魯寧(Bruning)施萊轍(Schleicher)巴本(Von Papen)與希特勒可以無分彼此，一例視爲法西黨人，——其中社會民主黨人因爲沒有與共產黨人一起公開反對法西，所以應視爲法西黨人，——乃一個同樣虛僞的推論。而當我們記起魏馬政府最後數年的環境，特別有利於勞動階級團結統一的行動的時候，這種虛僞的錯誤竟未被悟及，乃愈見其出於情理之外。當希特勒已經握權以後，第三國際於是向牠的所屬機關建議與社會民主各黨的領袖接近，以便共同對付法西主義，這時候牠的攻擊已經失卻中心點了。牠這時準備『對於社會民主黨各種組織不施行攻擊』然而先前一十四年的醜詆中間，牠已把共同行動所必需的信心消滅，唯有這種信心纔可以使對於國家權力的攻擊得到勝利的結果的。

這種錯誤的另一涵義是很重要的。資本主義民主政治與法西主義國家間的重大的差別——其重大是不可言喻的——就在於這個事實，在資本主義民主政治下面，勞動階級的各種保護機關是未被消滅的。因此之故，假如各該機關形成一個共同的陣線，一致對付那羣攻擊牠們的宗旨的敵人，那麼要推翻牠們是艱難多多了。但假如牠們不僅是各自分裂，而且是像在希特勒登臺前德國的情形，互相仇恨有如牠們仇視那個共同敵人一樣，那麼牠們的失敗在一切正常情形裏是幾乎免不掉的。因爲牠們的互相水火不僅足以極度減少牠們自己所操縱的力量，抑且還有這個連帶的結果，將使爲數衆多的勞動者爽性對雙方一概嫌棄，以爲牠們的爭論顯出牠們雙方都不足憑信，於是這些勞動者假如不像成千成萬的德國工人那樣接受了法西主義的惑人的口號，就變得厭惡政治而不問，因此直接間接地強化了法西主義的聲勢。所以當法西主義向資本主義民主政治舉行攻擊的時候，對方就無從覓得充分的抵抗力量把牠擊退了。社會法西主義的論調，用在積極的勞動階級分散得很厲害的任何社會裏面，則在戰爭尙未開火以前就保證了勞動階級的敗北。

這樣一種見解唯一可以自辯的理由，端在於這個理論，就是說法西國家乃勞動階級必須經歷的一番少不掉的經驗，經歷以後纔能形成一個聯合的戰線以反對牠的敵人；換言之，勞動階級必須由法西主義給牠一番教訓，藉此懂得革命行動的必要。但這是一種錯誤，牠的性質堪與列寧指摘孟塞維克黨人（Mensheviks）的那種錯誤互相比擬的。孟塞維克黨人堅稱俄羅斯必須經過一個資本主義的階段，——其形式爲一個資產階級的民主政治共和國，——作爲達到一個社會主義社會的必要的序幕。他們並未覺察到客觀的條件業已具備，可使三月革命直接進至十一月革命。這問題全在於各種勢力的怎麼配置得法。在德國，一個團結一致的勞動階級在一九三三年三月間也許會遭失敗。但牠至少是處在可以一戰的地位；而且在爭鬪之中，精幹的領導也許可以轉變了勢力的配置，竟使希特勒沒有成功的希望。而且，必要的條件不變，這話對於任何資本主義民主政治，其間勞動階級的勢力事先未因分裂而致一籌莫展者，也是可以適用的。但這樣的分裂平常是不會有的，唯有相當數目的勞動階級接受了社會法西主義的理論，這種分裂乃不免發生。牠注重於社會民主黨人之信仰於合法手段，雖當這種信仰已被他們的敵人的行動破壞無餘的時候，他們依然保持着信仰。牠因社會民主黨人宣傳着對於憲政主義的信仰，而益加提倡共產黨人對於革命手段的信仰。他們之間的分裂變得日益尖刻化，而牠的尖刻化的代價便是法西主義的容易的勝利。

我以爲，上面所述係屬一種正確的分析，已由俄國革命期間，當坎尼洛夫(Kornilov)企圖奪取政權的時候，列寧所取的那個政策表明無遺。我們記得那時候列寧本人是躲藏着，特羅茨基和波爾塞維克黨其他領袖們是在囹圄之中。這還不足。在列寧看來，坎尼洛夫起而反對的那個克倫斯基便是資產階級政府的代表，他是列寧刻意要推翻的。然而列寧毫不遲疑地督促他的黨人，說是他們責在以全部力量幫助克倫斯基。他看清了他們之間的區別對於波爾塞維克黨人們自身的前途是息息相關的。他並不願意擁護克倫斯基政府；但他當時立刻明白該政府若被坎尼洛夫推翻，則無產階級勝利的機會將大大地減少。他明白這種勝利倘欲實現，非把坎尼洛夫消滅不可。(註二三)須知坎尼洛夫的勝利意思就是二月革命亦須被斷送。牠將全然改變了當時正在展開的各種關係之整個重心。牠將使俄羅斯的資產階級重新成立他們的權威。

資本主義民主政治下也有同樣的形勢。只要牠的制度保持不變，勞動階級假如團結一致就隨時能够採取攻勢；一旦牠的制度遭了推翻，像在德、意兩國那樣，採取攻勢的權力就落到了他們的敵人手裏。所以把勞動階級分化，就是使他們紛亂化。像共產黨人以前那樣攻擊社會民主黨不僅是削弱了工人們對於社會主義的信任心，而且未能使他們轉而歸心於共產主義。假如共產黨人繼續做了社會主義陣線的完整的一分子，那麼勞動階級運動左右兩翼遇到的共同的危機將促成共同的行動，一致對付敵人。但他們既然那樣分裂了，各自都在兩個前線上與兩個敵人作戰，不知道那一個敵人更值得痛恨。到統一之路唯有放棄社會法西主義這個理論。那將使社會民主主義與共產主義一樣可以放着心對他們的共同敵人共同作戰；而且牠同時可使共產黨人在危機之際鼓動大衆採取行動的政策。但他們起初所取方法，竟使他們在緊急關頭雖欲行動而不能；他們的社會民主即社會法西的理論已經破壞了爲合作所必需的那種信心。到了一九三三年三月十七日第三國際向牠的各與黨建議，邀請社會民主黨人採取共同行動，以對付法西主義，這時候已經太遲了，遲了十四年了。

我以爲這中間的涵義是明白之至。俄羅斯大革命那樣的成功唯有在俄羅斯大革命那樣的環境裏纔能再度演出。在沒有那樣的環境時候，各勞動階級無論黨派組織間有怎樣的不同，必須保持着團結一致，纔能取得政治權力。須知道牠們的實力就在於牠們的羣衆累積的權力；而一旦牠們喪失了這種權力，牠們的敵人就能利用牠們的分裂來擊敗牠們。一九三二年，假如對巴本政府舉行一次總罷工，而且堅決主持下去，那麼未嘗不可將他推翻，並且將希特勒主義連帶打倒。但總罷工的提議係自共產黨人發出；雖然這個政策毫無疑問地是正當的，但社會民主黨的領袖們卻加以排斥，根本因爲他們對於動議罷工的那輩人沒有信任心。而且雖然社會民主黨的下級幹部與黨員們準備採取這類行動，但因動議出自共產黨人，這足够叫他們接受領袖們反對罷工的意見了。他們當然是要反對的，因爲共產黨領袖們自己就曾詳詳細細解釋過在共產黨與社會民主黨的領導間有着『根本不能調和的差別，』並且說他們要『打倒社會民主的政治手段，打倒社會民主黨，而且打倒牠的代表們。』(註二四)

這裏的困難是很重大的。除非一個國家的組織已經崩潰，各勞動階級唯有維持了牠們自己的機關的完整統一，纔能够取得國家權力。但假如牠們自身間有了共產主義自革命以來引起的那種分裂，這種完整統一就辦不到了。所以要取得勞動階級行動統一的唯一辦法，就是不顧一切代價，竭力維護那些制度，並且因勢利導督促牠們採取一種滿意的政策。除此以外，任何方法都是『以革命作兒戲，』而爲馬克斯深深警戒勞動階級的。資本主義民主政治的根本性質使牠在一個危機期中非常脆薄不穩，極易被人推翻。而勞動者方面的意向不定，尤其足以使牠被人推翻。像任何軍隊一樣，一旦有了舉棋不定的情形發生，牠對於自己就失掉了信任之心。牠喪失了活潑行動的心理的力量。當牠最需要那種權力的時候，牠的權力卻運用不靈起來。而且國家的全部精義既然是要運用武力以制止勞動階級的目標之實現，所以勞動階級的意志若因分化而失其活力，結果牠在戰場上必致全軍覆沒。奧國的經過事實顯出在沒有一九一七年那樣的無政府局面時候，武裝的工人們的成功的機會是何等之少。可是在奧國，勞動階級至少是已經團結一致的。若像德意志那樣，內部的衝突已經消滅了自信之心，那麼在兩軍尙未交鋒以前，失敗已經判定了。

# 四

在歷史紀錄裏有着不勝枚舉的證據，顯出一個國家的征服總是一樁艱難的冒險。牠欲求成功，那麽牠的攻擊的力量必須統一，不容任何個人或原則加以打破。克倫威爾(Cromwell)革命的歷史便是如此，一旦他的黨人內部發生了意見，查理二世(Charles II)就得乘機復辟。法蘭西革命的歷史亦然如此。一旦貴族階級的特權政府推翻以後，革命黨人就沒有共同的目標，而造成了拿破崙的時勢。在我們現代，根本改革的環境條件是具備了；但我們似乎未能充分利用牠們，其原因由於目標上的異議者少，而由於如何達到目標的手段上的異議者多。

我說，根本改革的條件是具備了。我們具有這個重大的經濟事實，即在我們現社會的階級關係下面，生產的可能性已無充分利用的可能；這種情形在過去，總表示着根本改革的到來。我們的文藝已形成了這種風氣，已定的價值莫不受到嚴厲的檢討，這好像宗教改革以及浪漫主義運動一樣，永遠是危機將作的朕兆。我們的統治階級對於牠們自己已經喪失了信心。寬大容忍的習慣，本爲一個安然無恐的制度之象徵，如今已不像三十年前那樣受到當道的贊許了。人們已不像十九世紀那樣熱烈相信理性有偉大的力量，能以公道解決各種爭議；各種觀念都是亟亟於借助武力，唯恐牠們自己的價值不能通行。各種否定的力量已經證明爲強於肯定的力量。我們夙昔相信着科學的權力現在已經表示出來，科學乃一種社會的危險，必須能够加以節制，使牠爲了諸色人等所贊成的各項共同的宗旨而行事。宗教原係一種統一的力量；但一方面科學的發現，和另一方面，牠的隸屬於特殊利益之下，均已證明爲足令人們對牠失卻信仰。我們原先相信一個貪多務得的社會可以獲得巨大的財富，分配得人人滿意。但我們已經發現在一個貪多務得的社會裏，任何分配原則均非大衆願意視爲公平的。我們曾經企圖在該社會的條件裏，用了對羣衆讓步的辦法，來消滅他們的公平待遇的要求；但我們發現我們的制度的邏輯突然地嚴厲地限制了這種延長根本解決的企圖。

那種根本解決說來很是簡單。一個建築在少數人的特殊權利上面的不平等社會，唯有依賴於同意或武力，纔能維持牠的權威。牠若要贏得這種同意，牠必須使那些被擯於特權以外的人們，不斷有希望改良他們的環境。換句話說，牠必須使他們有理由相信他們能够同時得到安全與希望。當一個特權制度正在擴張中間的時候，這些事情是可能做到的。這時候該制度的種種涵義是不會受到攻擊的，因爲牠的種種成就使牠的民衆們認爲足以彌蓋牠的種種缺陷了。

但一俟牠從擴張時期轉入了收縮時期，因爲危機關係既不能予人以希望亦不能予人以安全，那麼嚴重困難之發生遂不可避免。人們忘記了牠的種種成就，他們因爲原先的好處忽告中斷而憤懣不平。他們開始對於那些基礎檢討起來。他們對於那些只是習慣相沿而非適合情理或公平的各種規則與觀念，要求合理的理由根據。不滿之處是與日俱增，並且日趨激烈；他們覺得先前不費多大氣力就蒙給予的讓與利益，如今竟須大聲疾呼求其繼續。但要在危機時期給予這些利益，就等於要求那些享有私產權利已成習慣自然，視同不可侵犯的人們自動放棄他們的特殊權利。這時期，凡是先前視爲情理之中的要求，如今都被看做含有破壞性了。凡是先前視爲可以辯論的事件，如今都被視爲對於法律與秩序的一種威脅了。現制度的統治者否認該制度有權力允許被統治者的權利要求。他們把改良者目爲革命者，他們堅稱革命者便是社會的敵人。他們運用了國家的強制權力來消滅反對異議。一輩以財產所有權爲生的人們開始大起恐慌；而在人們心懷驚恐的時候，他們是只肯聽信極端主義者的說話的。那輩享有特殊權利的人們於是漸漸擁戴那輩口口聲聲要以斷然行動恢復國家傳統權力的人們。極端引起極端，而在兩大極端勢力交鬨之際，合理的調停之望是渺不可得了。

我以爲上述種種正就是我們今日的處境。約有三個世紀以來，我們即已從事建築一個與資本主義各項宗旨相適應的國家。那些宗旨業貫澈了國家制度之每一形態。牠們包含着一個階級關係的體系，凡牠的宗教，法律，武裝勢力，公務行政，立法機關，教育制度等等全都是旨在保全這個體系的。但在那些階級關係的範圍內，再要使社會中僅以出賣勞力爲生的人們欲望滿足是做不到的了。在昔當資本主義社會特有的擴張時期，這些人們是可以用些讓與權利應付過去的。今日之下，再要給予讓與權利，並且數目之大要使受之者認爲相當，那就得根本搖動特殊階級賴以維持的那種權力了。爲了保障牠自以爲正當的權利計，該階級乃不得不根本推翻過去造成種種讓與的制度。牠是處在一種兩難的境地，若不前進到一個均產的社會，就得後退到一個社會秩序，其間大衆不復能像民主政治下面那樣有權肯定他們自己的本質了。

在那種兩難的境地裏，私產所有者就請出國家的權力來保護他們自己。三百年來的事實已經告訴他們有權這樣自衛，那麼他們幹嗎不這樣做呢？他們過去是從戰爭與革命裏走上臺的，是從流血與奮鬬裏奪得權力的；他們當時毫沒懷疑他們的主張是正當的。在他們眼中看來，現在這種挑釁是起自一輩普通人，一輩失意分子，低能者，雖生猶死者，搗亂分子們，對於那些曾以才能努力贏得了名譽地位的人們之一種挑戰。他們手裏擁着法律。他們有的是一切尊嚴堂皇的名義號召，可以勸人承認過去的習慣即是一個永久秩序的法則。他們可以不可知，未曾試的恐慌心，打動人們，膽小怕事者是沒有不帖然服從的。他們是發號施令慣了的，自有那種命令他人的意識。他們知道任何權威體系，人們凡是習慣了以後，終能引起密切湛深的情緒，而爲他們所不易解脫的。他們看出了芸芸大衆的安命憚煩，因此結論謂他們之不知足泰半爲奸邪善妒的小人所造成的，這輩小人只要在適當時機加以迎頭痛擊，就可斬草除根了。他們並不相信他們的時運已經完結。這種危機在他們看來只是一種暫局，只須用強毅主持，就能驅散淨盡的。他們自以爲這種制度在本身上是健全得很；所需糾正者就是一二踰越規矩之處而已。

當法蘭西舊朝的末日，路易十六便是這樣自己告訴自己；在沙皇專制政治最後潰決的時候，尼古拉二世便是這樣地信之不疑。但兩人都錯了，因爲他們都未曾理會到他們所代表的那個制度是障礙着那種不可避免的根本改革的。假如那個煽動家要求改革的疾苦並非大衆切身深感的疾苦，他就無從影響他們，同時種種忿恨假如不是大衆受苦而致，也不會出之以武力解決。若要化除這些忿恨疾苦，就須採取一個大事改革的政策，但假如改革的消費與規模太大，不能與舊制度的本質相容的話，那麼就不會採取這個政策。我們過去所以不能從封建國家裏得到爲十九世紀自由貿易制度所必需的那些改革，這就因爲前者的涵義是與後者的要求不能相容的。就我們所有的證據看來，我們似乎未見得能從一個資本主義社會裏，得到爲成立社會主義所必要的各項原則的承認。因爲這就等於要求資本家們同意於他們自己的滅亡了；而至少在西洋文明裏，任何階級從未有願將牠特爲組織了國家以圖保持的各項特殊權利拱手讓人的。

而凡，像證據所表示者，該階級既深信牠是對的，那麼牠爲什麼要退讓呢？希特勒與墨索里尼，美利堅金融帝國的一輩主宰，英國那些工業大王，他們莫不誠心確信他們一旦退讓，將使他們控制的那些社會的福利瀕於險境。他們殊不重視什麼多數民治；他們深知民治的製造是何等易易。

他們不願恪守理性的產物，反之，他們毋寧堅持主張他們有權力規定理性作用的限度；而且他們審愼地規定了這些限度，務使國家有權力阻制人們去檢討牠們之是否合理。總而言之，他們所玩的一種比賽把戲，是開始時他們就佔了無限便宜，因爲他們可以規定競賽進行的種種規則。而且他們更將這些規則審愼地規定了下來，務使敢於對牠們發生疑難的人因此取消競賽資格。

以上所述可見他們擁了國家權力，可以作何應用。這使他們的防線遭人攻擊的時候，他們就可以用武力來判定競賽的結果。假使此種攻擊的方式爲罷工，像一九三四年秋季美國紡織業罷工那樣，就可以捕去主持人物，使工會與各分子間完全失卻連繫，而罷工遂不能發生效力。(註二五)假如其方式爲抗議戰爭，於是法律就規定凡發表議論使敵人得意快慰者應以犯罪論；而在這種規定之下，罪罰的範圍似乎是漫無限度的。(註二六)這還不足，他們不僅用國家權力來規定競賽進行的條件，他們並且泰半擁着出版機關；這種控制新聞的權力，其影響之大是難以言喻的。他們又泰半地，而且特別在危機之際，擁着無線電廣播這個新式武器在手。並且因爲他們操縱着學校教育，(註二七)他們便能夠灌輸於新青年心中凡爲他們認爲適當的原則，而且自然是從上規定下來的。

在這些情形裏，他們的權威殊不致遭受一種有效的挑釁，除非是在兩種局面之下。第一是在戰爭失敗之後，那時候兵敗望絕已使人們通常尊重國家之心消退了。第二是當一個不容漠視的少數民衆認爲專制的那種制度，竟持續極久大大違犯了各種深切的期望，以致國家不能依賴於牠向來信託的各種工具之忠誠。除了這些局面以外，一個政府假如已決定不計任何代價保持國家權力者，只要不犯着重大的策略錯誤的話，總是能夠保持牠的。這話在我們今日是比三百年來任何期間更爲適用，其理由有二。第一，這所以更爲確實者，因爲現代國家高度訓練的武力，在與一輩組織不良的羣衆鬬爭時總是佔着無限優勢的；還有第二，這所以更爲確實者，因爲革命成功所必需的各項武器，如飛機、毒氣、重礮、機關鎗隊等等，是那些意圖奪取國家的人實際上無從取得那必需的數量的。奥地利與西班牙的經驗已經斷然地表明，任何革命除非得到武裝勢力的幫助參加，或者武裝勢力在牠起事的環境裏保持絕對中立，否則終沒有成功的希望。

基於這些原因，我以爲我們的合理的結論便是說一個操縱着國家權力的階級，假如把權力讓出以後牠的特殊權利亦隨之取消的話，牠是不肯退讓的。假如牠不得不改革，而改革又不致消滅他認爲根本重要的種種者，牠將維新改革。不過這種改革舉行之時，一定要牠相信這些讓與對於牠是沒有根本妨礙的。否則一個統治階級無論如何總是背城一戰的；而且古來的歷史表明，當牠作戰的時候，牠終是深深相信牠是對的，公理是在牠的一方面的。再者，假如這種衝突出現於我們稱爲資本主義民主政治的那種特殊社會方式裏的話，我相信那些握有經濟權力的人們，遇到了民主制度在實施上妨礙資本主義基礎的時候，他們就要設法消滅這種制度。而且，除非遇有我以前所述的特殊情形發生外，他們是能够把牠消滅的。

這裏的涵義很是明白，政府若非建築於人民同意上面，就須是赤裸裸的獨裁政體。我以爲我們沒有根本的理由可以斷定這種獨裁制不能持續相當的時期。我以爲我們沒有理由假定那些已經情願失卻政治自由的人們，能够或者樂願在現代情形下面把他們自己組織起來以征服國家。不消說得，在長時期中，獨裁政治將因無能力滿足牠們所統治的人民，而毀滅了牠們自己；但這種情形也只在長時期中纔會發生。這話固然不錯，在現時代裏，一個像德、意那樣旨在維持資本主義之階級構造的專制國家，牠的經濟環境迫牠採取那種挑撥性的外交政策，這在長時期中是要造成戰爭的。但戰爭如告失敗，獨裁制被推翻的時候，其結果斷然不是民主政治，而且也不一定是無產階級的獨裁。

爲什麼不會是民主政體呢？這因爲一種專制政局被推翻後造成的無組織狀態，絕少可以用了民主的方法來收拾的。俄羅斯、西班牙、奧地利、與德意志的經過事實似乎都是明白地重申着這課教訓。通常跟了獨裁制傾覆而來的綱紀廢弛情形，需要一種相對的強有力政府。專制政治的根本罪惡就因爲牠打破了民主政治順利進行上必須的妥協與合作的習慣。雖在曾有一度民治的穿插的地方，像西班牙與德意志那樣，民主政治欲求繼續的必要條件是要達到一種繁榮局面，庶幾可以大與改革而無礙於既定的願望；在沒有這些條件的地方，像西班牙與德意志全都沒有，那些因改革而受損失的階級，就被迫上一條不願償付那筆必要代價的反動之路。結果便是牠們把牠們的損失與民主制度併爲一談，該制度遂被少數人所憎恨疾視，並爲多數人所冷漠看待，而直接促成了反革命。我們於是發現有一種潮流，向着危機的局勢走去，而非常的立法遂成爲必不可少。假如這種立法付之實行，則現政局的比較強悍的反對者就要挺而走險採取極端的行動了；假如這種立法不予執行，則一輩反對者至少將確信民主政體之軟弱無能，而欲乘機加緊努力把牠推翻。我以爲魏馬政府對於牠有組織的敵人之溫和優柔，實使他們確信牠的基礎脆薄之至不難推翻，關於這一點大概很少有人不同意的。假如愛柏特和他的同僚對待右派黨人如同對待左派黨人一樣的強硬的話，德意志法西主義的歷史一定與今大不相同的了。

爲什麼不一定是無產階級獨裁制呢？無產階級獨裁制在社會進化上並非一個不可避免的階段。牠不僅只是特殊的經濟環境之產物；而且也是那些有眼能看透，有手能執行適當時機中的必要策略的偉大領袖如列寧者的產物。現代政府賴以進行的那些技術上的條件，使戰爭的結果既可以是勞動階級的勝利，同樣也可以是回到野蠻的狀態。勞動階級勝利所必須的條件爲數很多。牠必須武裝起來。牠必須由一個深知革命策略非常勝任艱鉅的革命黨爲領導。牠必須強大有力，不僅足以克服牠的敵人的頑抗，而且足以對付外來侵略的壓迫——在現階段的戰爭狀態下，更要能夠對付外國的天空侵略。牠必須能夠保證牠的糧食接濟無缺，並且能夠迅速地把行政管理重建起來。從任何方面看來，這都是一樁巨大的工程，從任何方面看來，牠的成功都是不曾一樁奇蹟。無論何人對於俄羅斯大革命曾經一番思索者，都不免省悟到牠的能够建設一個無產階級獨裁政體者，特別有賴於兩個因素。第一個因素爲俄羅斯資產階級的軟弱，假使牠的所處地位較爲重要決不致這樣無力抵抗。第二個因素爲列寧的鑒臨，他不僅是實際奪取政權的最高策略家，抑且，更重要的，是將政權整頓起來的大建築家。不消說得，革命常使頭等的人才脫穎而出；但在整個現代歷史上從來沒有出現過一個人這樣無可比擬地適合於他當前問題之廣大與深切者。（註二八）

# 五

那麼上述一切具有什麼涵義呢？我以爲從我所作分析推斷起來，現代國家的實際設施絕少容許有勝利的革命。除掉在最非常的環境下面，若要有階級關係上的改變，必須人民大衆確切相信需要這麼一種改變纔行。假如沒有這樣的時勢——這在歷史上古今只有俄國獨一無二的例子，那裏的事變給了反對黨以先發制人的機會——這一種改變若要做到，必須一個有強硬堅決的輿論爲後盾的政府來主持其事。卽使有這種情形，我們所有的證據都表明牠不免要受攻擊，而一旦遭受攻擊，牠十分之九是不能再靠民主政治的老法子來保持牠的權力的。牠假如遭了任何重大的攻擊，牠終不免被捲入一種控制與壓抑的舉措之中，而必然犧牲了牠自己的生命——民主政治。

職是之故，凡旨在變革社會之經濟基礎的任何政黨一概必須儘牠所能，把一個容許牠公開地養精蓄銳，擴充實力的立憲政體維持下去。另一辦法便是德意志那樣，從一種公開活動變爲一種陰謀活動，牠的機會永遠是有待於那個壓迫牠的國家發生災禍。無論如何，比較起牠在立憲制度下的成功迅速，牠終是難於阻制牠的敵人的先動手的。人們遇到他們信仰的制度受到根本上的威脅時候，總很容易地說服自己，而且誠意地說服自己以爲他們是應該採取斷然行動來保全牠的。英國內戰之前有查理十一年的獨夫統治『自治法案』(The Home Rule Bill)馬上產生了烏爾斯德義勇軍(The Ulster Volunteers)。照資產階級的正常歷史而言，總以爲防衞之道莫如攻。再者，在一個資本主義社會內資產階級手中旣操縱着國家權力，則將一個危害牠的特殊權利的民主制取消自然是明白易舉的。

無論怎樣，根據這番分析看來，人類所深切崇奉的自由，其性質之脆薄，當爲任何觀察者所瞭然共見。在無論何種社會內，自由也者乃安全之一種作用，當安全岌岌可危的時候，那些維護現行制度的人向來毫不躊躇地可以竟將自由取消的。我們只須比較比較一七八九年法蘭西的空氣和一七九二年法蘭西的空氣，在庇得(Pitt)與在西特麥斯(Sidmouth)下面的英國政治雰圍；以及現代無產階級獨裁與法西主義獨裁下面特有的蔑視自由就可知道事實確是如此了。當那些擬議的改變爲一般人同意的事情，或者性質上相當狹小可使蒙其不利的人們覺得與其衝突不如息事寧人，在這些時候自由是維持得下的。人們對於那些枝枝節節的改革通常都有此感覺，就因爲這些改革的結果範圍既小，爲時亦緩，但當所作改革是牽連到整個階級構造的基礎時候，他們是絕鮮有此感覺的。

人們因此常常簡單地推論謂自由既依賴於安全，所以主張改革者假如重視自由的說法，就須爲牠出一筆代價。這筆代價便是保證那個擁有生產工具的階級得以繼續享有這種所有權下面的各項特權，其時期相當長久，至少可使他們安於新社會秩序時候爲止。但這一種擔保約言，並非輕易可以名譽信用做到的。這意思就是創造一個新的股東階級，他們應該攤得的那部分國家收入是由國家之信用名譽爲擔保的；還有，這意思是除非而且必須等到國有制已收到改組的效果，一個收歸國有的實業的工人狀況，其改善之期將展緩下去，否則就得叫納稅人或消費者那輩普通人民去負擔。爲了行事便宜計，我們誠有種種理由反對那種可以引起有產階級抗爭的充公辦法，爲了使他們樂願接受一個新的社會秩序起見，我們是極其值得繳納一筆相當的代價的。但這樣一筆代價使那個新秩序負上一種新的債務，而以一種不同的，抑且較前更不相宜的方式——蒙受利益者毫不擔任風險——把特殊權利的局面保持下去，這不過是延長了償付代價的問題，而未嘗規定一個基礎使該問題得以切實解決。

綜上所述，我相信我們必須預料將來有一個時期，一般西洋文明國家，和特別是英國在十九世紀裏，特有的對於自由的那種態度，行將打一折扣。這話不是隨便講的。自由的空氣養成了一種容忍的習慣，和反對不義的公憤，這些正是人類精神上的巨大勝利。世上大概很少有人能夠漠然無動，不去回應，例如拜倫(Byron)與雪萊(Shelly)海涅(Heine)與嚣俄(Victor Hugo)他們熱烈呼籲的解放人類桎梏的詩章。世上大概更少有人對於意大利從奧國專制政治下的解放，自由主義之征討土耳其的暴虐，美國之解放黑奴，工黨分子之加入下議院，能够不覺得這類事件是增加了文明人類的福利。然而在我們今日，當年熱誠歡呼這些事件的人們的子孫後裔，分明願以私產權利的名義，遲將這些事件所代表的人類進步的利益完全毁滅無餘。我們這世界上，四處八方，已有一種新的野蠻主義形成了我們的習慣，大家似乎都是爲了他們激情地擁護的原則而行使着這種習慣。無論俄羅斯或德意志或任何地方，各獨裁政治對於不能接受當權者的意識的各政黨都是横加壓制；德國猶太人降至一個奴隸種族的地位，隨使那類敏感的心未有不思之戰慄的那種因爲政見不同而受慘酷非刑的情形；上述這些事情都是輕易做到了，未嘗使知者識者從冷漠中矍然驚起；每一國家都能與其敵國競爭利用種種作戰方法，這些方法牠們明知是有背於人道的凡此一切俱表示一個鐵石時代的到來，先前因安全而加於權力運用上面的種種道德的約束，如今已不能發施我們原先相信是人類已經成爲習慣的那種約束之效。麥地阿帝(Matteotti)

之被謀殺，這至少是得到莫索里尼默許的，也只使人們一時對於這位意國獨裁者起反感而已。希特勒不經法庭審判，逕將他幾位領袖的同僚殺害，竟有幾位才學卓著的名法律家辯護爲正義觀念之表示。一言以蔽之，我們在歷史上向來視爲一個東方專制魔皇或中古世紀意大利暴君所特具的政治手段是被二十世紀泰西各國的統治者處心積慮地加以有組織的運用，而未嘗感覺有什麼不當。恐怖主義是被推崇爲操取權力的大道；而權力是被推崇是一種最高的善，竟可使旁觀目擊者對於用了野蠻手段奪取權力並無怎樣的抗議。

當種種觀念武裝起來準備決戰的時候，理性的呼聲終是置若罔聞的。當激情的鼓鼙之聲淹沒了理性的辯白之詞的時候，人們從來不肯聽取自由解放等呼籲的。建築在同意上的政府的種種程序都被取消了。凡有武器在手的人們就可以獲勝，而武器在手並不一定是指公理在手。當一個社會制度瀕於險境的時候，總是有這種氣象發生的。舊的秩序總是拼命爲了牠的所有而作戰，不問這番衝突的意義爲何。古羅馬異教徒便是這樣抗戰耶教徒；十六世紀歐洲天主教徒便是這樣抗戰新教徒；美國內戰時期南方便是這樣抗戰北方；革命前俄羅斯沙皇政府便是這樣抗戰政治與社會的改革掌握權力的人們凡是習慣於一種善惡觀念者，寧肯爲了維護牠而戰，不肯承認牠已不適合他們當前的需要的。

他們所以如此頑抗者，並非出於狡猾奸詐。他們所以如此者，因爲他們的善惡觀念乃他們環境的產物，因爲據他們的處境而觀，新異的觀念乃危害了他們依據經驗認定是缺少不得的種種基礎的。當新異的觀念似乎不致騷擾這些基礎的時候，他們是容忍的，甚且是慷慨的；當新異的觀念要引起騷擾的時候，他們就取壓制而不取理喻作爲自衛的最便利的方法。『以高壓爲和平，』這是一個社會秩序岌岌不保的時候永遠採用的老法子；而在運用這個法子的時候，其工具永遠是國家的權力。

這就是爲什麼在一個不平等的社會裏國家權力永遠被用爲一種壓迫的工具，專事壓迫那輩不得享受牠所保護的各種特權的人們。這也就是爲什麼那輩享不到的人們永遠要設法取得國家權力，藉此把各種福利推廣給他們自己。但在歷史上面，迄未有一個國家僅僅爲了從立憲方式上表現出來的一種民衆意志，而就肯把這種國家權力開放的。牠的各項制度永遠是偏袒社會上擁有重要的生產工具的人們。各種政治方式永遠是一個假面具，背後有一個資產階級企圖保護資產給予牠的權威；而當政治形式危害了資產階級所有權權利的時候，那個階級永遠設法要將政體變更以適合牠的需要。不消說得，牠總是提出種種理由來證明這種變更的必要；牠總是設法表明，像希特勒在德意志那樣，這番變更是攸關全社會的福利的。但在這番變更順利地做到的地方，像現代的意、德那樣，不管被維護的是些什麼，也不管當事者怎樣誠意，該社會原來的階級關係分明是依然有效地存在着。

本書的議論始終謂國家的根本宗旨永遠是要保護某一種階級關係的體系。這裏始終辯稱只要一個社會，因生產過程中所有權的關係，而劃分爲彼此有別的若干經濟階級，那麼國家就是阻礙這種階級廢除運動的一重障壁。由此言之，在一個資本主義文明裏，國家原則的邏輯必使國家成爲反對生產工具公有的一件武器。如果那個地方的文明係屬富裕的，或者是正在擴張時期的，那麼牠向大衆讓步的力量便減輕了各種利益間的矛盾（牠根本是建築在這種矛盾上面的）。但像我們目前的時代，那個文明已遭遇危機，於是矛盾日趨強烈尖銳，而國家乃出現爲一個主權權力，被用來防衛資本主義的基礎，和對付那些企圖改變資本主義以求物質福利的人們。

我已論過凡這樣運用國家的人們並非純粹出於自私的動機。他們不亞於他們的敵人，他們一樣相信他們是爲了社會的福利；各項發生衝突的原則所以互相矛盾者，乃因爲各階級在社會內的處境與經驗不同，以致牠們對於社會福利的解釋在一個經濟衰落的期中，就變成互相水火了。任何社會到了這個關頭，牠的各分子永遠只有在降服與社會戰爭中抉擇一途。就歷史上的證據而言，任何階級凡企圖從根本上重行規定牠在國家內的地位者，永遠只有用了暴力革命來達到牠的目的。我這裏已經論過，現時代的種種事實並不能保證我們可以結論，謂我們的經驗將與過去時代的經驗不同。

暴力革命雖有高度的可能性，但我確會否認我們就可以推論那個以無階級社會爲職志的政黨便可以凱旋。我已經說起，這樣一種推論要靠極其罕有的各種環境之輻湊，這在我們所能逆料的一般正常狀態下都是不見得有的。我特別設法表明過，一個資本主義社會和一個民主政體國家之結合，在資本主義各項假定受到危機試驗的一個時期裏，民主觀念並不一定能够維持下去的。我已經論及這種結合是在特殊的歷史環境裏造成的。例如大家知道，特別在法蘭西與英吉利，封建國家須經中產階級與勞動階級的聯盟革命方纔能夠推翻；民主方式便是中產階級付給勞動階級的聯盟代價。一個悠長的擴張時期竟能遮掩了這兩個聯盟者間的利害不同。如今收縮的時期業已來到，牠的矛盾乃日見鮮明。不過我設法表明過，既然政治的民主制之眞實性係受在經濟範圍內——這不僅是根本權力的所在，抑且是中產階級最佔利益的範圍——完全沒有民主這回事之限制，所以種種事實正在把一個現已無重大使命可以履行的聯盟化爲敵對的讎恨。總而言之，在資本主義演進所造成的那種貪多務得的社會裏，凡有民主的國家方式的地方，民主制不過是掩飾了一種富人與其依賴者的權力，他們如今認爲民主制已與他們旨在保障的利益不相符合了。

職是之故，任何一種政治哲學，凡是把國家權力解釋爲達到牠所控制的那個社會之全部福利者，都不會有何用處。只要國家一天代表着一個劃分爲經濟階級的社會，牠一天就是那個擁有生產工具或控制其所有權的階級之僕人。這種情形的邏輯必然是說，除非社會內生產工具係屬公共所有，任何國家概不是爲社會全部謀福利的。唯有在公共所有的條件下，國家權力纔能從事不偏不倚地保護社會上每個分子的利益。因爲在這種情形底下，每個分子都被視爲確係社會上不分畛域的一分子，而非根據他對於社會的特殊階級關係，來考慮他的需要而予以滿足的。這樣一個社會所以能够成爲一個眞正平等的社會者，就因爲需要之滿足並不根據於財產所有權的搾取力量爲準，而是依據一種服務的社會價值而斷。一個平等的社會能够有計劃的生活，藉令一般人民能從牠的生產資源裏取得最大的福利。在任何其他形式的社會裏，國家之必然的性質總是阻礙着這種最大福利的獲得的。

黑格爾寫道：『只在已有階級之分的地方，當富與貧都是極大的時候，並且當局面的發展使一大羣原先慣常能够滿足他們的需要，而今不復能够滿足的時候，這纔可以有一個眞正國家與一個眞正政府的出現。』（註二九）很明白，這樣一個國家因其淵源的關係，不能超越這種階級之分；反之，牠的淵源驅使牠去保護富人和壓抑窮人。葉采教授（Professor Jèze）寫道：『歷史表明每個社會階級既已成爲政治權力之主宰，就亟亟用牠來保障該階級的特殊利益。無疑地，牠這樣做是一本至誠的，所以牠把牠的階級利益喚做全社會的公共利益。』（註三〇）在非民主方式的任何國家裏，這情形是一目瞭然的，而且，像我在這裏設法表明的，這情形對於民主國家也很確實，只是附有這個限制，卽民主政體使那些分享不到生產工具所有權的人們能够比另一種政體下的人們，更加高聲地提出他們的權利要求。

於此可見爲什麼國家一經分析，就暴露出牠的本質，不問牠的號召云何，乃是供那些握有經濟權力者使用的強制權威。假如經濟權力是實際集中在少數人之手，像我們現在的情形，那麼國家的宗旨就是偏袒着他們的利益的。這因爲經濟權力的性質既已規定了該社會的階級關係，同時也就規定了人們分享生產品的法律權利。總而言之，任何國家是不能怎樣超過牠的經濟定律之涵義的。這些涵義是最後地確實地形成了牠的一切行動之輪廓。牠的行動擧措的重心在實際生活裏永遠是偏袒那些定律所肯定的種種需要的。不問牠的政治方式如何，牠那種重心的性質，非俟社會上經濟定律改變以後，是不會有根本的改變的。

我已論及，在社會歷史上一切動作之中，那種改變是最艱難而且微妙的一種。牠牽涉到人們最深切的情緒。牠打動他們的根本習慣，牠們的安全意識，他們所慣常的是非曲直觀念。若要在一個危機時期和和平平地做到這番改變，就是要拿理性克服感情。但人類歷史上從來沒有這樣的經驗。我們也未必會有這樣的經驗，因爲這番改變影響所及者乃一切社會關係中的基本因素。各種制度之和平的演進所以能够實現者，端賴人們能够同意於他們所抱的宗旨；他們的和衷共濟就是那種同意之作用。而且同意決不止是口頭上的一種；這必須是見之於平常男男女女的每天生活上的。我們耳之所聞，目之所接，到處表示着這種同意現在是做不到的。我們已經走到歷史上那些嚴重時期之一，我們已不得不重新規定社會政策的基本對象。過去的傳統習慣是在我們的眼前一一地崩潰；而與牠們的崩潰同時來到的便是一場不可避免的挑戰，對於牠們所依據的那些社會關係的一場挑戰。

現代歷史上曾經有兩個相似的時期，人類遇到了一種類同的挑戰。第一個，宗教改革的發生，把中古世紀天下一家的基督教世界觀念打成粉碎，牠既毀滅，於是神道學的社會概念也被世俗的社會概念取而代之。實際上，那番改革是反映一個新的社會關係體系，牠的所以產生，端由於封建制度無能力去實現社會潛伏生產力量之可能性。宗教改革在牠造成的新的政治秩序範圍內給了資產階級一個立足地。但牠的諾言只實現了一部分而且是不完全的。這直要等到十八世紀終了，那個我們概括稱爲法蘭西革命的巨大運動發生的時候，中產階級纔能夠完成牠的解放過程。在每一次，都是新的經濟需要促成了一切社會價值之改估；在每一次，那種努力的代價都是舊者與新者之間激烈的衝突。這要經過了三百年的光陰，我們爲其一部分的這個新秩序纔能充分地解脫舊秩序的種種範疇。

我們眼前再度能夠看見一個新秩序的開始。經濟過程再度變爲與其周遭的政治形式不能相容。我們再度開始了當前事實與傳統觀念之間的鬬爭，這總要使政府原則爲之重訂的。

在這樣一種局面裏，政治哲學的第一個責任便是要從實際上而不從觀念上去檢討國家的性質。牠的眞實的本質，並不在於牠自稱是些什麼，而在於牠實際做的什麼。過去政治哲學多半旨在辯護而非解釋；牠一向力圖保障過去，而不促成未來的解放。如今一個適當的政治理論出發之際，必須以現行的主權國家與我們需要的世界經濟秩序之不能相容性爲其基礎。牠必須特別暴露出國家爲階級關係的保護人，是剝奪了我們本來可以具有的更加豐富的文明。

要使這番暴露很完全，乃一種悠長艱鉅的工程。一切制度凡曾有尊嚴堂皇的過去者，雖在日暮途窮的時候，也有力量戀棧不去，把繼任者接位的日子延宕下去。這些制度因爲我們慣常了的關係，彷彿是一種牢獄，被歷史悠久的種種聯想點綴得親密，甚至見得可愛了。內在裏面，外面的情景，在多數人看起來是模糊的，無定的，而且淒涼的。我們想到逃獄的代價就怔忡不安；當眞圖逃的勇氣是罕有的。然而我們唯有當眞企圖以後，我們纔能挾着希望向前邁進。除此以外，我們今日已無別的方法可以增加人類進化上的創造性的尊嚴。

（註一）關於美國人民自由所受的威脅，欲得一篇饒有趣味的描寫，見 St. Louis Post-Despatch, August 26, 1934. 我得到這段參考資料是出於 Mr. Irving Dilliard 之賜。

（註二）被引證於 Asquith, Fifty Years of the British Parliament (1926), II. 44.

（註三）Hansard (4th series), vol. 163, col. 545.

（註四）可閱 The Dukes of Rutland, Beaufort, and Somerset 諸人的見解，被徵引於 Lord Denman, House of Lords Reports (1909), vol. IV, 1207-8.

(註五) Asquith, 同上 11. 83.

(註六) Mr. A. A. Baumann in the Fortnightly Review (1911), vol. 96, 6-7.

(註七)見關於 Salisbury 議案之辯論 (House of Lords Debates) May 8-10, 1934.

(註八) Address to the Aberdeen Chamber of Commerce, Manchester Guardian, September 10, 1934.

(註九)見 Sir Thomas Inskip in the Observer, September 9, 1934.

(註一〇)參閱 The New Republic, September 5, 1934, p. 89,

(註一一)關於馬克斯與現代，欲得一番卓越的討論，可閱 G. D. H. Cole, What Marx Really Meant (1934).

(註一二)本書第三章。

(註一三)這種理由在 Mr. G. R. Mitcheson's The First Workers' Government (1934) 表達得甚爲有趣，內述一位右翼英國社會主義者預計在五年期內可以做到的改革之多少。

(註一四)關於這種忠誠所牽涉的各項問題，可閱拙著Democracy in Crisis (1933), especially pp. 105—110.

(註一五) The Engineers and the Price-System (1921); Absentee Ownership (1923).

(註一六)參閱 Trotsky, History of the Rus ian Revolution (1932) Especially vol. I., and Appendix to that Volume,讀後對於俄國情形可得一幅超等的圖畫與分析。

(註一七)本書第三章。

（註一八）參閱 Lenin, Collected Works (English Translation, N. D.) vol. XXI, Part II, pp. 57—145, especially the letters on pp. 133 and 144, and compare the documents printed at pp. 326 f. of that volume

（註一九）關於這類解釋的效果，可閱 F. N. Neumann 的著作 Die Politische und Sociale bedentung der Arbeitsgerichtlichen Rechtsprechung (1929).

（註二〇）本書第三章

（註二一）Letter of November 6, 1917, "Works" (English Translation), vol. XXI, Part II, pp. 144–5.

（註二二）見 R. Palme Dutt, Fascism and Social Revolution (1934) 其間對於法西主義的崛起有卓越的追溯，但對於勞動階級的分裂未能依據歷史作批判的敍述，也是令人驚訝的。

（註二三）Lenin, Works (vol. XXI). Towards the Seizure of Power, BK. I. p. 137. Letter of September 12, 1917.

（註二四）Rote Fahne, July 5, 1932.

（註二五）New Republic, October 3, 1934, p. 197.

（註二六）參閱 Walter Nelles, Espionage Act Cases (1921), 可得這方面美國經驗的證據。

（註二七）這方面的美國經驗見 Mr. H. K. Beale in Harper's Magazine, October 1934.

（註二八）關於這一切，可閱 Raymond Postgate 的卓越的議論，見 How to Make a Revolution (1934), especialty Chapters II and X.

（註二九）Philosophy of History (Eng. Trans. Sibree, 1894), p. 89. 商務有王造時謝詒徵之中譯本

（註三〇）Revere Politique et Parlementaire (1910), p. 264.

中華民國二十六年七月初版

漢譯世界名著 國家的理論與實際一冊

(36326)

The State in Theory and Practice

每册實價國幣壹元貳角

外埠酌加運費匯費

原著者 H. J. Laski

譯述者 王造時

發行人 王雲五 上海河南路

印刷所 商務印書館 上海河南路

發行所 商務印書館 上海及各埠

(本書校對者孫愓庵)

***********